✤ 사랑하는 _____ 님께

_____ 이(가) 드립니다.

천국과 지상

Sobre el cielo y la tierra

ⓒ 2010, Cardenal Jorge Mario Bergoglio
ⓒ 2010, Rabino Abraham Skorka
ⓒ 2010, Random House Mondadori, S. A.

Edition in charge of Diego F. Rosemberg

Korean Translation Copyright ⓒ 2013 by Ulysses Publishing Co.
Korean edition is published by arrangement with Random House Mondadori S. A. through BC Agency, Seoul.

이 책의 한국어판 저작권은 BC 에이전시를 통해 저작권자와 독점 계약한 율리시즈에 있습니다.
저작권법에 의해 한국 내에서 보호를 받는 저작물이므로 무단전재와 복제를 금합니다.

천국과 지상

교황 프란치스코(호르헤 마리오 베르고글리오)
아브라함 스코르카 지음

율리시즈

사람들이 고해성사를 할 때면, 저는 기부를 했느냐고 묻습니다.
사람들은 대부분 했다고 대답하지요.
그러면 기부를 받는 사람들과 눈을 마주쳤느냐고 다시 묻습니다.
이때에는 대다수가 "잘 모르겠습니다"라고 대답합니다.
저는 계속해서 이렇게 물어봅니다.
"그렇다면 길에서 구걸하거나 기부를 받는 사람들의 손을
한 번이라도 잡아본 적은 있나요?"
그러면 거의 모두가 얼굴이 붉어진 채 아무런 대답도 하지 못합니다.
기부는 우리 이웃에게 베풀 수 있는 가장 큰 관용입니다.
관용이야말로 기부의 진정한 의미입니다.
돈으로는 결코 살 수 없는 것입니다.

— 본문 중에서, 교황 프란치스코

차례

서문 1
대화와 만남을 주저하지 마십시오 - 교황 프란치스코   9

서문 2
진정한 대화라는 것은 - 아브라함 스코르카   13

01. 하느님에 대하여   21
02. 악마에 대하여   30
03. 무신론자에 대하여   35
04. 종교에 대하여   42
05. 종교 지도자들에 대하여   55
06. 제자들에 대하여   73
07. 기도에 대하여   89
08. 죄에 대하여   104
09. 원리주의에 대하여   108
10. 죽음에 대하여   118
11. 안락사에 대하여   135
12. 노인에 대하여   141

13. 여성에 대하여　148
14. 낙태에 대하여　154
15. 이혼에 대하여　157
16. 동성 결혼에 대하여　160
17. 과학에 대하여　169
18. 교육에 대하여　176
19. 정치와 권력에 대하여　183
20. 공산주의와 자본주의에 대하여　205
21. 세계화에 대하여　212
22. 돈에 대하여　216
23. 빈곤에 대하여　222
24. 홀로코스트에 대하여　235
25. 1970년대에 대하여　254
26. 일부 역사적 사실에 대하여: 정복, 사회주의, 페론주의　263
27. 아랍-이스라엘 분쟁과 그 외의 갈등　276
28. 종교 간의 대화에 대하여　287
29. 종교의 미래에 대하여　291

일러두기

- 이 책은 2010년 아르헨티나에서 출간된 《Sobre el cielo y la tierra》를 2013년 교황 취임을 기념하여 전 세계 재출간 프로젝트에 따라 번역한 것입니다.
- 프란치스코 교황은 당시 아르헨티나 추기경이었으므로 대화 상대자인 아브라함 스코르카 교수는 '추기경'이라는 호칭을 사용하고 있습니다.
- 원서에서는 교황의 세속명인 (호르헤 마리오) 베르고글리오로 표기했으나, 한국어판에서는 독자의 편이를 위하여 '프란치스코'로 표기하였습니다.
- 본문 중에 나오는 인명, 지명들은 아르헨티나의 국지적인 예를 제외하고는 가능한 한 보편적으로 쓰이는 명칭을 중심으로 괄호 속에 기재하였습니다.

대화와 만남을 주저하지 마십시오
―교황 프란치스코(호르헤 마리오 베르고글리오)

　아브라함 스코르카 교수께서는 전에 요셉과 그의 형제들이 조우하는 장면을 묘사한 메트로폴리탄 대성당의 전면화全面畵에 관해 쓰신 적이 있습니다. 이들은 수십 년간의 오해 끝에 이 포옹으로 하나가 됩니다. 요셉은 형제들에게 이렇게 묻습니다. "아버지는 아직 살아 계신가?" 하고 말입니다.
　아르헨티나 국가 구성 기간* 중 아무런 이유 없이 이 그림을 그려 넣은 것이 아닙니다. 그것은 아르헨티나인의 재결합에 대한 갈망을 표현한 것입니다. 이 장면은 '문화적 만남'을 확고히 하기 위해 노력할 것을 주문하고 있습니다. 저는 우리가 아르헨티나 사람으로서 '문화적 만남'을 통합해 이루어내는 것이 쉽지 않을 것이라고 수차례 시사한 바 있습니다. 하지만 우리를 분산시키려는 유혹과 역사가 만들어낸 깊은 골이 그것을 방해하는 것 같습니다. 때때로, 우리는 가교를 놓기보다는 장벽을 쌓은 사람들로 우리 스스로를 규정하는 편이 나을 것 같아 보일 정도입니다. 우리에게는 우리의 선조, 조상, 조국의 뿌리에 대한 포용과 연민과 질문이 부족합니다.

"아르헨티나 사람들은 대화를 나누기 싫어한다던데, 맞습니까?" 누군가 이렇게 물어본다면 저는 그렇지 않다고 대답할 것입니다. 대화를 싫어한다기보다는 대화를 허용하지 않는 태도에 굴복 당했다는 편이 옳을 것입니다. 즉, 지배적이거나, 남의 말을 경청하는 법을 모르거나, 다른 사람의 말을 방해하거나, 성급하게 판단하는 태도 같은 것들에 말이지요.

대화란 다른 사람을 존중하는 태도에서, 그리고 다른 사람도 무언가 좋은 얘기를 할 것이라는 확신에서 시작됩니다. 우리 마음속에 다른 사람의 관점, 다른 사람의 의견, 다른 사람

- 국가 구성 기간(organización nacional)은 아르헨티나의 역사 중 1852년~1880년 사이를 말한다. 이 시기에 연방 정부의 성격을 규정하는 헌법이 승인되었다. 교육과 정보통신도 급격히 발전하였다. 아르헨티나의 힘과 정체성을 형성한 시기로 여겨지지만, 사회 격변의 시기이기도 하다.

의 제안이 들어설 공간을 만들어두어야 합니다. 대화에는 따뜻하게 수용하는 자세가 따라야 하며 성급한 비난은 금물입니다. 대화를 하려면 자신의 방어벽을 낮추고 다른 사람의 마음의 문을 열고 따뜻함을 전달해야 합니다.

일상에는 대화를 망치는 많은 장애물들이 있습니다. 잘못된 정보, 헛소문, 편견, 비난, 비방 등이 그것입니다. 이러한 현실 때문에 다른 사람에게 마음의 문을 열지 못하도록 옥죄는 문화가 생겨났습니다. 그렇기 때문에 대화와 만남을 머뭇거리는 것입니다.

하지만 대성당의 전면화는 여전히 그대로 있습니다. 마치 우리를 초대하듯이 말입니다.

스코르카 교수와 저는 참된 대화를 할 수 있었고, 그 대화는 우리 둘 다에게 도움이 되었습니다. 우리의 대화가 어떻게 시작되었는지는 기억이 나지 않습니다. 그러나 거기에는 아무런 방해물도 장벽도 없었다는 것은 기억합니다. 교수님의 소탈함이 저를 편하게 만들어주셨습니다. 저는 심지어 리버 플레이트(River Plate)팀이 패한 날, 교수께 '암탉 수프'를 드시겠냐고 농담까지 했습니다.**

교수께서 제게 우리의 대화를 출판하자고 제안하셨을 때, 저는 두말없이 "네" 하고 대답했습니다. 곰곰이 생각해보면,

이렇게 선뜻 대답할 수 있었던 것은 아마 오랜 시간에 걸친 대화를 통해 우리의 우정이 돈독해졌기 때문일 것입니다. 그리고 이는 우리가 서로 다른 종교적 정체성 속에서 함께 걷고 있음을 보여주는 증거일 것입니다.

저는 스코르카 교수님과 함께하면서, 한 번도 가톨릭의 정체성을 양보한 적이 없습니다. 교수께서도 유대교 정체성을 양보할 필요가 없었듯이 말입니다. 이는 우리가 서로에게 갖고 있는 존경심 때문만이 아니라, 우리가 종교 간의 대화를 이해하는 방식 덕분이었다고 봅니다. 존경과 애정의 길을 걷는 것, 하느님의 존재 안에서 흠 없는 자가 되기 위해 노력하는 것이 앞으로 우리가 지속해야 할 과제일 것입니다.

이 책은 그러한 길에 대한 증언입니다. 저는 스코르카 교수님을 저의 친구이자 형제라고 생각합니다. 그리고 우리 두 사람 모두 이러한 성찰을 통해, 많은 이야기를 들려주고 미래를 제시해주는 대성당의 그림에서 마음의 눈을 떼지 않을 것이라 믿습니다.

•• 리버 플레이트는 아르헨티나에서 가장 유명한 축구팀 중 하나. 보카 주니어스 팀의 숙적이기도 하다. "암탉 수프를 먹다"는 영어 표현의 'eating crow'와 같은 의미로, '실패나 패배를 인정하다'라는 뜻이다.

진정한 대화라는 것은
— 아브라함 스코르카

"하느님께서 그들에게 이르시되……." 이는 성경에 나오는 첫 번째 대화 내용입니다(창세기 1:28). 인간은 창조주께서 이러한 방식으로 말씀하신 유일한 창조물입니다. 창세기의 같은 장을 보면 창조주께서 우리 인간에게 자연과 이웃과 우리 자신, 그리고 하느님과 교류할 수 있는 특별한 능력을 주셨음을 알 수 있습니다.

당연한 말이지만, 인간이 맺게 되어 있는 이러한 관계들은 완벽하게 방수된 선실들과는 달라서, 서로 영향을 미칠 수밖에 없습니다. 자연을 관찰하고 그 관찰한 바를 정교한 세공으로 만들어내는 것으로 자연과의 관계가 생겨나고, 우리의 관심과 실생활이 기반이 되어 이웃과의 관계가 돈독해지며, 우리가 자신과 나누는 대화를 통해 우리 존재 깊숙한 내면에서 비롯된 하느님과의 관계가 생겨나는 것이지요. 그리고 앞의 모든 것들이 하느님과 우리의 관계를 성숙하게 만듭니다.

진정한 대화의 핵심은 인간의 삶을 생각하는 것입니다. 또한 대화를 나누고 있는 상대방을 알고 이해하려고 노력하는 것입니다. 에르네스토 사바토(Ernesto Sabato)는 저서 《인간과 우주》*의 서문에서 그 특유의 스타일로 이렇게 말합니다. '한 사람이 머나먼 땅을 향해 길을 떠난다. 그는 인간의 지식을 추구한다. 자연을 탐구한다. 하느님을 찾아 헤맨다. 한참이 지나서야 그는 자신이 좇던 환영이 바로 하느님이셨음을 깨닫는다.'

이웃과 대화를 나눌 때, 말은 그저 소통 수단에 지나지 않습니다. 심지어 동일한 언어를 쓰는 사회에서조차 똑같은 단어가 완전히 다른 의미를 지닐 때도 있습니다. 사람마다 자신이 쓰는 말에 자신만의 뉘앙스를 넣게 마련이고, 그것이 나중에는 언어 유산이 됩니다. 대화를 나누는 사람은 저마다 상대방을 잘 알아야 하는 것입니다.

* 부에노스아이레스, 세이스 배럴, 1995년 최종판

'인간의 영은 주님의 등불, 그것은 배 속 온갖 깊은 곳까지 살핀다.' (잠언 20:27) 더 깊은 의미로 보면 대화라는 것은 내면을 드러내고 밝히기 위해 한 사람의 영혼이 다른 사람의 영혼에 다가가는 것입니다.

대화가 정점에 다다르면, 다른 사람과의 공통점을 깨닫게 됩니다. 사람들은 저마다의 해석 안에서 동일한 실존적 질문을 품습니다. 각각의 영혼은 다른 사람의 영혼을 반영합니다. 두 사람이 함께 지닌 이 성스러운 숨결은 이 둘을 결합하는 방법을 알며, 절대로 약해지지 않는 하느님과의 연결고리를 형성합니다. 구약성서 지혜서의 하나인 코헬렛에는 '세 겹으로 꼬인 줄은 쉽게 끊어지지 않는다'(코헬렛 4:12)라고 나와 있습니다.

추기경님과 저 사이에도 친해질 수 있고 서로 알아갈 수 있는 순간이 많았습니다. 그래서 서로의 특성이 다르고 처한 상황이 다른데도 오랜 시간 탄탄한 만남을 이어갈 수 있었습니다. 우리는 그저 이야기를 나누려는 마음에 시간과 장소를 정해 만났습니다. 삶과 관련된 여러 가지 것들을 주제로 이야기를 나누었지요. 아르헨티나 사회나 세계가 안고 있는 문제라든가, 주위에서 흔히 보게 되는 좋은 일과 나쁜 일 등에 대해서도 허심탄회하게 대화했습니다. 둘만의(하느님께서 우리와 함께 계시지 않았다는 가정 하에) 친밀한 시간들이었습니다. (물론, 아마도 하느님께서는 우리와 함께 계셨을 것입니다) 우리는 항상 하느님의 존재를 느꼈습니다.

만남은 계속되었고, 만날 때마다 이야기의 주제는 바뀌었습니다. 한 번은 회당 안의 제 사무실에서 만난 적이 있는데, 그때 저는 사무실 벽을 장식하고 있던 액자 속 문서에 관해 말씀드리던 중이었지요. 저는 위대한 사상가였던 랍비 아브라함 조슈아 허셀(Abraham Joshua Heschel)이 쓴 필사본과 다른 텍스트들에서 발췌한 글에 집중하느라 잠시 이야기를 멈췄습니다. 물론 추기경께서도 저를 따라 잠시 멈추셨습니다. 그러다 허셀 문서 옆에 걸어놓았던 신년 메시지를 발견하셨습니다. 몇 년 전, 추기경께서 유대교 신년에 앞서 회당에 보내신 메시지였습니다. 제가 늘 어수선했던 사무실을 정리하느라 분주히 움직이는 동안, 추기경께서는 당신이 서명하고 날짜를 적었던 그 메시지를 계속 지켜보셨던 것입니다.

저는 의아했습니다. '지금 추기경께서는 무슨 생각을 하고 계실까? 종교 간 대화가 이 세상에서 해낼 수 있는 일들에 대한 소중한 증언이라고 생각돼 그 문서를 걸어놓은 것뿐인데, 그것 말고 뭐 특별한 것을 보셨나?' 하는 생각을 하면서 말입니다. 하지만 추기경께 묻지는 않았습니다. 가끔은 침묵의 순간이 그 자체로 답변이 될 때도 있으니까요.

그 뒤 만남의 장소가 추기경 집무실이 되었을 때, 대화의 주제는 라틴 아메리카 시에 담겨 있는 종교적 정서에 대한 것이었습니다. 추기경께서는 "제가 교수께 빌려드리고 싶은 시집이 두 권 있습니다. 도서관에 갔다 올 동안 잠깐만 기다려주십시오" 하고 말씀하셨습니다. 그래서 저는 집무실에 혼자 남게 되었습니다. 저는 책장과 사진들을 둘러보았습니다. 사진 속에 있는 이 사람들은 추기경께서 진짜로 사랑하는 분들일 거라는 생각이 들었습니다. 그러다 제가 추기경께 선물로 드렸던 액자가 눈에 들어왔습니다. 액자 속 사진은 언젠가 우리 두 사람이 만났을 때 찍은 것이었습니다.

저는 할 말을 잃었습니다. 이전에 제가 가졌던 질문에 답을 찾은 것입니다. 이날의 만남은 바로 제가 이 책을 쓰기로 결정한 계기가 되었습니다.

랍비(유대교의 율법학자)라면 누구나 수련 기간 동안에는 특히 신에게 전념하지만, 율법을 가르치는 선생으로서의 일을 시작하면 그 어떤 유대인보다 모범을 보여야 할 의무가 생깁니다. 창조자에게 어떻게 의무를 다할지를 사람들에게 보여주어야 하는 것입니다. 영혼이 고양되는 순간을 경험한 후에 예언자들이 그랬듯이, 랍비들도 자신이 얻은 영성을 가지고 돌아가 사람들을 가르쳐야 합니다. 결국, 스스로 얻은 영적 차원의 삶은 성경의 가르침에 따라 사람들을 고양시킬 때 비로소 진정한 의미를 얻게 되는 것입니다.

랍비들은 주로 말로 소통하기 때문에, 저변의 의미를 포착하고 다듬어서 종이 위에 표현하고 싶은 생각을 갖게 마련입니다. 말은 시간이 지남에 따라 의미가 모호해지거나 왜곡되기 쉽지만, 글은 증거로 남아 영원한 세월 동안 많은 사람들이 볼 수 있으니까요.

추기경님과 함께하는 동안, 두 가지 가르침이 하나가 되었습니다. 우리 대화의 중심 주제는 사람들과 사람들의 문제에 대한 것이었습니다. 이는 앞으로도 그러할 것입니다.

이 책에서, 우리는 정해진 의제를 따르기보다는 자연스럽게 대화가 흐르도록 내버려두었습니다. 우리의 친밀한 대화는 두 사람의 결속을 강화하면서 서로 주고받듯이 이어졌습니다. 우리는 영혼을 드러내며 우리의 대화를 서로 다른 두 종교를 가진 이들의 얘기로 바꾸었습니다. 우리는 이것이 암시하는 모든 위험을 감수하겠습니다. 그럼에도 이것이 인간이란 존재가 의미하는 바를 이해할 수 있는 유일한 방법임을, 그리고 하느님께 가까이 다가가는 방법임을 확신합니다.

01
하느님에 대하여

스코르카: 우리 두 사람은 아주 오래전부터 알고 지냈고 형제와 같은 우정을 지니고 있습니다. 저는 탈무드에 나오는 내용을 분석하면서 우정이란 음식을 함께 나누고 시간을 공유하는 의미라는 걸 알았습니다. 끝 부분에 이르러 탈무드는 자기 속마음을 거짓 없이 드러낼 수 있는 것이야말로 진정한 우정의 증거라고 말합니다.

바로 그것이 오랜 시간 동안 우리 두 사람에게 일어난 일입니다. 의심할 바 없이 우리가 함께할 수 있도록 만든 가장 중요한 요인은 하느님이시고, 우리 각자가 걸어온 길이 만나도록, 그리하여 서로에게 마음을 열도록 허락하신 이 또한 하느님이십니다.

우리는 늘 다양한 주제로 이야기를 나누었지만 하느님에 대해 분명하게 말해본 적은 없습니다. 물론 암묵적이지만 하느님은 당연히 존재하십니다. 우리 삶에서 너무나 중요한 하느님에 대해 서로 이야기를 나누고 우리의 대화를 글로 남기고자 하는 계획, 이러한 교류의 시작은 아주 의미 있는 일일 것입니다.

프란치스코: 저는 '길'이란 단어가 참 좋습니다! 길이라는 말을 쓰지 않고는 하느님에 대한 제 개인적인 경험을 말할 수가 없습니다. 하느님을 만나기 위해서는 길을 따라 걷고, 움직이고, 찾아 나서야 합니다. 그리고 하느님을 조금 더 기다려야 한다고 말하고 싶습니다. 그러면 두 길이 만나는 순간이 있습니다.

한편으로 우리가 하느님을 찾아가는 길은 마음에서 흘러나온 본능에 의한 충동적인 것입니다. 그리고 시간이 지나 하느님을 만나면, 하느님께서는 예전부터 우리를 찾고 계셨다는 것을 깨닫게 됩니다. 하느님은 우리보다 먼저 우리를 찾고 계셨습니다.

종교적 경험의 시작은 길을 걸으며 시작됩니다. 하느님께서는 "내가 네게 보여줄 땅으로 가거라"라고 말씀하셨습니다(창세기 12:1). 이것은 하느님이 아브라함에게 하셨던 약속입니다. 그리고 이 약속은 그 길에서 수세기 동안 하느님과의 연대가 되었습니다. 이 때문에 하느님과의 제 개인적인 경험이 길을 따라서 생겨났다고 말하는 것입니다. 제가 하느님을 찾아가는 길, 하느님이 저를 찾으신 길 모두가 그러합니다. 비록 그것이 고통의 길, 기쁨의 길, 빛의 길, 혹은 어둠의 길일지라도 말이지요.

스코르카: 추기경님이 말씀하신 내용은 성경의 다른 구절에도 나와 있습니다. 예를 들어, 하느님께서 아브라함에게 "너는 내 앞에서 살아가며 흠 없는 이가 되어라"라고 말씀하셨고(창세기 17:1), 예언자 미카는 이스라엘의 죄상을 고발하면서, 하느님께서는 이미 "공정을 실천하고 신의를 사랑하며 겸손하게 네 하느님과 함께 걷는 것이 아니냐?"라고 말씀하셨다고 했습니다(미카서 6:8).

우리가 배운 기초 과학 용어를 빌리자면* 하느님을 경험한다는 것은 분명히 역동적입니다. 하지만 요즘처럼 하느님에 대한 생각이 이렇게나 훼손되고 신성 모독적이며 중요하지도

---

* 아브라함 스코르카는 생물물리학자이고 프란치스코 교황은 화학 석사 학위를 받은 과학도다.

않게 된 때에 우리가 사람들에게 할 수 있는 말이 무엇이겠습니까?

프란치스코: 기본적으로 모든 사람들에게 말하고 싶은 것은 자기 자신의 내면을 들여다보라는 것입니다. 생각이 분산되면 내부에 균열이 일어납니다. 생각이 많으면 자신의 본모습을 만날 수 없습니다. 그리고 마음의 거울을 볼 수 없게 됩니다. 거기에 핵심(씨앗)이 있습니다. 스스로 묵묵히 억제하는 과정에서 대화가 시작되는 것입니다.

더러 이것을 통하는 길이 너무나 어렵다고 말하는 사람이 있습니다. 하지만 그렇지 않습니다. 저는 현재를 살아가는 사람들에게 하느님과 만나는 경험을 하기 위해서는 자신의 깊은 내면으로 들어가라고 말해줍니다. 그래서 저는 욥(Job)이 고난의 시간을 맞아 결국 모든 것을 잃고 나서 하느님께 고백한 내용을 아주 좋아합니다. "당신에 대해 귀로만 들어왔던 이 몸, 이제는 제 눈이 당신을 뵈었습니다."(욥기 42:5) 저는 사람들에게 귀로만 하느님을 듣지 말라고 말합니다. 살아 계신 하느님은 우리 마음속의 눈으로 볼 수 있는 분이십니다.

스코르카: 욥기를 통해 저는 큰 가르침을 얻습니다. 그 안에 모든 것이 다 들어 있기 때문입니다. 우리는 하느님이 말씀하시는 게 정확히 무엇인지 이해하지 못할 때가 많습니다. 정의

롭고 올곧았던 사람 욥은 왜 자신이 모든 것을 잃고 심지어 건강까지 잃게 되었는지 알고 싶어 했습니다.

욥의 친구들은 그에게 하느님께서 너의 죄에 벌을 내리시는 것이라고 말합니다. 욥은 친구들에게 설령 자신이 죄를 지었다 해도, 그렇게 무거운 죄를 짓지는 않았을 거라고 말합니다. 하느님께서 나타나셨을 때, 욥은 아주 침착했습니다. 질문에 답을 주시진 않았지만 하느님께서 그와 함께하고 계심을 욥은 감지할 수 있었습니다. 이 이야기 속의 몇 가지를 통해 저는 하느님에 대한 개인적인 인식을 확실히 갖게 됐습니다. 우선, 욥의 친구들은 "너는 죄를 지었으니 하느님께서 너를 벌하시는 것이다"라는 논리를 옹호함으로써, 하느님을 마치 컴퓨터처럼 보상이나 벌을 계산하는 기계로 바꾸어버린, 교만하고 어리석은 행동을 했습니다. 이야기의 마지막에, 하느님께서는 창조주가 시험하신 부당한 일들에 대해 그렇게도 불평해왔던 욥에게 친구들을 위하여 기도하고 간청하라고 말씀하십니다(욥기 42:7-8). 친구들은 하느님에 대해 거짓된 말을 했기 때문입니다.

하느님이 보시기에 고통에 울부짖고 하늘의 정의를 요구하는 사람들은 좋으셨습니다. 하느님의 본성에 관한 도식적인 견해만 주장하는 사람들은 하느님의 미움을 샀습니다. 제가 이해한 바에 따르면, 하느님께서는 우리에게 당신의 존재를 미묘하게 드러내십니다. 현재 우리가 살아가면서 겪는 고통은 미래에 있을 다른 고통에 대한 대답일 수 있습니다. 아니, 어쩌면 우리 자신이 과거의 어떤 무언가에 대한 답일지도 모릅니다.

유대교에서는 하느님이 드러내 보이신 계율들을 따름으로써 하느님께 영광을 돌립니다. 추기경께서 언급하신 것처럼, 모든 사람과 모든 세대는 길을 찾아야 할 것입니다. 하느님을 좇고 하느님의 존재를 느낄 수 있는 길을 말입니다.

프란치스코: 맞습니다. 하느님은 인간에게 손으로 창조할 수 있는 능력을 내리셨습니다. 하느님은 우리에게 그러한 선물을 주셨지만 동시에 이 땅을 다스리라는 과제도 주셨습니다.

처음에는 문화적인 형태의 어떠한 것도 없었습니다. 인간에게 주어진 것이라고는 문화를 창조할 수 있도록 허락된 원재료뿐이었지요. 책상으로 변형될 만한 통나무 같은 것 말입니다. 하지만 하느님이 부여하신 과제에서 너무 멀리 가버린 순간이 왔습니다. 인간은 야망에 넘쳐 자연에 대한 경외심을 잃어버렸습니다. 그러자 지구 온난화와 같은 생태학적인 문제들이 발생했지요. 이것은 새로운 형태의 문명 파괴입니다. 이제 하느님 앞에서, 그리고 자신 앞에서 인간이 할 몫은 하느님이 주신 선물과 과제 사이의 균형을 유지해야 하는 것입니다. 선물만을 누리고 주어진 과제를 하지 않는다면 미션을 완성하지 못할 것이고 원시 상태에 머물 것입니다. 그런가 하면 과제에 대한 과욕에 넘쳐 선물은 잊은 채 구성주의 윤리를 만들어내기에 이르기도 합니다. 그런 사람은 모든 것은 노력의 산물이며 선물 따윈 없다고 생각합니다. 이것이 제가 말하는 '바벨증후군'입니다.

<u>스코르카</u>: 랍비 문헌에는 하느님이 왜 바벨탑을 싫어하셨는지를 질문하는 내용이 나옵니다. 하느님은 왜 사람들로 하여금 각각 다른 언어를 쓰게 해 탑 쌓기를 중단하게 하셨을까요? 그 문헌 내용을 읽어보면 쉽게 이해할 수 있습니다. 하늘에 닿기 위해 탑을 쌓는 일은 이교도나 하는 짓이었기 때문입니다.

그러한 행동은 하느님에 대한 오만함의 표현입니다. 미드라쉬(유대교에서 구전 전승으로 성서 본문을 해석하고 설명하는 방법으로 성서에서 얻은 법률과 비법 자료들을 모아놓은 대전집을 말함-옮긴이)에도 적혀 있습니다.* 하느님이 가장 언짢게 여기신 것은 탑을 쌓는 자들이 그렇게 높은 곳에서 혹시 인부가 추락할

---

* 탈무드 현인들의 설교문으로 이 문헌에 나오는 내용은 성서의 내용이 아님.

까봐 걱정하기보다는 벽돌 한 장이라도 분실할지 몰라 연연해했다는 점입니다.

오늘날 벌어지는 일과 다르지 않습니다. 하느님께서 인간에게 주신 선물과 과제 사이의 줄다리기와 같습니다. 완벽하게 균형을 맞추어야 하는 것입니다. 인간은 진화해야 합니다. 하지만 그 이유는 좀 더 인간다워지기 위해서입니다. 사실 모든 것을 심고 만드신 분은 하느님이지만, 만물의 중심이자 신의 가장 위대한 작품은 인간입니다. 오늘날 우리는 오로지 경제적 성공만을 중요하게 여기고 있습니다. 그리고 인류의 평안은 가장 하찮게 생각합니다.

프란치스코: 정말 대단한 말씀입니다. 바벨 증후군은 단지 구성주의적인 자세뿐만 아니라 언어의 혼란이라는 양상으로도 나타납니다. 바벨 증후군은 인간에게 주어진 선물은 무시하고 사명만이 과장된 전형적인 경우입니다. 이런 경우 순수한 구성주의는 대화의 결핍을 가져오며 동시에 공격성, 잘못된 정보, 긴장 관계 등이 수반되지요.

마이모니데스(Maimonides)*와 토마스 아퀴나스(Thomas Aquinas), 이 두 현대 철학자들의 글을 읽다 보면 그들은 항상 스스로를 경쟁자의 입장에 놓고 시작하는 것을 볼 수 있습니다. 상대방을 이해하기 위해서입니다. 그들은 서로의 관점에서 대화를 나눕니다.

스코르카: 탈무드의 해석에 따르자면, 니므롯(Nimrod)은 바빌로니아 전역을 장악한 독재자였습니다. 그랬기에 그 지역의 사람들은 단 하나의 언어(니므롯의 언어)만을 사용했습니다. 이 폭군은 자신의 힘을 과시하기 위해 오만하게도 하늘까지 닿는 높은 탑을 쌓으라고 명령했습니다. 육체적으로 하느님 가까이에 다다를 수 있다고 여겼던 거죠. 탑을 쌓는 목적은 인류를 위한 것이 아니었습니다. 사람들의 삶이 나아지도록 하는 것에는 안중에도 없었습니다.

보편적인 언어가 아닌 독재적인 언어를 사용하면서 오로지 자신을 위해 탑을 쌓다가, 사람들은 저마다 어느 누구도 이해할 수 없는 언어를 쓰게 되는 벌을 받았습니다. 이것은 매우 중요한 이야기이며 이 부분은 지극히 더 중요합니다.

- 스페인 출신의 유대 교도로 중세유럽의 최고의 철학자. 생계를 꾸려나가기 위해서 의사가 되었는데, 이 직업으로 명성을 얻어 아이유브 왕조의 궁정의 시의를 하였다. 의학, 탈무드학 등에 관한 많은 저작을 남기고, 특히 《혼돈스러운 사람들을 위한 안내》는 그리스도교 세계의 철학자들에게 깊은 영향을 주었는데, 그는 이 책에서 철학의 고유한 목적은 율법에 합리적인 확증을 주는 것이라고 주장한다.

02

악마에 대하여

프란치스코: 신학적으로 악마는 하느님의 뜻을 받아들이지 않는 존재입니다. 하느님께서 만든 최고의 걸작은 인간입니다. 몇몇 천사들은 그것을 받아들이지 않았고 배신했습니다. 악마는 그들 중 하나입니다. 욥기에서 악마는 유혹자이고, 하느님의 걸작을 파괴할 방법을 찾는 자이며, 인간으로 하여금 무엇이든 다 해낼 수 있다는 거만함에 이르게 하지요. 예수님은 악마를 거짓말의 아버지로 정의했고, 지혜서에서는 악마가 하느님의 걸작을 질투한 것 때문에 세상에 원죄가 생겨났다고 말하고 있습니다. 악마의 질투는 언제나 분열과 증오와 비방과 같은 파괴를 몰고 다닙니다.

제 개인적인 경험을 얘기하자면, 하느님께서 저에게 원하지 않으신 어떤 것에 유혹될 때마다 매번 악마를 감지합니다. 저는 악마가 존재한다고 믿습니다. 아마도 오늘날 악마가 이룬 가장 큰 성공이라면 사람들에게 이 세상에 악마란 없다고 믿게 한 것, 모든 것은 순전히 인간 스스로가 만들어낸 것이라는 생각을 심은 것일 것입니다. 이 땅에서의 인간의 삶은 전투입니다. 욥은 인간이 끊임없이 시험에 든다는 것이 그런 의미라고 말합니다. 즉, 내가 처한 상황을 극복하고, 자기 자신을 이기기 위한 시험 말입니다.

사도 바울은 이것을 운동장에서 경기에 이기기 위해 많은 것을 희생하고 싸우는 운동선수들에게 비유했습니다. 그리스도인의 삶 또한 스포츠, 투쟁, 경주와 같아서, 살면서 우리는 신과 우리를 분리시키는 악을 제거해야 합니다. 나아가 한 가지 지적하고 싶은 것은 악마에 대한 것과 사물이나 사람을 악마화시키는 것에 대한 문제입니다. 둘은 완전히 다른 문제입니다. 인간은 유혹에 빠질 수 있습니다만, 그렇다고 해서 그를 악마화시킬 필요는 없습니다.

스코르카: 유대교에서 악마에 대한 개념은 너무나 광대합니다. 신비신학에는 소위 '다른 관점'이라고 부르는, 악마적 세력에 비유할 수 있는 개념이 존재합니다. 널리 알려진 대로,

성서에 나타난 뱀의 초기 형상은 인간으로 하여금 하느님을 거역하도록 유혹하는 악의 세력으로 해석될 수 있지만, 욥기에 나오는 사탄의 경우를 보면 발라암에게 나타난 존재와 마찬가지로, 그것은 좀 더 하느님의 위격位格에 가깝습니다.

욥기에 보면, 한 정직한 이가 아무것도 부족함이 없을 때에 하느님께 감사하는 것을 보면서 사탄은 하느님께 의문을 제기합니다. '하느님께서 그의 모든 것에 축복을 내리셨으니 어찌 하느님께 감사드리지 않을 수 있겠습니까? 하지만 그가 고통의 시간에 처했을 때도 마찬가지로 그렇게 할까요?'

예언자 발라암의 경우, 발락이 와서 이스라엘 백성을 저주해달라고 했을 때, 사탄이 발라암 앞에 나타났습니다(민수기 22). 사탄은 모압(Moab) 왕의 부탁을 거절하라는 하느님의 명령을 거역하도록 발라암을 유혹합니다. 우리가 선과 악의 시작에 관해서 논할 때, 저는 그것을 가장 잘 설명한 구절이 이사야서에 등장한다고 생각합니다(이사야서 45:7). 이사야서에서는 "나는 빛을 만드는 이요, 어둠을 창조하는 이다. 나는 행복을 주는 이요, 불행을 일으키는 이다"라고 말합니다. 이 구절의 말씀은 매우 복잡한데, 저는 이렇게 해석합니다. 어둠은 빛이 없을 때가 아니라면, 본질적으로 저절로 존재하지 않습니다. 마찬가지로, 현실 세계에서 악은 선이 사라졌을 때 등장합니다. 그 또한 혼자서는 존재할 수 없습니다. 저는 천사보다는 본능에 대해 이야기하는 것이 좋습니다. 제게 있어서 그것은 외적인 세력에 대한 것이라기보다 신에 도전하는 인간의 내면에 존재하는 것에 대한 이야기입니다.

프란치스코: 가톨릭 신학에서도 원죄 이후에 본성의 타락을 설명할 수 있는 내적인 요소가 있습니다. 본능이라고 말씀하신 것에 저도 동의합니다. 인간이 부적절한 행동을 하는 이유가 반드시 그렇게 하도록 악마가 충동질하기 때문만은 아니라는 의미에서 말이지요.

인간은 외부의 유혹을 받거나 자기도 모르게 '본능'에 의해 나쁜 행동을 저지를 수 있습니다. 복음서를 보면, 예수님은 광야에서 40일간 단식기도를 하셨습니다. 사탄이 나타나 돌을 빵으로 만들어보라고, 하느님이 천사들을 시켜 보호해줄 것이니 성전 꼭대기에서 몸을 던져보라고, 예수님이 자기를 숭배하기만 하면 모든 권세와 영광을 주겠다고 유혹한 것은 그때였습니다. 다시 말해, 악마는 금식이라는 실존적 상황을 이용해 예수에게 '전지전능한 출구'를 제안합니다. 사실 그것은 야훼를 의심하고 사명에서 멀어지도록 하기 위해 악마가 예수 자신에게로 향하는 만족과 허영, 자만의 출구를 제안한 것입니다.

스코르카: 결국, 일반적인 개념의 악을 수용하는 것은 인간 개개인의 자유 의지에 달려 있습니다. 나머지 모든 것은 우리가 성스럽게 여겨온 문구들의 수용과 해석에 달려 있습니다. 그것이 본능이든 악마든, 무엇인가가 존재하는 것은 분명합니다. 이것이 바로 우리가 극복해야 하는 도전이고 그럼으로써 우리는 악을 뿌리 뽑을 수 있습니다. 악은 우리를 지배할 수 없습니다.

프란치스코: 그것이 바로 이 지상에서의 인간의 전투인 것이지요.

03
무신론자에 대하여

프란치스코: 저는 무신론자와 이야기를 나눌 때 때때로 사회적 문제들을 논하곤 합니다. 하지만 처음부터 하느님의 문제를 꺼내지는 않습니다. 그쪽에서 그 문제를 제기하지 않는 한은 말이죠. 만약 그런 상황이 생기면 왜 제가 하느님을 믿는지를 설명합니다. 인간은 공유할 것도 많고 일거리도 많아서, 서로의 풍족함을 매우 쉽게 상호 보완할 수 있습니다. 신앙을 가진 사람으로서 저는 이러한 풍족함이 하느님의 선물이라는 것을 압니다. 무신론자 같은 다른 사람들은 그러한 사실을 모른다는 것 또한 알지요. 저는 무신론자를 전도하거나 개종시키기 위해 친분을 쌓으려고 한 적이 없습니다. 그들을 존중하고,

저 역시 있는 그대로의 모습을 보여줄 뿐입니다.

서로에 대한 이해가 있어야 존경도, 애정도, 우정도 시작됩니다. 저는 상대방에 대하여 어떤 의구심도 갖고 있지 않으며, 그의 삶을 비난할 생각도 없습니다. 제겐 그 사람의 정직성을 판단할 권리가 없다는 것을 잘 알기 때문입니다. 만약 그가 인간적인 미덕을 보여 다른 이들을 칭찬하고 저에게 도움을 준다면야 더 말할 것도 없지요. 어쨌든, 저는 무신론자보다 불가지론자들을 더 많이 알고 있습니다. 불가지론자는 의심이 많은 사람이고, 무신론자는 좀 더 확신에 차 있는 사람입니다. 우리는 성경이 전하는 말씀에 일관성을 유지해야 합니다. 즉, 하느님을 믿는 사람이든 아니든, 모든 인간은 하느님의 형상을 띠고 있다는 점 말입니다. 그 이유 하나만으로도 모든 이는 고유한 장점과 특성, 위대함을 갖고 있습니다. 제가 그런 것처럼, 만약 그가 어떤 비열함을 가졌다면 우리는 그것을 극복하기 위해 서로서로 돕고 공유할 수 있어야 합니다.

스코르카: 추기경님의 말씀에 동의합니다. 첫 단계가 당신의 동료를 존중하라는 말씀이지요. 그런데 저는 한 가지 관점을 더 추가할까 합니다. "저는 무신론자입니다"라고 말하는 사람을 보면 저는 그(그녀)가 오만한 태도를 취했다고 생각합니다. 의심하는 사람은 좀 더 미묘한 입장에 있습니다. 불가지론자

는 그(그녀)가 아직 답을 얻지 못했나보다 생각하지만, 무신론자는 하느님은 존재하지 않는다고 백퍼센트 확신합니다. 지금 제가 앉아 있는 의자가 그런 것처럼, 신은 분명 존재한다고 주장하는 것도 그와 똑같은 오만입니다. 종교적인 사람들은 신을 믿는 사람들이지만 그렇다 해서 하느님이 존재하는지 확실히 알지는 못합니다. 극히 심오한 감각으로 하느님을 감지할 수는 있습니다만 우리는 절대 그분을 볼 수 없습니다. 우리는 하느님에게서 미묘한 답을 받습니다. 토라(Torá, 유대교에서 성서의 첫 다섯 권인 창세기부터 신명기까지의 모세 5경을 말함-옮긴이)에 의하면, 하느님과 직접 얼굴을 대면하고 이야기를 나눈 사람으로는 모세가 유일합니다. 야곱이나 이삭 등 그 외의 모든 이들에게 하느님은 꿈속에서 또는 메신저를 통해 모습을 보이셨습니다. 비록 제가 개인적으로는 신이 존재하심을 믿는다 해도, 삶에서 어떤 확실한 대상과 똑같이 하느님이 존재한다고 말하는 것은 오만한 행동입니다.

무신론자에게 요구했던 바로 그 겸손함을 지니고 살아야 하기에, 저는 하느님의 존재를 아무렇게나 단언하지 못하겠습니다. 마이모니데스가 13가지 믿음의 신조에 따라 행한 것처럼, 제가 할 올바른 행동은 "나는 하느님이 창조주이심을 완전한 신앙으로 믿습니다"라고 말하는 것입니다. 마이모니데스적 사고방식에 따라, 우리는 하느님이 아닌 것에 대해선 말할 수 있겠지만 어떤 것이 하느님인지는 절대 확신할 수 없습니다. 하느님의 특성과 속성에 대해선 말할 수 있지만 그분의 형상을 묘사할 길은 없습니다. 저는 무신론자에게 대자연의 완벽함이 우리에게 메시지를 주고 있는 것이라고 말해줍니다. 우리는 그것의 작동 방식을 이해할 뿐, 본질은 알 수 없습니다.

프란치스코: 하느님과 조우하는 영적 체험은 우리가 제어할 수 있는 것이 아닙니다. 하느님이 계시다는 것을 감지하고 확신하지만, 그분을 통제할 수는 없습니다. 우리는 자연을 다스리기 위해 만들어졌습니다. 그것이 바로 하느님의 명령입니다. 그러나 우리는 우리의 조물주를 다스릴 수는 없습니다. 결과적으로 하느님과의 경험에는 늘 해답 없는 질문이, 믿음에 열중하게 하는 계기가 따릅니다.

교수님 말씀을 들으면 얼마간은 이렇게 확신하고 계시는군요. 우리는 하느님이 어떤 분이 아닌가에 대해 말할 수 있고 하느님의 속성에 대해서도 말할 수 있지만, 하느님이 어떠한 분인지는 말할 수 없다고. 하느님에 대해 말하는 방식을 보여주는 아포파시스(apophatic)적 관점*은 우리 신학에 중요합니다. 잉글랜드의 신비주의자들은 이 주제를 놓고 많은 이야기를 하고 있습니다. 그중 13세기에 쓰인 책이 하나 있는데요,

그 책《무지의 구름 *The Cloud of Unknowing*》은 하느님에 대해서 거듭 설명하고 또 설명하고는 언제나 무엇이 하느님이 아닌지를 알려주는 것으로 끝납니다. 신학의 사명은 종교적인 요소들, 그중에서도 '하느님'을 설명하고 반영하는 것입니다. 하느님의 속성을 확실하고 정밀하게 규정하려 들뿐 아니라 하느님은 어떤 분이라고 당당히 말하는 그러한 신학들에 대해서는, 저 역시도 오만한 것으로 구분합니다. 욥기는 하느님의 정의에 대한 논쟁의 연속입니다. 이러한 신학적 모색에 대해서 네 명의 현자는 열심히 설명하는데 결국은 욥의 한마디로 끝을 맺습니다. "당신에 대하여 귀로만 들어왔던 이 몸, 이제는 제 눈이 당신을 뵈었습니다." 욥이 마지막에 본 하느님의 형상은 처음에 가졌던 생각과는 다른 것이었습니다. 이 이야기의 의도는 네 명의 신학자들의 생각이 옳지 않았다는 것입니다.

- 신학적 길을 두 가지로 구별할 때 카타파틱(cataphatic) 신학 혹은 긍정신학과 아포파틱(apophatic) 신학 혹은 부정신학으로 나누는 견해가 있다. 이에 따르면, 카타파틱은 긍정에서 시작해 하느님에 대한 지식들로 안내하는 불완전한 길인 반면, 아포파틱은 부정으로 시작해 전적인 무지에 이르게 하는 완전한 길이다. 즉, 인간의 지식은 존재하는 것을 대상으로 삼지만, 하느님은 존재하는 모든 것 위에 계시기 때문에 하느님께 다가가기 위해서는 존재하는 모든 것을 부정해야만 한다는 입장이다.

하느님은 언제나 찾고 볼 수 있는 존재이기 때문입니다. 우리는 이러한 역설과 마주하게 됩니다. '우리는 하느님을 보려고 하느님을 찾는다. 그리고 하느님을 보았기에 하느님을 찾는다'라는, 매우 아우구스티누스적인 게임이지요.

스코르카: 저는 하느님께서 존재하신다는 것을 완전한 신앙으로 믿습니다. 신은 존재하지 않는다고 확신하며 어떤 의심도 품지 않는 무신론자와는 대조적으로, 저는 '신앙'이라는 단어를 사용하는 것으로 불확실성의 여지를 함축적으로 남겨두겠습니다. 최소한, 저는 지그문트 프로이트*가 쓴 다음의 글을 인정해야겠습니다. '존재론적 불안을 완화시키기 위해 우리에게는 신이라는 개념이 필요하다.' 하느님의 존재를 부정하는 입장들을 면밀히 분석한 후에도 저는 여전히 하느님을 믿습니다. 그러한 작업을 마치고 나서도, 저는 여전히 신의 존재를 느꼈습니다. 저는 경우에 따라서는 여전히 얼마간의 의심을 품고 있습니다. 이것은 존재론적 문제이며 수학적 이론이 아니기 때문이지요. 비록 수학 이론에도 마찬가지로 의심의 여지가 있지만 말입니다. 그렇긴 하지만, 신에 대해 생각할 때

• 지그문트 프로이트는 정신분석학의 아버지였다.

우리는 특별한 전문용어를 사용해야 합니다. 일상적인 논리를 적용하기는 어렵습니다. 마이모니데스는 이미 오래전에 이런 생각을 언급했습니다. 불가지론자는 그들의 유명한 역설을 계속 만들어낼 겁니다. 예를 들어, 만약 하느님이 전지전능하시다면 당신께서 들지 못할 정도로 무거운 돌을 만드실 수 있을 것입니다. 하지만 하느님이 들 수 없는 그런 돌을 만드셨다면 이는 하느님이 전지전능하지 않다는 의미가 되어버립니다.

하느님은 모든 논리와 역설의 위에, 초월해 계십니다. 마이모니데스는 하느님에 대해 설명하기를, 하느님은 모든 것을 완전한 형태로 알고 계신다고 했습니다. 우리는 단지 제한된 지식만을 갖고 있을 뿐입니다. 만약 우리가 하느님이 지니신 것과 같은 지식을 가졌다면 우리는 스스로가 신일 것입니다.

04

종교에 대하여

스코르카: 우리 각자가 하느님과 맺고 있는 관계는 매우 특별합니다. 우리는 각각 다른 방식과 다른 취향과 다른 경험을 갖고 있지 않은가요? 각각의 개인은 하느님과 고유한 방식으로 대화하고 관계를 맺습니다. 다양한 종교적 전통들 또한 그러한 대화에 고유한 영향력을 행사합니다. 사람들은 종종 "왜 다른 종교들이 있는 것이죠?"라고 묻습니다. 그에 대한 대답은 우리 각자가 경험하는 것이 다르기 때문이라고 저는 생각합니다. 이러한 다른 경험들이 공유하는 공통분모가 나타날 때, 종교가 형성됩니다.

유대교의 경우, 수천 년 전에 만들어진 종교이므로 고대의 용어로 해석될 필요가 있습니다. 로마는 종교와 국가와 국민을 각각 구별했습니다. 로마보다 천년 가량 앞서 시작된 유대교에서는 이 세 가지 개념이 나누어지지 않습니다. 유대 민족의 일원이 된다는 것은 유대교를 받아들이는 것을 의미합니다. 룻(Ruth)이 나오미(Naomi)에게 "어머님의 겨레가 저의 겨레요 어머님의 하느님이 제 하느님이십니다"(룻기 1:16)라고 말한 것처럼 말이지요. 다른 한편으로, 유대교에는 '선택받은 사람들'이라는 개념이 있는데 그것이 많은 혼란을 야기하지요. 하느님은 아브라함에게 자손의 번성을 약속하셨고, 그와 계약을 맺으셨으며, 아브라함은 그 계약에 충실합니다. 약속의 핵심은 하느님께서 그들에게 계시하신 계율을 기본으로 윤리규범을 유지하는 것, 그리하여 인간 세상에 하느님의 존재를 증명할 수 있게 되는 것이었습니다. 아모스는 이렇게 말합니다. "나는 이 땅의 모든 씨족 가운데서 너희만 알았다. 그러니 그 모든 죄를 지은 너희를 나는 벌하리라."(아모스서 3:2) 이어서 9장 7절에도 아모스가 하느님의 이름을 빌려 이렇게 말합니다. "이스라엘 자손들아, 너희는 나에게 에티오피아 사람들과 똑같지 않으냐? 주님의 말씀이다."

우리는 사명을 위해 하느님에게 특별히 선택된 사람들입니다. 그러니 모든 세대는 하느님과의 약속을 새롭게 하겠노라고 결심해야 합니다. 불행하게도 우리를 싫어하는 사람들은, 동족에 대한 나치의 정의를 다른 말로 바꿔 표현하면서 우리에게 '스스로 우월한 종족이라고 믿는 민족'이라는 꼬리표를 붙여놓습니다. 그러면서도 동시에 유대인을 '열등한 종족'으로 간주합니다. 그리스도교는 '이스라엘 민족'이라는 개념을 확장해, 고유한 신앙을 가진 사람들까지도 거기에 모두 포함시켰습니다.

프란치스코: 하느님은 우리 각자가 마음으로 당신을 느끼도록 만드십니다. 또한 모든 사람들이 지닌 문화도 존중하십니다. 모든 나라는 하느님의 비전을 받아들여 자기 문화에 따라 해석하고, 정교하게 공을 들이고 정제해서 제도로 삼습니다. 어떤 문화들은 그것을 설명함에 있어서 원시적이기도 하지만 하느님은 모두에게 마음을 여십니다. 하느님은 모든 이들을 호출하십니다. 그리고 그들로 하여금 당신을 찾게 하시고, 창조를 통해 당신을 발견하도록 자극하십니다. 우리의 경우를 보면, 유대교와 그리스도교에는 개인적인 계시가 존재합니다. 하느님은 당신 스스로 우리를 만나셨고 우리에게 계시하십니다. 그리고 길을 안내하고 우리와 함께하십니다. 우리에게 당신의 이름을 말씀해주셨고, 예언자를 통해 우리가 나아갈 방향을 인도하십니다. 그리스도교인들은 궁극적으로 하느님이

우리에게 계시하시고 예수 그리스도를 통해 오셨다고 믿습니다. 더욱이 역사를 통틀어보면 종파의 분립이 생겨나고, 종교개혁과 같은, 다른 방식으로 그리스도교인의 삶을 사는 다양한 공동체들이 형성되었습니다. 우리는 30년 전쟁을 치렀고 그로 인해 다른 믿음들이 만들어졌습니다. 받아들이기 매우 힘들고 부끄러운 시간이었지만 사실이 그렇습니다. 하느님은 인내하고, 기다리고, 아무도 죽이지 않으셨습니다. 하느님을 대신하여 그렇게 하고 싶어 했던 것은 바로 인간입니다. 하느님의 이름으로 살인하는 것은 신성 모독 행위입니다.

스코르카: 어떻게 다른 종교를 믿는다고 해서 그 사람들을 나쁘게 말하는 이들이 있을 수 있는지 모르겠습니다. 비록 종교는 다르지만 진실되고, 사람들이 하느님께 다가가도록 애쓰는 이들인데도 말이죠. 절대 진리를 알고 있는 듯 자신을 과시하고 거들먹거리며 다른 모든 사람들의 행동을 판결하는 사람들은 이러한 부끄러운 이교도 원리를 관행처럼 빈번히 사용해 왔습니다.

성경 문헌에서 이교異敎는 중요한 주제입니다. 고대 이스라엘에서는 유대교의 대속죄일인 욤 키푸르(Yom Kippur) 날, 두 마리의 숫양을 바치는 의식을 진행했습니다(레위기 16). 이 전통 의식에서는 가능한 한 비슷하게 생긴 양 두 마리를 준비해야 합니다(미스나 이오마 6:1). 마을 사람들의 죄를 양에 실어 한 마리는 하느님께 바치고, 다른 한 마리는 사막에 바칩니다. 이 의식은 자연스럽게 다음과 같은 질문을 하도록 만듭니다. "하느님께서는 정말 제물을 필요로 하실까요?" 마이모니데스는 이렇게 생각했습니다.• 인간은 감사의 표시로써 그렇게 해야 한다고 생각하고, 하느님께서는 그런 식으로 사람들이 당신께 좀 더 가까이 다가갈 수 있는 기회를 허락하셨다고 말이지요. 다만 확실히 제한을 두신 것이 있는데, 예를 들어 인간 제물은 안 된다는 것이었습니다. 인간 스스로가 자식들로써 표현하겠노라고 느꼈으므로 하느님께서는 인간을 단속하셨습니다. 다시 앞의 주제로 돌아와서, 욤 키푸르 의식에서의 이런 면들을 연구하면서 저는 '왜 두 마리 숫양은 비슷해 보이는 것이어야 했을까?'가 궁금했습니다. 제가 찾은 답은 이렇습니다. 우리는 가끔 같은 포장지에 안에 다른 내용물이 들어 있는 것을 보곤 합니다. 하느님의 이름으로 말하고, 순결함이나 영적 승격과 연관된 의복을 걸칠 수 있습니다. 하지만 같은 외투 아래에서도 최악의 것들이 스며 나올 수 있습니다. 때때로 이

• 《혼돈스러운 사람들을 위한 안내》, 3부, 32장

교도와 순수교도 사이에는 매우 좁은 길이 있습니다. 20세기에는 종교 의식으로 간주되는 방법들을 미사에 사용함으로써 지독한 열정에 불을 지폈습니다. 하느님이 옆으로 밀려나셨던 것은 바로 그때였습니다.

프란치스코: 하느님의 이름으로 살인을 저지르는 것은 종교적인 체험을 이데올로기화하는 것입니다. 이런 일이 벌어질 때, 정치적인 운동이 일어나고 하느님의 이름으로 자신의 힘을 과시하는 현상이 발생할 수 있습니다. 이런 짓을 하는 사람들은 자기 스스로를 하느님으로 간주하는 사람들입니다. 스스로 하느님이라고 생각한 그들은 20세기에 국가 전체를 파괴했습니다. 터키 사람들이 아르메니아 사람들에게 그랬고, 스탈린 공산주의자들이 우크라이나 사람들에게 그랬고, 나치주의자들이 유대인들에게 그랬습니다. 사람들을 살상하는 데에 신성함이라는 담론을 사용했습니다. 이것은 사실 오만한 자존심에서 비롯된, 정교한 방식의 살인입니다.

두 번째 계명은 네 이웃을 너 자신처럼 사랑하라는 말입니다. 신앙인이라면 누구든, 자신과 가족과 동족과 혹은 도시에만 믿음을 제한해서는 안 됩니다. 신앙인이라면 반드시, 다른 신앙인이든 비신앙인이든, 만나면 그들에게 손을 내밀려고 다가가야 합니다. 이러한 의미에서 성경은 인상적인 것을 보여줍니다. 형제들에게 부당한 일을 저지르는 사람들, 나가서 돕지 않는 사람들, 가난하고 궁핍한 이들에게 하느님의 존재를 알리지 않는 사람들에게 예언자 아모스는 채찍과도 같은 사람이었습니다. 또한 법에는 '이삭줍기'라는 것이 있었습니다. 그것이 무엇이냐고요? 룻기는 이렇게 설명하고 있습니다. 사람들은 이미 수확이 끝난 밭에 가선 안 되었는데, 수확 후 나머지 것은 미망인과 고아들을 위해 남겨두어야 했기 때문이지요.

스코르카: 성경은 우리는 모두 최초의 인간에게서 나온 후손이라는 것을 가르쳐줍니다. 달리 말하면, 우리 모두는 각자 형제 관계로 맺어져 있습니다. 누구든 다른 사람에게 무심해서는 안 됩니다. 어쩌면 성경 전체는 단지 이 하나의 명령, 즉 '하느님에게, 혹은 네 이웃에게 무심하지 마라'라는 내용을 말하고 있지 않나 싶습니다. 그렇다 한다면 종교의 사회적 기능은 무엇일까요?

프란치스코: 다시 처음의 두 계명으로 돌아가볼까요. 첫째는 '네 마음을 다하고 네 목숨을 다하고 네 정신을 다하여 주 너의 하느님을 사랑해야 한다'이고, 두 번째는 '네 이웃을 너 자신처럼 사랑해야 한다'입니다. 예수님은 이 두 가지 계명 안에 모든 법이 있다고 말씀하셨습니다. 따라서 성전 안에서만 허

용되는 종교, 그곳을 벗어난 바깥세상의 종교는 배제하는 식의 신념은 설득력이 없습니다. 성전 안에서는 하느님에 대한 사랑, 찬미, 예배 같은 행위들이 계속 존재해왔습니다. 그러나 전 사회적 차원에서의 종교 같은, 밖에서 행해지는 다른 것들도 있습니다. 그것은 공동체에서 하느님과 만나는 것에서 시작합니다. 그 하느님은 당신의 사람들과 가까이 계시고 함께 걷는 하느님, 윤리적이고 종교적이며 우정 어린 지침을 주심으로써 삶의 여정을 향상시키는 하느님입니다. 이때 사람들의 행동을 규제하는 것이 있으니, 바로 공정함입니다. 저는 하느님을 경외하는 사람은 이러한 경험을 통하여 형제들에게 정의를 수행하리라 믿습니다. 그 정의는 교육, 사회적 진보, 돌봄과 관심, 위안 등을 만들어내므로 매우 창의적인 정의입니다. 그래서 종교적으로 고결한 사람은 의로운 사람이라고 불리며, 다른 이들에게 정의를 행사합니다. 이러한 면에서, 정의로운 종교 혹은 종교적 정의는 문화를 창조합니다. 살아 계신 하느님을 경배하는 여성 혹은 남성이 만들어낸 문화는 우상 숭배자가 만든 문화와 같지 않습니다. 요한 바오로 2세는 "문화를 만들어내지 못하는 믿음은 참된 믿음이 아닙니다"라는 담대한 말씀을 하셨습니다. 문화를 창조하라는 것을 강조하신 것입니다. 오늘날, 예를 들자면 우리 사회에는 우상 숭배적인 문화들이 있지요. 소비주의, 상대주의, 쾌락주의 등이 그러한 예들입니다.

스코르카: 하느님에 대한 경배는 다른 사람들에 대한 실천이 따를 때에만 의미가 있습니다. 만약 그렇지 않으면 그것은 경배가 아닙니다. 우리는 지금 정확히 무엇을, 누구를 경배하고 있는 걸까요? 이것은 본질적인 질문입니다. 언제나 제가, 성직자나 랍비라면 발에 흙을 묻혀야 한다고 말하는 건 그래서입니다. 성전은 단지 종교를 구성하는 한 부분입니다. 삶으로 채워지지 않은 곳, 삶을 지탱할 수 있도록 사람들을 돕지 않는 성전이라면 단지 또 다른 이단일 뿐입니다.

프란치스코: 우리가 발에 흙을 묻혀야 한다는 것에는 의심의 여지가 없습니다. 오늘날 성직자들은 수단(성직자들이 착용하는 성직복의 하나로서, 길쭉하고 몸에 꼭 맞는 발목 길이의 겉옷-편집자)을 입지 않습니다. 하지만 최근에 서품을 받은 한 사제가 그것을 입었고 그러자 몇몇 다른 사제들이 그 일을 비판했습니다. 그래서 그는 한 지혜로운 사제에게 물었습니다. "제가 수단을 입은 것이 잘못된 일입니까?" 그 현자는 이렇게 대답했지요. "문제는 당신이 수단을 입었느냐 입지 않았느냐가 아닙니다. 그보다는 다른 사람들에게 도움을 주기 위해 일해야 할 순간에, 팔을 걷어붙이고 나섰는지가 더 중요합니다."

스코르카: 종교들은 역동적이므로 시대에 뒤떨어지지 않기 위해서는 끊임없이 바깥세상과 연결되어야 합니다. 종교에서 절대 바뀌지 않는 것은 그 가치입니다. 모든 문화는 궁극적으로 세 가지 질문, 즉 '이 문화는 신과 인간과 자연을 어떤 식으로 수용하는가?'에 대한 대답을 근거로 해서 생겨납니다. 유대교는 이렇게 주장합니다. 하느님은 영원한 존재이고, 하느님이 만드신 최고의 피조물은 인간입니다. 그리고 무無에서 창조하신 것이 자연입니다. 이것이 유대교를 그리스 로마적인 사상과 구별 짓는 독특한 지점입니다. 그리스 로마 신들의 계보, 종교적인 신화에서는 많은 신들이 서로 싸우며 올림포스 신전에 도착한 이후부터는 서서히 인간의 삶에 간섭합니다. 유대교가 가져온 참신함은 단 하나의 순수한 영적 존재인 하느님만 믿는다는 것입니다. 결과적으로, 하느님께서는 인간에게, 특별히 이스라엘 민족에게 모습을 드러내셨고 그때에 계명이 주어졌습니다. 그런 다음 토라가 나옵니다. 토라는 법리들을 종합한 것으로, 쉽게 이해할 수 있는 평이한 언어로 적혀 있습니다. 토라는 확정적인 것으로 여겨지는 텍스트는 아닙니다. 탈무드를 공부하다 보면, 랍비들은 왜 토라의 계율들을 이렇게 해석하고 혹은 저렇게 해석했는지에 대해 논쟁하고 있음을 알게 됩니다. 그러다 보니 유대교는 늘 지속적으로 사고를

발전시키고 혁신하게 되는 것입니다.

저는 지금, 가치를 나타내주는 한줌의 원칙들은 바뀔 수 없다는 것을 강조하고 싶습니다. 특정 단어들로 예배가 이루어지고, 특정 방식에 따라 의식이 행해져야 한다는 그런 것에만 신경 쓰는 사람은 매우 중요한 전통을 유지해올 수 있었지만, 정의롭고 정직하며 사랑이 넘치는 삶이 동반되지 않는다면 그것은 다만 겉모양에 불과합니다. 그러한 이는 상자는 아름답지만 내용물은 없는 것과 같은, 겉포장만을 선택한 사람입니다. 하디시즘*의 일원이었던 랍비는 이렇게 말하곤 했습니다. "저는 아버지가 하신 일들을 똑같이 하고, 본질적으로 똑같은 가치를 얻습니다. 하지만 아버지는 아버지이고 저는 저입니다. 아버지가 살아오신 삶은 제게 얼마간 도움이 되지만, 단지 얼마뿐입니다."

프란치스코: 선조들의 목격과 증언을 통하여 보존된 것은 중요하다는 말씀에 동의합니다. 우리의 경우는, 사도들을 통해 전수되었지요. 3, 4세기에 계시받은 신앙적 진실들은 신학적

- 하시디즘은 18세기에 유럽에서 탄생한 유대인의 신앙 부흥 운동이다. 정교 문학의 위대한 내용이 들어 있으며, 노래, 춤, 이야기, 전통을 통해 구성원들의 믿음을 북돋워주었다.

으로 공식화되었고, 협상할 수 없는 유산으로서 전달되었습니다. 이 말은 역사적으로 연구와 조사를 통해서는 예수는 어떤 분인지, 교회는 어떻게 설정할지, 참된 그리스도교인의 행동은 무엇이고 어떠해야 하는지, 계명이란 무엇인지 등과 같은 진실에 관한 색다른 통찰들을 발견할 수 없었다는 의미가 아닙니다. 이런 모든 것들은 새로운 설명과 더불어 풍부해질 수 있습니다. 이런 것들은 논쟁이 가능합니다. 그러나 반복하지만, 이러한 유산은 협상할 수 있는 것이 아닙니다. 종교적인 믿음은 인간의 사고를 통해 깊어질 수 있지만 그렇게 심화된 내용이 유산과 불화를 일으키면 그것은 이단이 됩니다. 어쨌든 종교는 세월이 흘러감에 따라 특정 표현들을 정제합니다. 우리에게 전승된 유산과의 신성한 유대 때문에 그 진척이 느리기는 하겠지만 말이죠. 너무 빨리 가려다 망쳐버리는 일이 없도록 우리는 매우 주의해야 할 것입니다. 중세의 어떤 신학자는 우리가 받은 계시, 그 유산을 이해하고 진척시키는 것을 이런 식으로 표현했습니다. "유산 안에는 모든 진척에 대한 타당한 규칙, 모든 발전에 대한 올바른 기준이 들어 있습니다. 그 유산이야말로 여러 시대를 거쳐 강화되고, 오랜 세월 동안 발전되고, 시간을 지나오며 확장된 것이니까요."

전승된 유산을 가지고 오늘날의 새로운 문제에 대답하려면 시간이 필요합니다. 심지어 양심의 문제가 관련되더라도 말이지요. 제가 어렸을 때에는, 이혼한 가족은 함부로 집에 들이지 않고 돌려보냈습니다. 오늘날에는 교황께서 직접 부르시어 그들은 교회 안에서 함께 살아가는 새로운 일원이 되었습니다. 교황은 그들에게 교구 사회에서 기도하고 일하며, 또한 자선 활동에 참여하기를 청합니다. 그들이 계명의 바깥에 자리한다는 사실 때문에 그들이 받았던 세례가 무효가 되지는 않습니다. 저 역시 사회가 변하는 속도를 따라잡기란 힘들다는 것을 인정합니다만, 하느님의 음성을 구하는 성직에 있는 지도자들은 대답을 찾기 위해 반드시 시간을 내야 합니다. 그럼에도 불구하고 경제적, 문화적, 지정학적인 다른 관심거리가 섞일 위험이 있습니다. 어떻게 그것을 구별할 것인지를 아는 것이 중요합니다.

05
종교 지도자들에 대하여

스코르카: 종교 지도자가 되고 싶은 사람은 두말 할 것 없이 소명을 중요하게 생각해야 합니다. 소명이 없으면 아무것도 없는 것과 같습니다. 우리가 여러 번 강조한 다른 용어로는 전통이라 할 수 있겠지요. 하느님을 섬기고자 하는 소명은 심오한 성찰에서 시작됩니다. 자아를 발견하고, 신도들과의 관계를 돈독히 하며, 자연의 메시지를 감지하는 성찰의 과정이 필요한 것입니다. 평생 동안 추구해야 할 길을 찾아 헤매는 청소년 시절, 다양한 경험들을 하는 도중에 우리는 하느님의 영적인 세계를 발견하지요. 그리고 그 발견의 결과로써, 어떤 이들은 하느님께 숭고한 서약을 하기로 결심합니다. 영적인 안내

자로서의 역할을 수행한다는 것은 자기 자신을 신도들에게 헌신함으로써 하느님을 섬긴다는 것입니다.

창세기에 나와 있는 것처럼 하느님께서는 자신의 형상으로 인간을 만드셨습니다. 하느님의 형상이라 함은, 그 형상 속에 하느님의 말씀이 들어 있다는 뜻입니다. 그 형상 안에 하느님의 모습이 들어 있다는 것입니다. 그러므로 이웃을 볼 때, 하느님을 보아야 하는 것입니다. 이론적인 도움뿐만 아니라, 실질적인 도움까지 염두에 두고 말이지요. 오랜 시간 동안의 가르침을 통해 저는 영적인 길에 스스로를 헌신하겠노라 선택한 사람들을 매우 신중히 관찰할 필요가 있다는 것을 배웠습니다. 유감스럽지만 역사를 보면 실제로 우리의 영적 소유권을 박탈하거나, 웨이코(Waco)나 가이아나(Guyana)의 범행같이*

---

* 1978년 11월, 남미 가이아나에서 일어났던 사교邪敎 집단 '인민사원'의 집단 자살극은 사이비종교의 광란과 피해가 얼마나 큰지를 전 세계에 알려준 충격적인 사건이었다. 무려 923명이 독약을 마시고 죽었다. 미 의회의 현지 조사로 사교촌의 비행이 폭로되자 교주 측이 조사단을 저격하고 신도들에게 집단 자살을 강요했던 것. 미국에서 일어난 비슷한 참극으로는, 텍사스 주 웨이코 시에서 사교 집단 '다윗파' 신도 86명이 교주 지시에 따른 방화로 집단 자살한 사건이 있다. 연방수사국이 교주를 검거하기 위해 집단 거주지로 진입하자 이런 끔찍한 일이 벌어진 것이다. -1993.4.21 경향신문 기사 중 인용(편집자)

신도들에게 재앙을 가져온 지도자들이 실제로 많았습니다. 우리는 정말로 이런 자들을 조심해야 합니다. 자신은 다른 이들을 구원하는 자라고 굳게 믿는 사람들을 말입니다.

프란치스코: 저도 소명이라는 말에 동의합니다. 우리 전통에서 소명은 중요합니다. 하느님께서 당신을 알리실 때는, 부르심으로 소명을 행하십니다. "너는 너의 고향과 친척과 아버지의 집을 떠나 내가 네게 보여줄 땅으로 가라."(창세기 12:1) 하느님께서 아브라함에게 그 길로 가라고 명령하신 것입니다. 하느님께서 부르십니다. 우리는 위대한 지도자의 소명에서 그것을 봅니다. 우리의 전통에서 소명은 항상 부르심으로 시작합니다.

저는 게라사(Gerasa) 지방의 더러운 영이 들린 사람에 대한 이야기를 늘 주목하고 있습니다. 예수께서는 마귀 들린 그에게 "더러운 영아, 그 사람에게서 나가라" 하고 말씀하셨습니다. 예수님이 그의 몸에서 더러운 영을 물리쳐주신 후, 이 일을 알게 된 마을 사람들은 겁이 나서 예수께 그 고장을 떠나달라고 청하지요. 마귀 들렸던 이가 예수님을 따라가겠다고 하자 예수께서는 그에게 "주님께서 너에게 해주신 일과 자비를, 베풀어주신 일을 모두 알려라" 하고 말씀하셨습니다. 그래서 소명이라는 말은 중요합니다.

물론 그 부르심 혹은 소명을 거절할 수도 있습니다. 복음서에 나오는 부자 청년이 가장 전형적인 예입니다.

예수께서는 그를 친절하게 바라보며 그를 사랑하는 마음으로 이렇게 말씀하셨습니다. "네가 가장 가까이 나를 따르기를 원한다면 가서 너의 재산을 팔아 가난한 이들에게 주어라." 청년은 슬퍼하며 떠나갔습니다. 그는 너무 부유했기 때문에 예수님의 부르심을 받들지 못했습니다. 예수께서는 청년을 초대하고 부르셨지만 청년은 예수님과 동행할 용기가 없었습니다. 결과적으로 실패한 부르심이었던 것이지요. 복음서에서 예수님은 "너희가 나를 뽑은 것이 아니라 내가 너희를 뽑아 세웠다"라고 말씀하십니다.

최초의 부르심에 대해 분별력을 가질 필요가 있습니다. 그리스도교의 영성에서는 그것을 올바른 의도라고 부릅니다. 달리 말하자면, 당신이 어떤 의도를 가지고 왔느냐 하는 것이지요. 누군가 사기꾼처럼 나쁜 의도로 왔다는 얘기가 아니라, 무의식적인 동기들이 있어서 그것이 광신 혹은 다른 것들로 바뀔 수 있다는 말입니다. 상황이 진척되는 동안, 계속해서 올바른 의도로 정화해야 합니다. 부르심을 받은 이들을 포함하여 그 누구도 완벽히 진실하게 대답할 수 없습니다. 우리는 죄인들이어서 모든 것을 혼동하기 때문입니다.

스코르카: 신명기에는 거짓 예언자와 참된 예언자를 구별하는 방법을 언급해놓은 매우 흥미로운 구절이 있습니다(13:2-6). 거짓 예언자조차 소명을 검증하는 데에 초자연적인 징후를 만들어낼 수 있다는 것을, 탈무드는 보여줍니다. 신명기의 이 구절은 매우 중요합니다. 거짓 예언자란 당신을 하느님과, 정의와, 삶을 존중하는 길에서 벗어나게 하려는 사람이라는 것, 그리고 어떤 것이 그런 경우에 해당하는지 식별할 수 있는 다양한 시험 방법들을 신명기는 설명해줍니다. 그렇다면 고의든 아니든 종교적인 어휘로 포장된 거대한 정신적 힘을 이용해 공동체에 파멸을 가져오는 지도자 앞에서, 회중會衆은 무엇을 어떻게 하면 좋을까요?

성경에서는 그것에 관해 다양한 장면을 보여주는데, 그 메시지는 '조심하라'는 것입니다. 당신의 마음을 정복하려고 시도하는 것들에서 물러나 있으라고, 마음과 욕망을 통제하려면 정신을 바짝 차리라고 말합니다. 신명기에 언급된 구절을 살펴보면서 우리 각자는 본질적으로 예언자의 메시지를 분석해야 합니다. 만약 정의롭고 긍휼하고 선량한 것과 일치하지 않는다면, 그 메시지는 거짓이니 멀리해야 합니다.

내면의 자유를 제한하고 회중을 장악하고 싶어 하는 지도자를 분별하는 방법 중 하나는 지도자가 절대적인 확신에 차서

"하느님께서 내게 이렇게 말씀하셨으니, 이것이 정답입니다" 라고 말하는지 주의 깊게 살피는 것입니다. 마치 자신이 완벽한 것처럼 말하고 행동하는 선생들에 대해서도 마찬가지입니다. 그런 일이 있으면 일단 의심부터 해야 합니다. 믿음에 관한 가르침은 겸손함을 통해 전수됩니다. 항상 의심의 여지를 두어야 합니다.

예레미야서 27장에서 하느님께서는, 백성들이 네부카드네자르왕의 멍에를 계속해서 감내해야 한다는 것, 어떠한 저항도 꾀해서는 안 된다는 것을 사람들에게 보여주는 증표로써 예언자로 하여금 그 멍에를 어깨에 짊어질 것을 명령하셨습니다. 그러자 갑자기 다른 예언자인 하난야(Hanania)가 나타나서는 예레미야에게서 멍에를 빼앗아 부수어버리지요. 예레미야는 하느님께서 자신에게 명령하신 바를 하난야에게 말하지 못하고 그의 행동을 받아들였습니다. 그런 다음 돌아서서 자신의 일상으로 돌아옵니다. 그리고 바빌론 제국의 멍에를 계속해서 견뎌야 한다는 이전의 말씀이 옳았음을 재차 확증해주시는 하느님과 다시 대화합니다.

이 사건은 두 가지를 보여줍니다. 첫째로, 하느님은 역동적이시며 당신의 마음을 바꾸실 수 있다는 것입니다. 성경은 "하느님이 명을 돌이키실 수 있도록 하느님께 돌아가라"라고 말합니다. 이는 요나서의 메시지입니다. 우리는 하느님과 하느님의 메시지에 대해 절대적인 용어로 말할 수 없습니다. 믿음의 행위에는 의심에서 비롯된 다른 해석들을 수용하는 것도 포함됩니다. 이 일화의 또 다른 가르침이라면, 종교 지도자를 규정하는 가장 중요한 용어와 관련이 있습니다. 토라가 분명히 모세에게 적용한 유일한 미덕안, 겸손에 대한 것입니다. 교만하고 겸손하지 않은, 절대적이고 거만한 태도로 말하는 종교 지도자는 모두 좋은 지도자가 아닙니다. 사람들을 어떻게 다루는지를 모르고, 거만하며, 항상 "내가 ~입니다"라고 말하는 지도자는 종교 지도자가 될 수 없습니다.

프란치스코: 그렇지만, 있습니다. 있고말고요. 니니 마셜(Nini Marshall)이* 배역을 맡아 연기했던 카티타는 "어머니, 제게 그것을 말씀해주세요"라고 말했습니다. 의심에 대해 말씀하신 부분에 동감합니다. 의심이란, 하느님 앞에 옳은 길을 가고자 하는 이라면 누구든 다 겪는 것이니까요. 하느님의 백

• 니니 마셜은 마리나 에스터 스래베소(Marina Esther Traveso, 1903~1996)의 예명이다. 아르헨티나에서 가장 유명한 극작가이자 코미디언으로 알려진 그녀는 극중에서 친구들과 이웃에게 쉴 새 없이 가십거리를 늘어놓는 이탈리아 이민자 역할인 '카티타'를 연기해 유명해졌다.

성을 다스린 위대한 지도자들은 의심의 여지를 지녔던 사람들이었습니다. 모세를 돌아보면, 모세는 이 땅 위에 살았던 이들 중에서 가장 겸손한 사람이었습니다. 하느님 앞에서는 오로지 겸손해야 합니다. 하느님의 백성이 되고자 하는 사람이면 하느님께서 임하실 빈 공간을 남겨두어야 하지요. 그래야 의심으로 위축되고 뒤로 물러났던 것이, 내면의 어두운 기억이, 무엇을 해야 할지 몰랐던 것이, 궁극적인 모든 것들이 더욱 정제될 수 있습니다. 나쁜 지도자는 자만에 빠져 있고, 고집스럽습니다. 나쁜 지도자의 특징 중 하나는 자만심으로 인해 과도하게 규범적이라는 점입니다.

스코르카: 의심은 믿음의 필수 요소입니다. 사실, 믿음은 의심이라는 감정에서 비롯됩니다. 저는 하느님을 자각하고 하느님을 느끼고 하느님과 여러 번 대화를 나누었습니다. 하지만 믿음의 본질은 계속해서 하느님을 찾는 것입니다. 하느님에 대해 99.99퍼센트 확신할 수 있지만 결코 백 퍼센트는 될 수 없습니다. 우리는 평생 동안 하느님을 찾고 있는 것이지요.

유대인들에게 믿음은 바로 그와 똑같은 의심에 의해 생겨납니다. 홀로코스트 이후, 우리는 스스로에게 묻습니다. 하느님께서 완전히 정의로우시고 항상 정의를 가까이하신다면, 왜 지켜만 보시면서 우리를 고통 속에 내버려두셨던 것인지를.

이런 질문들은 욥이 하느님께 따져 물었던 것과 같은 것입니다. 하느님이 정의롭고 신실한 분이라면 왜 내 아들들이 죽어야 했는지, 왜 건강을 잃어야 했는지, 왜 모든 것을 잃어야 했는지…… 욥은 이해할 수 없었지요. 이때 하느님의 대답은 "나에게는 의심을 가진 사람들이 알 수 없는 내 뜻이 있다"라는 것이었습니다.

프란치스코: 이미 언급했던 '당신에 대하여 귀로만 들어왔던 이 몸, 이제는 제 눈이 당신을 뵈었습니다'라는 욥기의 구절은 (욥기 42:5) 언제나 매혹적입니다. 하느님의 시험 후에, 사람들은 제각기 다르게 보기 시작했고 이해의 폭이 늘어났습니다. 종교 지도자에 대한 주제로 다시 돌아가자면, 하느님께서 함께하신다는 것을 증명해주는 것은 겸손입니다. 누군가 독선적이거나 모든 질문에 대한 해답을 알고 있다고 한다면, 이는 하느님께서 그 사람과 함께하시지 않는다는 증거입니다. 독선은 자신을 위해 종교를 이용하는 모든 거짓 예언자들과 잘못된 종교 지도자들을 식별할 수 있게 해줍니다. 그것을 종교적 위선이라 할 수 있는 이유는, 그들은 모든 사건들 위에 초월하시는 하느님에 대해 말하면서도 하느님의 명령을 실천하는 데에는 최선을 다하지 않기 때문이지요. 예수께서는 신실한 백성들에게 그들에 대해 말씀하시면서 "그러니 그들이 너희에게

말하는 것은 다 실행하고 지켜라. 그러나 그들의 행실을 따라 하지 마라"라고 하셨습니다(마태오복음서 23:3).

스코르카: 우리는 거듭해서 구체적인 행실을 예시하는 방법으로 가르칠 필요가 있습니다. 종교 지도자가 되겠다고 선택한 사람들에게 겸손함을 심어주고, 자신이 선택한 것은 모두 신성한 행동이라고 생각하는 사람에게 거듭 경각심을 일깨울 필요가 있습니다.

저희 공동체에는 청년 그룹이 있습니다. 다른 그룹들의 모범이 되게 하려고 저는 이 그룹 청년들에게 "자네들은 매우 특별한 소명을 받았다"라고 말하지요. 이 청년들은 아이들에게 가능한 한 가장 좋은 것을 경험할 수 있도록 게임 이론도 알고 있어야 하며, 함께 산다는 것이 무엇인지를 배울 수 있도록 아이들에게 사회적 가치를 계속 반복해 가르칩니다. 그러나 이러한 것들이 우리가 교육하는 유일한 가치라 한다면, 우리의 지도자와 여타 비종교 그룹의 지도자 사이에는 어떤 차이도 없을 것입니다. 그래서 저는 아이들에게 반드시 종교적인 길도 보여주어야 한다고 청년들에게 말합니다. 청년들의 소명은 신성한 것이므로, 아이들에게 잘 전달할 수 있도록 맞춤식 기도와 의식을 통하는 방식의, 특별한 영적 요소를 갖춰야 합니다. 이러한 그룹 리더들은 랍비를 도와 자신의 업무를 충실히 수행하고 있습니다.

한편, 지도력을 발휘하는 위치에 있는 모든 이들은 다음의 것을 깨달아야 합니다. 공적인 업무에 개인적인 문제들을 부가하지 말아야 하며, 자기 지위만 믿고 자신을 너무 과신해서는 안 된다는 것을 말이지요. 몸이 아파서, 마음을 다쳐서 도움이 필요한 사람들에게 저는 항상 "주인 되신 하느님께서 나에게 무엇을 말씀하시는지 살펴봅시다"라고 말합니다. 결코 저 자신을 무언가 특별한 것을 소유한 랍비로 소개하지 않습니다.

한번은 결혼식 주례를 마치고 나오는데 8년 전에 결혼한 것으로 기억되는 한 부부가 저에게 인사를 했습니다. 제가 그들에게 처음 건넨 질문은 자녀는 몇이나 되느냐 하는 것이었는데, 부부는 유감스럽게도 "유산을 했습니다"라고 대답했습니다. 저는 부부의 손을 꼭 붙잡고 "힘내시고, 희망을 가지십시오"라고 말했습니다. 그 후 시간이 흘러 결국 부부는 딸을 얻었습니다. 남편은 딸의 이름을 지어주기 위해 전통에 따라 회당을 찾아왔지요. 의식이 끝나자 남편이 제게 다가오더니, 자신에게 힘과 믿음을 따르라고 조언했던 일을 기억하느냐고 물었습니다. 당신 말마따나 저는 당신들 부부에게 좋은 영향을 주었을 뿐, 제 말을 믿어서 임신에 성공한 것은 아니라고 했습니다. 제가 한 일이라고는 하느님께 요청한 것뿐이었으니까요. 몇몇 사람들은 저에게 농담조로 말하기를, 이 사실을 널리 알려서 회당이 신도들과 기부로 넘쳐나도록 해야 한다고 하더군요.

프란치스코: 치유하는 자, 랍비시여!

스코르카: 결코 그렇지 않습니다. 사람에게는 환자를 도울 수 있는 영적인 힘이 있을 수 있다고 믿습니다만, 그 기적은 하느님으로부터 온 것이지 결코 사람에게서 온 것이 아닙니다. 하시디즘 전통에서 탈무드*는 세계는 35명의 정의로운 사람들의 존재로 지탱된다고 가르칩니다. 그러나 자신들이 진정으로 정의롭다고 믿는 순간 이들은 더 이상 정의롭지 않습니다.

프란치스코: 이렇게 경이로운 치유자들이 등장하면, 심지어 신의 계시나 환영과 함께 나타나면 저로서는 자연적으로 불신이 일더군요. 이러한 일들은 저를 방어적으로 만듭니다. 하느님은 언제나 메시지를 실어 나르는 안드레아니(아르헨티나 최대의 특급 우편 회사-옮긴이)가 아니십니다. 신도가 무엇인가가

---

* 바빌로니아의 탈무드, 산헤드린 97쪽

느껴진다고 말하는 때는 그와는 다릅니다. 그럼에도 불구하고 역사적으로 예언은 존재했으며, 지금도 계속 존재한다는 것을 인정해야 합니다. 그리고 예언자의 자질을 갖춘, 하느님께서 예언자로 선택하신 그 누군가를 위한 공간은 남겨두어야 합니다. 하지만 하늘의 편지를 가져왔다고 천연덕스럽게 말하는 사람들에게는 아닙니다.

저는 부에노스아이레스에서의 많은 사례들은 예언으로 인정하지 않았습니다. 사람들의 믿음보다 더 흔하고 더 일상적으로 볼 수 있었기 때문이지요. 우리가 기도할 때, 교수님이나 저나, 그 기도를 모든 사람들을 위한 예언 혹은 계시가 되는 영적인 위로로 여기면 안 됩니다. 이는 매우 순진한 생각입니다. 사람들은 가끔 심리적으로 불안해서, 또는 해석을 잘못해서 어떤 것을 예언이라고 착각할 때가 있습니다. 얼마 전 저는 아르헨티나 국민 모두를 위한 하느님의 메시지를 갖고 있다는 여성에게서 전화를 받았습니다. 그녀는 저에게 '우리 모두를 구원하기 위해' 그 메시지를 공인해달라고 했습니다. 이윽고 그녀는 제게 메시지를 보냈는데, 제 눈에는 옳지 않은 것, 부정확한 것, 실수 등이 보였습니다. 그래서 저는 인증할 수 없겠다고 말했지요. 그러자 그녀는 제 말에 동의할 수 없다면서, 저의 인증과는 상관없이 어떻게든 그 메시지를 유포하겠다고 고집을 부렸습니다. 간혹, 예언을 일종의 소명으로 느끼는 사람이 있는데 그녀가 바로 그런 사람이 아닐까 싶습니다.

좀 더 해석이 쉬운 다른 문제로는 치유가 있습니다. 과학적 연구를 통해 어떤 종양학자들은 물리적인 현상을 뛰어 넘는 심리학적 영향이 있으며, 그중의 일부는 설명도 가능하다고 믿습니다. 랍비와 사제 역시 성직자 신분으로 타인의 건강을 위해 기도하고 간청합니다. 그래야 마땅한 일이지요. 하느님의 법에 따라 치유를 행하는 사람은 소박하고 겸손하며 남의 시선을 의식하지 말아야 합니다. 그렇지 않을 경우, 그것은 치유가 아니라 장사가 되어버릴 수 있습니다.

스코르카: 백 퍼센트 동의합니다. 누군가 이 능력을 오락거리로 이용한다면, 그들은 진실한 종교인도 아닐 뿐더러 거짓말쟁이일 뿐입니다. 마치 유행처럼, 자기가 처한 사회적·물리적 문제에 대한 대답 이상의 것을 찾는 사람들이 많습니다. 사람들이 랍비를 만나러 갈 때는(사제를 만나러 갈 때도 마찬가지입니다) 믿음에 기초한 대답을 얻기 위해서라는 사실을 기억해야 합니다. 의사의 경우는 다릅니다. 우리는 결코 의사 역할을 대신할 수 없습니다. 어떤 사람이 건강 문제로 찾아오면, 저는 그에게 하느님의 말씀을 전함으로써 그가 감정을 억제할 수 있도록 돕습니다. 그러나 동시에 무슨 일이 있어도 의학적인

치료를 받아야 한다고 말합니다.

프란치스코: 그러라고 하느님께서 저희에게 도구를 주신 게 지요.

스코르카: 오래된 이야기가 생각나는군요. 어느 날 홍수가 발생했습니다. 한 남자가 지붕에 올라가 구조를 요청했고, 즉시 카누가 도착해 그를 구조하려고 했습니다. 그런데 그 남자는 카누에 타지 않겠다면서 노 젓는 이에게 이렇게 말했습니다. "여기 남겠습니다. 하느님께서 저를 도와주실 테니까요."

조금 뒤, 소방대원들을 태운 큰 배가 그 남자를 구조하려고 다가왔습니다. 이번에도 그는 배에 타려 하지 않았습니다. 계속해서 "무슨 일이 있어도 여기 남겠습니다. 하느님께서 저를 구원하실 테니까요"라는 말만 되풀이하면서 말입니다. 조금 늦게 경찰의 구조 헬기가 도착했지만, 남자는 "하느님께서 저를 구원하실 것이라니까요" 하면서 타지 않았습니다. 결국, 그는 죽어서 천국에 갔습니다. 그리고 하느님께 항의했습니다. "왜 저를 구원해주시지 않고, 죽도록 두셨습니까?" 그러자 하느님도 화를 내셨습니다. "너를 돕지 않았다니, 그게 무슨 말이더냐? 내가 너에게 카누도 보내고, 큰 배도 보내고, 헬기까지 보냈는데, 네가 거부하지 않았느냐!"

프란치스코: 정말 좋은 이야기로군요. 이제, 지도력에 대한

주제로 돌아가볼까요. 신도들을 이끄는 지도력과 비정부기구(NGO)의 지도력은 같지 않다는 의견에 동의합니다. 저는 교수께서 말씀하신 신성함이라는 단어를 매우 좋아합니다. 신성함은 하느님께서 아브라함에게 주신 명령입니다. 신성함이라는 단어는 초월을 위한 발판 같은 것이지요. NGO 단체에는 '신성함'이라는 단어가 어울리지 않습니다. 그래요, NGO 단체에는 적합한 사회적인 행동 규범, 정직, 그리고 어떻게 임무를 실행할 것인지에 대한 생각과 내부적인 정책이 있어야 합니다. 신성함은 세속적인 제도를 경이적으로 운영할 수 있게 합니다. 그러나 종교와 연관시켜보자면 신성함은 지도자가 반드시 갖춰야 할 덕목이라 하겠습니다.

스코르카: 두말할 나위 없이, 신도를 이끄는 이는 정직한 사람이어야 하고, 궁극적으로 정의로운 사람이야 하며, 정의에 따라 일하는 사람이어야 합니다. 종교 지도자의 역할 가운데 가장 도전적인 임무는 평화를 구현하기 위해 사람들 사이를 조정하는 중재자 역할입니다. 성경에서 이들은 백성들을 위해 하느님 앞에서 중재하는 역할을 맡았습니다. 사악함으로 인해 하느님께 유죄 판결을 받은 도시 소돔과 고모라에 살고 있던 의인들을 구하기 위해 아브라함이 하느님과 벌인 협상이 이에 해당합니다. 즉, 사람들을 구원하기 위해 하느님과 협상한 것

입니다. 우리가 너무도 흔하게 볼 수 있는, 절대적이고 독단적인 권력을 휘두르는 비겁하고 병적인 싸움과는 거리가 멀어도 한참 먼 행동이지요!

20세기의 많은 독재자들은 지도자로서 끔찍하기 짝이 없는 시도들을 했습니다. 인간 행동과 사회적 규범에 관한 몇몇 연구는 다음과 같은 의견을 제시합니다. 즉, 나치즘과 공산주의 같은 20세기의 전체주의적 움직임은, 상징과 신비주의를 이용하는 종교 제도적 특성을 차용했다는 내용이지요. 군중은 자신들의 모든 문제와 슬픔을 해결해줄 구원자를 꿈꿉니다. 독재자들은 궁극적으로 자기 마음대로 군중을 통솔하기 위해, 사람을 매료시키는 나쁜 기질로 군중을 조종하고 이용함으로써 정신과 마음을 정복합니다. 아르헨티나는 이런 일로 오래전부터 지금까지 계속 고통받고 있습니다. 우리 사회는 구원자를 찾으려는 경향이 있어서 우리에게도 통치자가 생길 것이라고 믿고 있지요. 하지만 그는 통치자일 뿐, 지도자는 아닙니다. 지도자는 확실한 목표를 갖고 우리를 안내하지만 통치자들은 단지 다스릴 뿐입니다. 진정한 지도자들은 그들의 일을 지속하게 만드는 가치에 따라 초월적인 태도로 움직입니다. 그들은 미래의 세대를 위해 문제를 해결하고 본보기가 될 수 있도록, 지금 여기에서 역사를 만들어가기를 갈망합니다. 통치자들은 단지 현재만 걱정합니다.

또 한 가지, 정치가 종교와 관련이 있다면 이는 하느님 때문이 아니라 사회적 문제와 관련한 필요성 때문입니다. 정치와 종교는 '인간과 인간의 문제'라는 같은 대상을 다루는 두 개의 시스템입니다. 해악을 끼칠지도 모르는 지도자들에 대항할 수 있는 유일한 무기는 교육밖에 없습니다.

06
제자들에 대하여

프란치스코: 현 시점에서 우리가 할 수 있는 질문은 종교의 길을 걸으려고 선택한 사람들을 어떻게 교육하고, 어떻게 성장시킬 것인가 하는 것입니다. 어떤 사람은 성직자가 되기 위해 '교회 경력'을 믿고, 그것에 따릅니다. 다행히도 이러한 표현은 더 이상 쓰이지 않는데, 경력이라는 단어가 마치 회사에서처럼 서열이 존재하는 것 같은 느낌을 주기 때문이지요. 그보다, 모든 것은 누군가가 하느님에게 부름을 받고, 호출되고, 감동했다는 사실에서 출발합니다.

우리 교육의 기본은 크게 네 기둥으로 이루어져 있습니다. 첫 번째는 영적인 삶으로, 영적인 무언가를 원하는 사람들은 하느님과 대화하기 위해 내적 세계로 들어갑니다. 그런 의미에서 교육이 시작되는 첫 1년은 기도의 삶과 영적 삶을 알고 실천하는 단계입니다. 이후에도 이런 생활이 계속되지만 강도는 덜합니다.

두 번째 기둥은 공동체 삶의 단계입니다. 남들과 따로 동떨어지는 것은 상상할 수 없습니다. 우리의 근본 목표는 공동체 속에서 사람을 '어울리게' 하고, 성장하게 하는 것입니다. 그러고 나서야 비로소 스스로 길을 찾아 나가는 것이지요. 이런 과정을 위해 신학교가 존재합니다. 모든 공동체에서는 경쟁과 질투가 생겨날 수밖에 없는데 이 과정을 거치는 동안 자신의 마음을 가꾸고, 타인을 위해 사는 법을 배우게 됩니다. 신학생들의 축구 경기에서도 그러한 양상을 볼 수 있습니다.

세 번째 기둥은 지적인 삶입니다. 신학생들은 학과에서 여러 과정을 밟습니다. 수업은 6년 과정으로 이루어집니다. 그중 2년은 신학을 기본으로 하는 철학 수업입니다. 그리고 이런 교리신학을 마친 뒤에, 여러 학자들이 개발한 하느님, 삼위일체, 예수, 성례 등에 대한 설명 방법을 차례로 배웁니다. 또한, 성서신학과 도덕신학 과정을 듣습니다.

네 번째 기둥은 사도생활이라고 부르는 것입니다. 이윽고 교구에 할당된 신학생들은 매주 나가서 행정일 등 사제를 돕습니다. 그리고 마지막 기간에는 교구에서 생활합니다. 우리는 이 마지막 기간을 가치와 결함들이 나타나는 기회로 봅니다. 수정해야 할 것들로는 무엇이 있는지, 개인의 능력과 리더십에 따라 무엇을 교육해야 할지가 명확하게 드러나는 시기가 바로 이때입니다. 우리는 이 네 기둥이 서로 상호작용하고 서로 영향을 미쳐야 한다고 말합니다.

스코르카: 유대교에서 랍비가 되는 것은 쉬운 길이 아닙니다. 우리가 공부하는 것들의 원천은 히브리어, 아람어로 되어 있기 때문입니다. 수업은 히브리어로 진행합니다. 이 외에도, 신학생이 공경에 대한 기초 지식을 습득하면 랍비의 보조자로 일해야 합니다. 종교 지도자들이 부족하기 때문입니다. 물론 우리의 커리큘럼에도 철학, 성경, 탈무드, 역사, 성경해석에 대한 수업이 있습니다. 세미나리오 라비니코(Seminario Rabínico)는 보수적인 유대교 신학교*이기 때문에 기원에 대한 지식과 그 해석의 스펙트럼이 아주 방대합니다. 당연히 늘 히브리 문학을 분석하고, 성직자가 되기 위한 심리학, 사회학,

---

- 현재 유대교의 보수적인 전통으로 역사를 통한 전통과 법률을 가르친다. 하지만 전통주의자들과는 달리 학교에서 과학의 발전상을 배우며, 그러는 가운데 깊이 있고 역동적인 대화를 나눈다.

인류학 과목들을 수강해야 합니다. 중요한 것은 이 신학교에 들어오려는 학생들 모두가 이미 대학 졸업자라거나 직장이 있는 사람들이라는 것입니다.

프란치스코: 가톨릭 신학생이 되기 위해서는 반드시 대학 졸업장이 필요하지는 않습니다. 일반적으로 우리가 수여하는 학위는 신학 또는 철학입니다. 하지만 실제로는 학위가 있는 신학생들이나 2, 3년차 경력의 직장인들도 늘어나는 추세입니다. 예전과 달리 요즈음에는 나이 든 사람들도 신학교에 들어옵니다. 아주 좋은 현상이라고 생각합니다. 부에노스아이레스 대학교의 상황은 훨씬 나아졌습니다. 거기에서 생생한 삶, 현존하는 다른 견해들, 다른 과학적 접근 방식들과 범세계적인 관점 등등을 배우게 될 것이기 때문입니다. 이것이야말로 우리가 이 땅에 계속 발을 딛고 서 있을 수 있는 방법입니다.

스코르카: 우리가 다른 접근 방식을 요구하는 이유도 바로 그 때문입니다. 그래야만 성직자들이 현실 감각을 갖게 됩니다. 인문학 학위가 이상적이긴 하지만 절대적인 것은 아닙니다. 저는 부에노스아이레스 대학교에서 화학박사 학위를 받았습니다. 하느님의 완벽한 작품을 보면 하느님에 대해 알 수 있습니다. 저는 늘 유대교 공부를 좋아했지만 과학 영역에서 연구자로 일했지요. 그러다 어느 순간, 유대교를 가르치는 데 투

신하기로 결심했고, 박사 학위 과정을 밟는 동안 랍비로 일했습니다. 저는 하느님이 우주를 만드셨다는 아인슈타인의 말을 아주 좋아합니다. 그리고 종교와 과학 이 두 진영 사이에 모순이 있다고 생각하지 않습니다. 둘 사이에서 질서를 찾을 수 있다는 사실이 마치 저에게는 하느님께서 인간에게 던져주는 단서 같습니다.

프란치스코: 우리 신학교는 지원자 중 대략 40퍼센트 정도만 받아들입니다. 즉, 자질 있는 사람을 식별하는 것이지요. 예를 들자면 외적인 안도감을 병적으로 필요로 한다거나 노이로제 같은 심리적인 현상도 보이고, 그런가 하면 삶에서는 스스로 성공할 수 없을 거라고 여기고 자신을 보호해줄 단체를 찾는 사람도 있습니다. 그 단체 중 하나가 성직자 단체입니다. 따라서 우리는 관심을 보이는 사람들을 눈을 크게 뜨고 자세히 관찰합니다. 신학교에 들어오기 전에 심도 있는 심리 테스트를 하는 이유도 그래서입니다. 또한 입학 전 1년 정도 합숙을 하게 합니다. 매주 주말 동안, 정말 소명을 받은 사람인지, 아니면 단지 피난처를 찾고 있으면서 소명을 받은 것으로 착각하고 있는 사람인지를 살펴보는 것입니다. 신학교에 들어온 모든 이가 하느님의 부름을 받은 사람들이란 가정 하에 말하면, 부름을 받은 자들 중에 배신하는 사람이 나옵니다. 사울의 경

우에도 부름을 받았지만 하느님을 배신합니다.* 예를 들면 세속적인 사람들의 경우입니다. 역사를 보면 세속적인 사제와 주교가 있었습니다. 어떤 사람은 여자를 취하는 사제만을 세속적인 사제라고 생각하지만, 이는 일부에 불과합니다. 종교를 영적 세속과 정치적 동맹에 이용하고자 하는 사제들도 있습니다. 가톨릭 신학자 앙리 드 뤼박(Henri de Lubac)은 우리에게 일어나는 최악의 것들은 사제들에게서 나온다고 했습니다. 이들은 봉사의 의무를 가진 자들임에도 복음과 십계명이 적힌 돌에서 유래한 하느님의 명령이 아닌 세상의 기준을 따릅니다.

만약 이런 현상이 전 교회로 퍼진다면 상황이 심하게 악화될 것입니다. 그리고 방탕한 사제들로 넘쳐나는 부끄럽기 짝이 없는 시대가 될 것입니다. 사제의 인생에서 일어날 수 있는 최악의 일은 세속적인 사람이 되는 것, 그리고 아주 가벼운 주교, 혹은 가벼운 사제가 되는 것입니다.

스코르카: 유대교적 관점에서도 역시 세속에 빠지면 안 된다고 말합니다. 탈무드에도 그런 말이 나옵니다. 현자들은 현재

---

* 사울은 그 규정과 의무사항을 준수하지 않았다. 사무엘기 상권 13:7-14:15 참조.

와 순간만을 추구하는 사람들, 내세와 초월성(현재 우리가 하는 모든 행동이 미래에 영향을 미친다는 믿음)을 경시하고 무시하는 사람들을 비판합니다. 여기까지는 우리도 동의합니다만, 이제 질문을 드릴까 하는데요(그리고 여기서 우리는 유대교와 가톨릭 간의 관점 차이 하나를 발견합니다), 이 문제를 어떻게 다루어야 하겠습니까? 어느 시점에서 가톨릭교회에서는 극단적인 방법을 사용하기로 결정했습니다. 완전한 헌신을 위하여 결혼과 가정을 단념하기로 말입니다. 그것은 이 세상에 살면서도 세속적인 것들과는 연루되어선 안 된다는 의미입니다.

이와 달리 유대교에서는 이렇게 이야기합니다. "세상을 살면서 삶의 도전을 받아들여야 합니다. 그리고 시대적 흐름에 따른 당면한 모든 어려움과 맞서 싸워야 합니다. 그러면서 소중한 가치를 계속 지켜 나가야 합니다." 그럼에도 불구하고 유대교 조직 안에도 유대인 빈민가에 대해서는 나 몰라라 하며 세상과 연결된 최소한의 것만 하는 이들이 있습니다. 한편, 저는 보수적인 운동가로서(전통주의자라는 말이 더 좋은 호칭이긴 합니다만), 현실의 삶과 문제에 직접 발을 들여놓을 것을 제안합니다. 물질만능주의적인 삶에 빠져선 안 된다는 생각으로 단단히 무장한 채 말이지요. 그렇게 하기란 어려운 일이고, 이것은 오늘날 유대교가 안고 있는 큰 문제 중 하나입니다.

지금 우리는 더 이상 유대인 빈민가에 살지 않습니다. 우리는 변했고 좀 더 범세계적이 되었습니다. 지금 당장의 과제는 유행을 따라잡으려 하는 대신 영적인 탐구에 몰두하는 것이라 하겠습니다. 가톨릭 사제는 엄청난 도전을 앞에 두고 있습니다. 그것은 신학적 교의에만 머무르지 않고 사람들과 어울리는 것입니다. 전통적인 유대교와 똑같이 말입니다. 우리가 당면한 공통적인 문제는 물질주의의 영향에서 벗어나는 것입니다. 이를 해결하는 방식은 서로 다르겠지만 말입니다.

프란치스코: 확실히 해두고 싶습니다. 가톨릭 사제는 서방 가톨릭 전통에 따라 결혼을 하지 않습니다. 하지만 동방 정교회는 결혼이 가능합니다. 사제로 임명되기 전이라면 결혼 여부는 문제가 되지 않습니다. 그러나 사제로 임명되고 나면, 결혼할 수 없습니다. 독실한 일반 가톨릭 신자도 교수께서 말씀하신 것과 같은 길을 갑니다. 속세의 일에 발을 담그면서도 속세에 휘둘리지 않도록 노력합니다. 매우 어려운 일이지요. 자, 지금 우리에게는 어떤 일이 벌어지고 있습니까? 우리는 너무 나약하기에 언제나 반대편으로의 유혹이 존재합니다. 빵이 있다면, 갖고 싶어 하고 먹고도 싶어 합니다. 신성화된 삶과 속된 삶 모두에게서 좋은 것만 취하고 싶어 합니다.

신학교에 들어가기 전, 저도 그러한 과정에 있었습니다. 그러나 종교적 삶을 택한 후에는 확실한 방향을 찾았지요. 적어도 저는 그렇게 살았습니다만, 어느 시점에선가 여성과 만날 수 있다는 가능성조차 사라진 건 아니었나 봅니다. 신학생이었을 때, 저는 삼촌의 결혼식에서 만난 한 여인에게 매혹되었습니다. 그녀의 아름다움과 지적 명석함에 놀랐습니다. 어쨌든, 한동안 저는 그 생각들에 치여 정신을 못 차렸던 것 같습니다. 결혼식이 끝나고 신학교에 돌아왔는데 한 주 내내 기도를 드릴 수가 없었습니다. 그녀가 계속 떠올라서요. 저는 제가 하고 있는 일에 대해 다시 곰곰이 생각해야 했습니다. 당시 저는 신학생이었기 때문에 자유로운 몸이었지요. 집으로 그냥 돌아가서 그녀에게 "또 만나요"라고 이야기할 수도 있었습니다. 제 선택에 대해 다시 생각해야 했던 것입니다. 저는 다시 한 번 종교인의 길을 택했습니다(어쩌면 그런 선택을 하도록 제 자신을 내맡겼던 것인지도 모르겠습니다).

이런 식의 일들은 흔히 일어날 수 있습니다. 이런 경우가 생기면, 자신의 자리를 재고해봐야 합니다. 다시 한 번 같은 선택을 할지, 아니면 "아니요, 제가 느낀 감정은 정말 아름다운 감정이거든요. 이 때문에 나중에 제 신앙에 충실하지 못할까 봐 두렵습니다. 학교를 떠나야겠습니다"라고 할지, 심사숙고해야 합니다. 신학생에게 이런 일이 일어나면, 저는 학생이 평화를 찾을 수 있게 도와주고, 좋은 천주교인이 될 수 있다고, 그러므로 나쁜 사제가 아니라 좋은 사제가 될 거라고 말해줄 것입니다. 제가 속해 있는 가톨릭은 비잔틴, 우크라이나 등의 동방 정교회처럼 사제들이 결혼할 수 있는 것이 아닙니다. 이들 교회에서는 사제들이 결혼할 수 있지만 주교는 안 됩니다. 주교는 독신을 지켜야 합니다. 그들은 아주 좋은 사제들입니다.

서방 가톨릭에서는 여러 단체에서 이 주제로 논쟁을 벌였습니다. 지금은 독신주의 원칙을 확고히 하고 있습니다. 실용주의의 시각에서 말하는 사람도 있습니다. 가설에 근거해서, 만약 서방 가톨릭에서 독신의 주제를 검토한다면 제 생각으로는 동방 정교회에서처럼 문화적인 이유를 찾아 해결해야 할 것입니다. 찬반양론이 분분하긴 하지만, 이 순간에도 투철한 신앙과 희생을 통해 독신을 유지하는 분들께 경의를 표합니다. 10세기를 거쳐온 이 제도는 실패한 경험보다는 유익한 경험을 더 갖고 있기 때문입니다. 전통은 엄격하고 가치가 있습니다. 가톨릭의 사제들은 조금씩 천천히 독신주의를 받아들였습니다. 1100년까지, 독신을 선택하는 사람이 있었고, 그렇지 않은 사람도 있었습니다.

이후에, 동방 정교회에서는 굳이 독신을 고집하지 않는 전통을 유지하되 다만 개인의 선택의 문제로 남겨두었고, 가톨릭은 다른 입장을 택했습니다. 이는 규율의 문제이지 믿음의 문제가 아닙니다. 규율은 바뀔 수 있습니다. 저 개인적으로는 결혼에 대해 생각해본 적은 없습니다. 하지만 여러 경우가 있는데, 페르난도 루고(Fernando Lugo) 파라과이 대통령을 떠올려보자면, 아주 총명한 분이었지만, 주교로서는 물러나 교구에서 사임했습니다. 그러한 선택에서 그분은 정직하셨지요. 사제들 중에 그런 분들이 종종 있습니다.

스코르카: 추기경님의 입장은 어떻습니까?

프란치스코: 만약 저에게 어떤 사제가 와서 한 여인을 임신시켰다고 이야기한다면, 저는 그 사제의 입장을 고려할 것입니다. 먼저 그 사제에게 평화를 기원해주고, 사제로서의 권리보다 앞선 것이 자연의 법칙이라고 차근차근 설명할 것입니다. 그러면 그는 성직을 그만두고 자식을 키우는 데에 전념하겠지요. 설령 그 여인과 결혼하지 않더라도 말입니다. 그 아이에게는 어머니를 가질 권리가 있는 것처럼 아버지라는 존재 역시 가질 권리가 있기 때문입니다. 그리고 저는 그 사제와 관련된 모든 서류를 로마에서 직접 수정할 것입니다. 하지만 그 사제는 모든 것을 내려놓아야 합니다. 지금 만약 한 사제가 저에게 자신이 (성적인 의미에서) 완전히 열정에 빠져 있어서 지

금 여기에서 나가겠다고 한다면, 저는 우선 그가 바로잡히도록 도와줄 것입니다. 바로잡아주어야 할 사제가 있고, 아닌 사제도 있습니다. 안타깝게도 어떤 사제들은 주교에게 문제를 상의하지도 않습니다.

스코르카: 바로잡는다는 것이 무슨 뜻입니까?

프란치스코: 고행을 감내하라는 것입니다. 독신을 유지하십시오. 이중생활은 우리에게 좋지 않습니다. 저는 이중생활을 좋아하지 않습니다. 이중생활은 거짓을 입증하는 것입니다. 종종 그들에게 저는 이렇게 말합니다. "사제께서 그것을 다룰 수 없으면, 결심하십시오."

스코르카: 한 가지 말씀드리고 싶은 것이 있습니다. 사제가 한 여인과 사랑에 빠져 고백하는 것과, 소아성애小兒性愛(어린이를 대상으로 하는 성도착증-옮긴이)는 다르므로 이 둘을 분명히 구분해야 합니다. 소아성애는 뿌리부터 근절시켜야 합니다. 소아성애는 아주 심각한 문제입니다. 두 성인이 사랑을 느끼고 사랑에 빠지는 것과는 근본적으로 다른 것입니다.

프란치스코: 맞습니다. 하지만 정정해야 할 점이 있는 것이, 독신으로 살아서 그 결과 소아성애자가 되었다는 것은 맞지 않습니다. 소아성애 사례의 70퍼센트 이상이 가족과 이웃 안에서 발생합니다. 조부모, 남자 친척들, 양부모, 이웃들입니

다. 독신과는 아무 상관이 없습니다. 만약 어느 사제가 소아성애자라면, 그는 사제이기 이전에 소아성애자인 것입니다. 지금 현재 이런 일이 벌어진다면 절대로 못 본 체하지 마십시오. 사제 자리는 권력을 갖는 자리가 아닙니다. 소아성애는 다른 사람의 삶을 파괴하는 짓입니다. 저의 교구에서는 그런 일이 일어난 적이 없습니다. 그런데 하루는 한 주교님이 전화로 소아성애 문제가 일어났는데 어떻게 하면 좋겠느냐고 물었습니다. 저는 소아성애를 저지른 사람의 성직 자격증을 박탈해 더 이상 성직을 맡지 못하도록 하고, 교회법에 따른 재판을 통해 그의 죄를 심판하라고 말했습니다. 저는 이 문제를 행동으로 보여야 한다고 생각합니다. 저는 기관의 이미지가 손상될 것을 우려해 정신적인 연합을 선동하는 사람들을 믿지 않습니다.

미국에서는 이와 관련해, 사제들에게 교구를 바꿔 가며 맡으라는 내용의 해결책을 내놓은 적이 있습니다. 말도 안 되는 방법입니다. 그렇게 하면 사제들이 자신의 짐을 지고 가야 하니까요. 연합의 반응은 큰 파장을 불러일으킵니다. 이 때문에 저는 이러한 해결책에 동의하지 않습니다. 얼마 전에는, 아일랜드에서 20년 동안이나 지속되어온 사건이 세상에 드러났습니다. 그때 현 교황께서는 확실하게 말씀하셨습니다. "이 범죄에 대해 일말의 관용도 베풀어서는 안 됩니다." 그러한 베네딕토 16세의 용기와 의로움에 존경을 표합니다.

스코르카: 유대교에는 가톨릭교회처럼 피라미드와 같은 서열이 존재하지 않습니다. 그래서 각 교구는 고유한 방식으로 종교 지도자들을 직접 관리합니다. 탈무드 문헌에 이런 격언이 있습니다. '모든 사람들을 존경하라. 그리고 의심하라.'(데레히 에레츠 라바 5)

사람들은 각자 자신과 싸워 이겨야 합니다. 하지만 실수를 저지를 수 있습니다. 그러므로 교구에는 랍비가 제자들을 관리하고 또 반대로 제자들이 랍비를 관리할 수 있는 일종의 관리 메커니즘이 정립되어야 합니다. 랍비가 잘못된 행동을 했다면 잘못의 경중에 따라 경고를 합니다. 그리고 그것이 심각한 문제일 경우에는 그 자리에서 자격을 박탈해버립니다. 추기경께서 사제직에 관해 지적하신 것과 똑같은 일이 유대교 신학교에서도 있었습니다. 정신적인 문제로 랍비가 되려는 사람들이 있었던 것이지요. 그래서 우리는 지원 심사 과정에서 랍비가 되려는 지원자들의 심리학적인 사항부터 검토하는 것입니다. 만인에게 힘을 부여하는 사람들을 선발하는 일이므로, 실수가 없도록 많은 주의를 기울여 지역 사회의 영적 지도자가 될 사람들을 선별해야만 합니다.

1970년대, 유대교 신학교의 창립자인 마셜 메이어(Marshall Mayer)*와 아르헨티나의 보수주의 운동에 대한 비난이 있었습니다. 저는 그가 고통받고 있을 때 그를 알게 되었습니다. 아르헨티나의 유대인 사회뿐만 아니라 일반 사회에서도 그가 정신적인 혁명을 이끌었다는 것을 누구도 부정하지 않습니다. 인간이 지녀야 할 최소한의 권리를 보장받을 수 있도록, 위험을 감수하고 독재 시대의 한복판에 뛰어들었기 때문입니다. 그는 스스로에게 약속한 대로 감옥을 방문해 정치범들을 만났고, 사람들을 숨겨주었으며, 많은 '실종자들'의 부모들을 위로했습니다. 그리고 민주주의의 회복을 위해 온몸으로 투쟁했습니다. 그가 라울 알폰신(Raúl Alfonsín) 대통령**으로부터 아르

- 마셜 메이어는 미국인 랍비로, 아르헨티나에서 25년을 살았다. 아르헨티나에서 유대인 보수주의 운동을 소개하고 독재시대 몇 년간 강한 억압에 대해 반대했다. 감옥에서 정치범들을 만나면서 정치범들의 자유를 위해 싸우고, 정치범들의 석방을 요구했으며, 인권 범죄를 강하게 비난하면서 이를 국제 사회에 알렸다. 인권영구회의(Asamblea Permanente por los Derechos Humanos)에 들어가 인권에 대한 유대인 운동(Movimiento Judío)을 창설했다. 후에 라울 알폰신에 의해 실종자 국가위원회의의 일원으로 임명되고, 외국인에게 수여하는 상 가운데 최고의 상인 '산마르틴 자유 훈장'을 받았다.
- 라울 알폰신은 8년간의 군사독재 끝에 아르헨티나에서 민주적으로 선출된 최초의 대통령이다(1983~1989). 좌파정당인 '급진시민연합'의 총재였다.

제자들에 대하여

헨티나가 외국인에게 주는 최고의 상인 '산마르틴 자유 훈장'을 받은 건 당연한 일이라고 봅니다.

  이 모든 것들은 그가 날카로운 비난에 직면한 뒤에 실현된 일입니다. 당시에 실제로 무슨 일들이 일어났는지 속속들이 알지 못하기 때문에 자세한 의견은 제시할 수 없지만, 그에게 대항해 형식적인 비난을 할 수 있게 해준 채널들이 있었던 것은 사실입니다. 하지만 조사 결과, 메이어의 혐의 중 사실로 밝혀진 건 아무것도 없습니다. 이것은 바로 모든 종교 지도자들이 하느님 앞에서만이 아니라 동료 앞에서도 옳게 행동할 필요가 있다는 것을 보여줍니다. 의심을 불러올 수 있는 어떤 오해도 피하기 위해서는 대단히 주의할 필요가 있습니다.

07

기도에 대하여

스코르카: 기도는 사람들이 하나로 통합되도록 이끕니다. 기도할 때 우리는 일제히 같은 단어를 읊조리게 되지 않든가요. 율법에 따르면, 기도문은 적어도 열 명의 유대인이 모여서 낭송할 때 더 큰 힘을 발휘한다고 합니다. 기도는 또한 기도하는 사람들로 하여금 동질감을 느끼게 합니다. 기도를 할 때 우리는 동일한 문구와 동일한 방법으로 동일한 목표를 추구합니다. 하지만 그보다 더 중요한 것은, 기도는 우리가 자신을 되돌아보고 내면세계를 추구하며 하느님과 대화할 준비가 되었을 때, 깊은 자기성찰로 이끄는 행위여야 한다는 것입니다. 기도는 생각만큼 쉬운 것이 아닙니다. 우리 내면의 목소리와 하

느님의 계시를 구분할 수 있어야 하기 때문입니다. 따라서 성경을 깊이 연구하려면, 하느님의 계시와 내면의 소리, 이 둘을 보다 쉽게 구별 지을 방법을 찾아야 합니다. 모든 영적 체험들의 가장 핵심이 되는 목표는 하느님과 가까워지는 것입니다. 기도에서는 어떤 방법으로든 하느님을 느끼는 것, 그것이 가장 필수적인 요소입니다. 히브리어에서 '기도한다는 것'은 자기 자신을 판단한다는 의미의 단어 '르히트팔랄(l'hitpalel)'로 쓰입니다. 따라서 매순간 하느님과 가까워지고 싶다면 자신의 부족함을 인정하는 것이 우선되어야 합니다.

프란치스코: 기도는 자유로운 행위지만, 때로는 어떤 대상을 장악하려는 행태로 나타나기도 합니다. 하느님을 통제하려 드는 때도 마찬가지입니다. 왜곡된 형태, 지나친 종교의식, 기타 숱한 지배적 태도 등이 이와 관련 있습니다. 기도란 말하는 것이고 듣는 것입니다. 깊은 침묵과 경배, 다음 순간 우리에게 어떤 일이 일어나는지 인내하고 기다리는 시간입니다. 기도하는 순간에는 하느님을 경배하는 동시에 하느님과 협상을 벌일 수도 있습니다. 소돔과 고모라의 시민들에게 가해질 형벌을 두고 아브라함이 하느님과 협상한 것처럼 말입니다. 모세 역시 백성들을 위해 하느님께 간청했습니다. 자신의 백성들에게 벌을 내리시지 않도록 하느님을 설득하려 한 것입니다. 이러

한 담대한 태도에는 기도에 꼭 필요한 덕목인 겸손과 하느님을 경외하는 마음이 동반되어 있음은 말할 필요가 없겠지요.

스코르카: 하느님과의 관계에서 일어날 수 있는 가장 나쁜 경우는 대립이 아니라 무관심입니다. 수천 명의 희생자들이 가스실에서 죽음을 맞으면서도 "오, 이스라엘이여, 우리 주 하느님, 오직 하나뿐인 주님이시여!" 하고 외쳤던 것처럼, 신앙심이 깊은 사람이라면 최악의 상황에서도 하느님과 계속 대화하며 자신의 믿음을 확신해야 합니다. 수많은 핍박의 순간에도 불구하고 그들은 변함없이 하느님을 믿었습니다.

우리는 대속죄일 욤 키푸르 예배 기도문으로, 바르샤바 게토(제2차 세계대전 당시, 독일인이 유대인을 강제 격리 수용한 구역-옮긴이)의 폐허 속에서 발견된 문서에 나오는 이야기*를 인용합니다. 이 이야기를 쓴 저자는 제2차 세계대전 당시 아내와 아들들을 모두 잃고 홀로 살아남은 사람입니다. 그는 하느님을 극심한 고통을 주는 존재로 표현하면서, 비록 자신이 수많은 시험에 들게 될지라도 하느님에 대한 믿음을 포기하지

---

* 제2차 세계대전이 끝난 직후, 즈비 콜리츠(Zvi Kolitz)가 쓴 이야기. 1998년에 《신에게 돌아간 요셀 라코버》라는 제목으로 출간되었다.

않겠노라고 했습니다. 진실한 믿음이란 바로 이런 것입니다.

프란치스코: 무관심에는 여러 가지 형태가 있습니다. 종교의식이 사회적인 행사로 전락하면 권위를 잃을 수밖에 없습니다. 그 좋은 예가 결혼 피로연이라 할 수 있겠는데요, 그것을 두고 혹자는 결혼의 종교적인 의미를 묻기도 합니다. 주례를 보는 사제는 결혼의 가치를 강론하지만, 많은 사람들은 제각각 그 의미를 다르게 받아들입니다. 사람들은 하느님의 축복 속에서 결혼하기를 바라지만, 정작 결혼식에서는 그러한 바람이 드러나지 않은 채 묻힐 때가 많습니다. 솔직히 말해 이런 경우 저도 어떻게 대처해야 할지 모르겠습니다만, 일부 가톨릭교회에서는 축하연에서 선보일 예복이나 드레스를 두고 신부와 신부 들러리들이 격렬하게 다투는 경우가 있습니다. 머릿속은 오로지 과시욕으로 가득 차 있을 뿐, 아무도 결혼이 갖는 종교적 의미를 생각하지 않는 것입니다. 이런 경우 저는 실로 양심의 가책을 느끼지 않을 수 없습니다. 사제로서 그러한 관행을 그대로 따르고는 있지만, 저 역시도 이런 잘못된 관행을 종식시킬 해결책을 찾지 못한 실정입니다. 제가 결혼식을 거론한 이유는 우리 주위에서 가장 극명하게 볼 수 있는 경우이기 때문입니다.

스코르카: 추기경께서 말씀하신 것 같은 일이 일어나는 이유

는 우리가 현재에만 충실한 세속적인 시대에 살고 있기 때문입니다. 그런 경우 제 나름의 유일한 해결책은, 결혼을 앞둔 당사자들과 그 부모들을 사전에 만나 원론적인 설명을 한 다음 결혼식의 진정한 가치를 일러주는 것입니다. 저는 곧 하느님의 성소에 들어선다는 사실을 잊지 말라고 말합니다. 그곳에서는 어떤 옷을 입는지가 중요하지 않으며, 면사포나 스카프를 단정하게 고쳐 쓸 수 있는 시간은 충분하다고 말합니다. 결혼 당사자들과 만나는 동안 저는 그들에게 결혼의 위엄을 전달하려고 노력합니다. 부부가 됨으로써 한 가정을 이루고, 자녀들을 온전히 사회에 내보내는 등, 그들이 마땅히 지녀야 할 목표를 중점적으로 이해시키려고 하지요. 혼인 예배를 볼 때에도 마찬가지입니다. 저는 그것을 결혼식이 패션쇼가 되어선 안 된다는 것, 피상적인 문제들에 관심을 두지 말라는 것을 분명히 알릴 기회로 생각합니다.

프란치스코: 결혼의 예를 계속해서 들어보겠습니다. 우리 역시 결혼 당사자들과 함께 결혼 준비를 합니다. 우리는 현실적인 부분을 살펴봅니다. 결혼 전에 이미 동거를 시작한 사람들이 있는가 하면, 약혼한 지 얼마 되지 않은 사람들도 있기 때문입니다. 그리고 사제는 이런 사람들에게 결혼의 종교적인 가치를 중점적으로 설명합니다. 그런 면에서 가톨릭교회는 그

역할을 가장 잘 수행한다고 할 수 있습니다. 다른 곳에서는 대부분 형식적인 절차에 그치기 때문이지요. 첫 영성체 의식에서도 마찬가지입니다. 한 가지 예를 들면, 요즘은 소녀들이 첫 영성체 때 예복을 갖춰 입지 않고, 다른 사람들처럼 흰 옷을 입습니다. 예복이 사라진 것입니다.

기도를 멀리하거나, 하느님과의 관계에 무관심한 사람은 결국 속세의 일에 더 의미를 두는 법입니다. 교수께서는 세속적인 영역에 대해 말씀하시면서 이러한 문화를 언급하셨지요. 저는 세상이 자아도취와 소비지상주의, 쾌락주의에 빠져 있다고 확신합니다. 오늘날 종교적인 축하연은 저마다 다른 정신적인 의미를 갖고 있습니다. 분명한 것은 어떤 의식이든 영적인 것과 연결되어야 하며, 하느님과의 만남으로 이어져야 한다는 것입니다.

스코르카: 유대교에서는 정신세계와 물질세계를 나누어 생각하지 않습니다. 몸과 마음이 따로 분리될 수 없듯이 말이죠. 인간은 하나의 존재입니다. 우리가 몸으로 표현하는 모든 행동은 결국 우리의 깊은 내면세계와 이어져 있는 것입니다.

돈 역시 그 자체로는 나쁜 것이 아닙니다. 우리가 그 돈을 어떤 용도로 쓰는지가 중요한 것입니다. 돈은 수단이 될 뿐입니다. 돈 그 자체가 목적이 될 때 악한 것으로 변모될 수도 있으며, 그보다 더한 것을 욕망할 때 문제가 생기게 됩니다. 신자들 역시 생계를 위해서나 기타 활동을 하는 데에 돈이 필요합니다. 비록 돈이 필요한 것이긴 하지만, 돈을 다룰 때 극도로 주의해야 하며, 기업체나 비영리 단체의 지원금일 경우에는 신중하게 관리해야 합니다. 그렇지 않으면 파산에 이를 수 있기 때문입니다. 가장 작은 규모의 유대교 회당에서조차, 회중들은 돈을 지불하고 대제일大祭日(신년과 대속제일을 일컫는 유대교의 절기. '경외의 날들'이라는 이름이 붙을 만큼 순수한 종교적 명절임-편집자)의 좌석을 예약합니다. 연단 앞에 나와 토라나 예언서를 낭송할 때에도 돈을 기부합니다. 하느님을 찬미하기 위한 것이기에 명예롭게 기부하는 것입니다. 어떤 사람들은 다른 회중들이 그러한 명예로운 일을 할 수 있도록 기부하기도 합니다. 돈이 넉넉하지 못한 사람들로 하여금 하느님을 찬미할 수 있도록 돕는 것이지요. 고대에는 신앙인들이 자신의 소유물을 제단에 바침으로써 하느님을 찬미했습니다. 하느님을 찬미하는 방법에는 여러 가지가 있지만, 그중 하나가 영적으로 온전히 하느님께 집중할 수 있도록 물질적인 필요를 충족시키는 일입니다.

기부가 가장 크게 이루어지는 시기는 욤 키푸르 이전의 기간입니다. 유대교 회당에서는 이 기간에 부유한 회중 가운데 충실하고 정직한 사람들을 초대해, 토라를 지키는 명예로운 임무를 부여합니다. 그렇지만 꼭 부유한 사람들만을 초대하는 것은 아닙니다. 유대교 회당에서는 성실성에 근거해 특별한 영광을 받을 수 있는 사람들을 초대합니다. 이 둘의 균형을 맞추는 일이 아주 중요합니다. 유대교 회당이 유지될 수 있도록 자산을 기부하는 사람들 역시 칭찬받을 자격이 있기 때문입니다. 사람들은 누구나 인정받기를 원합니다. 어떤 사람들은 매일 회당에 나오는 방식으로, 어떤 사람들은 사회 복지 서비스를 기부하거나 자산을 기부하는 방식으로 인정받으려고 합니다. 그렇기 때문에 돈으로 하는 일이라 해서 모두 나쁘다고 할 수는 없습니다. 그 돈이 어디에 쓰이는지가 중요한 것입니다.

프란치스코: 기도에 대한 이야기로 시작해, 무관심과 돈에 관한 이야기로 발전했습니다. 가톨릭 전통에서 자리를 예약하는 문화는 이제 사라졌습니다. 물론 봉헌 예물을 받기는 하지만 그것은 예배를 지속할 수 있게 하기 위해서입니다. 그러한 자원들을 다른 곳에서가 아니라 신실한 신도들에게서 받는다는 건 이상적입니다. 간혹 누군가는 돈의 쓰임을 객관화하고 그것에 상징적인 힘을 부여할 수 있습니다. 누군가는 어떤 이의 기부를 감사하게 생각합니다. 하지만 그 예물은 돈으로 구입한 것이 아니라, 교수께서 언급하신 구조에 따라 제공받은

것입니다. 저는 특정 종교 의식에 '가격표'가 붙어 있다는 사실이 몹시 불쾌합니다. 2년 전, 부에노스아이레스의 한 교구에서 요일별로 세례 행사 요금을 받는 것을 보았습니다. 또 어떤 경우, 결혼식을 앞둔 예비부부에게 교구는 결혼식에 드는 요금표를 비밀리에 보여주기도 했습니다. 레드 카펫을 깔면 얼마, 깔지 않으면 얼마라는 식으로 말입니다. 그런 행위는 하느님에 대한 믿음을 장사로 전락시키는 행동입니다. 다름 아닌 우리가 속물적인 풍속을 만들어내는 것입니다.

복음서를 보면 예수께서 아주 흥미로운 이야기를 하십니다. 예수께서 제자들과 함께 신전의 헌금함이 보이는 곳에 앉아, 신도들이 헌금함에 예물을 넣는 모습을 관찰하고 계셨습니다. 부자들이 헌금함에 예물을 넣었고, 이어서 과부가 와서 구리돈 두 닢을 넣고 갔습니다. 그 모습을 본 예수께서 제자들에게 말씀하셨습니다. "저 과부는 다른 모든 사람보다 더 많이 넣었다"고 하시면서, 다른 사람들은 모두 풍족한 데서 얼마씩을 예물로 넣었지만 궁핍했던 과부는 가지고 있던 생활비를 다 넣었기 때문이라고 설명하셨습니다. 이것이야말로 진정한 기부입니다. 남아서가 아니라 어려운 와중에도 기부를 했기 때문입니다.

저는 사람들이 고해성사를 할 때면 그들에게 기부를 했느냐고 묻습니다. 사람들은 대부분 했다고 대답하지요. 그러면 저는 기부를 받는 사람들과 눈을 마주쳤느냐고 다시 묻습니다. 이때에는 대다수가 "잘 모르겠습니다"라고 대답합니다. 저는 계속해서 이렇게 물어봅니다. "그렇다면 길에서 구걸하거나 기부를 받는 사람들의 손을 한 번이라도 잡아본 적은 있나요?" 그러면 거의 모두가 얼굴이 붉어진 채 아무런 대답도 하지 못합니다. 기부는 우리 이웃에게 베풀 수 있는 가장 큰 관용입니다. 관용이야말로 기부의 진정한 의미입니다. 돈으로는 결코 살 수 없는 것입니다.

스코르카: 한 예언자는 사람들이 기도만 하고 올바르게 행동하지는 않는다고 맹렬히 비판했습니다. 한 가지 일만 하고, 나머지 일에 무관심해서는 안 됩니다. 배고픔과 추위에 떠는 이웃을 돕는 건 매우 중요한 일입니다. 한 손에 피를 묻힌 채로, 하느님과 대면하거나 대화할 수는 없습니다. 다른 사람의 재물을 훔치거나 강탈하는 사람도 마찬가지입니다. 우리는 사람들이 손을 뻗어 구걸하는 일이 없도록 범세계적으로 관용을 베풀어야 합니다. 이것이야말로 진정한 도전입니다. 우리 사회는 병약해져 있으며, 이러한 관용이 절실하게 필요합니다.

기도에는 틀림없이 다른 뜻도 내포되어 있습니다. 고통받는 사람들의 손을 잡고 그들의 눈을 들여다봄으로써, 그들이 다름 아닌 우리 형제들이라는 사실을 깨닫는 것입니다. 세상의 빈곤을 뿌리 뽑는 일, 이것이야말로 우리가 당면한 과제이자 도전입니다.

프란치스코: 기도는 이웃에 대한 도움을 현실화시키는 정의로운 행위입니다. 기도가 없다면 우리는 위선이라는 죄의 구렁텅이로 떨어져 영혼의 분열을 초래할 것입니다. 하느님께서 내 형제 안에 계시고, 그 형제가 굶주리고 있다는 사실을 고려하지 않는다면, 이러한 기능장애로 고통을 겪을 것입니다. 형제를 진정으로 돌보지 않는다면 우리는 그 형제 안에 깃든 아버지, 즉 하느님과 대면할 수 없습니다. 우리 가톨릭교회 전통에서는 늘 이런 문제를 고려합니다.

또 한 가지, 기도에 대해서 말씀드리고 싶은 것은 회개의 중요성입니다. 우리는 죄인이므로 하느님께 자비를 구하는 것이지요. 어느 부유한 자들에 대해 예수께서 들려주신 우화가 있습니다. 두 사람이 기도하러 성전에 올라갔는데, 한 사람은 성전에서 하느님께 기도를 드리며 자기가 다른 사람들과 다르다는 사실에 감사했습니다. 남자는 하느님의 계율을 모두 지키며 자기에게 주어진 임무를 수행했습니다. 다른 한 사람은 사람들에게 거둔 세금을 로마 제국에 바치는 일을 하는 사람이었습니다. 그 남자는 바닥에 엎드린 채, 감히 하늘을 향해 고

개를 들 생각도 못하고 죄인인 자신에게 자비를 베풀어달라고 하느님께 간청했습니다. 첫 번째 남자는 기도만 하고 돌아갔지만, 두 번째 남자는 의로운 자가 되어 집으로 돌아갔습니다(루카복음서 18:9-14). 회개란 이런 것입니다. 자기 자신을 온전히 하느님의 존재에 맡긴 채, 스스로 어리석음과 죄를 깨닫고 하느님 앞에 겸손해지는 것입니다. 자부심이 넘치는 사람은 기도를 할 수 없습니다. 이미 스스로를 칭송하기에 옳은 기도를 할 수 없는 것입니다.

스코르카: 죄를 지은 사람은 모두 하느님 앞에 회개할 수 있습니다. 우리는 하느님을 다시 찾는 사람이라면 누구든 환영합니다. 회개는 인류에게도 좋은 영향을 끼칩니다. 갖가지 이념이나 더 나쁘게는 하느님의 이름으로 수많은 사람들을 죽음으로 몰아넣은 사람이 회개하게 되면, 그는 더욱 진실하고 성실하게 그 일을 수행할 것이기 때문입니다. 인류를 참혹한 결과로 몰아넣는 정치 지도자들의 행동은 주로 자만심이나 쾌락주의에서 비롯됩니다. 그들은 세상을 창조한 조물주보다 자신이 더 우월하다고 느낍니다. 자신이 지시한 명령을 마치 철저히 준수해야 할 계명처럼 여기지요. 그렇게 함으로써 하느님을 경멸하고 불합리한 이데올로기에 빠져듭니다. 이런 실수가 되풀이되어서는 안 됩니다. 우리가 종교를 통해 배울 수 있는

한 가지 사실은 종교야말로 인류의 가장 숭고한 측면이라는 것입니다. 단, 종교가 순수하게 지켜질 경우에 말입니다. 어떤 경우든 한번 왜곡되기 시작하면 어느 한 사람의 이기주의가 추앙받게 되고, 인류는 쾌락주의에 빠지게 됩니다.

성서는 단순하고 겸손한 삶에 대한 이야기입니다. 그 안에서 인간은 욕망을 통제하려고 안간힘을 쓰지요. 우리는 성서를 통해 다윗이 실수를 깨닫고 스스로 죄인임을 인정하는 모습을 볼 수 있습니다. 또한 아브라함의 강인함과 나약함도 볼 수 있습니다. 아브라함이 자신의 내면과 싸우는 모습은 교훈적입니다. 그의 인간성에서 비롯된 위대함과 나약함을 동시에 볼 수 있습니다. 하지만 이후 사람들은 자신들의 관습을 지키기 위해 끊임없이 전쟁을 일으켰고, 자신을 지키기 위해 하느님의 이름으로 살인을 했습니다. 사실상 그들은 자신의 권력과 제국을 위해 암살범이 된 것입니다. 종교의 영향력이 약화된 것은 바로 그래서입니다. 그런데 사실, 그릇된 행동으로 말미암아 약해진 것은 종교 단체들이었던 것이죠. 이 모두가 진실로 하느님을 찾지 않은 데서 비롯된 것입니다.

프란치스코: 당시에 다윗은 지능적인 암살자에다 간통을 저지른 사람이었는데도 불구하고 우리가 그를 성자로 추앙하는 이유는, 다윗이 스스로를 "저는 죄인입니다"라고 인정하는 용

기를 보였기 때문입니다. 다윗은 하느님 앞에서 겸손함을 보였습니다. 한편으로는 끔찍한 일을 저지른 사람이었지만, 다른 한편으로는 실수를 깨닫고 회개하여 자기가 저지른 실수를 만회하려고 했습니다. 사실 믿음이 충만한 자들 가운데에는 정신적으로나 물리적으로 살인을 저지를 뿐 아니라, 불공평한 급료로 가난한 사람을 더욱 빈곤으로 몰아넣는 자들도 있습니다. 이들은 복지 사회를 구현한다는 명목 하에, 근로자들에게 합당한 임금을 지불하지 않거나 '사회 법망을 피해' 근로자들을 채용합니다. 이런 일이야말로 제가 앞서 말씀드린 위선이며, 사회를 분열시키는 행위입니다. 우리는 그들의 이력을 알고, 그들이 가톨릭 신자인 척 가장한다는 것 또한 알며, 그런데도 자신의 행동을 뉘우치기는커녕 버젓이 그런 악행을 저지른다는 사실도 잘 압니다.

제가 직접 성찬식을 집행하지 않는 이유도 바로 이 때문입니다. 성찬식을 마친 후에는 그들과 사진을 찍어야 하는데, 그것이 싫어서 뒤로 물러나 사제가 성찬식을 관장하는 모습을 지켜보기만 합니다. 물론 공공연히 알려진 이런 죄인에 대해서는 성찬식을 거부할 수도 있지만, 사실 그러한 일은 증명하기가 상당히 힘든 사안입니다. 성찬식을 치른다는 의미는 모두가 함께 사회 공동체를 실현한다는 깨달음으로 하느님의 몸을 받는다는 것입니다. 하지만 군중을 하느님에게로 모아 단합시키는 대신 많은 사람들의 삶을 억압하는 사람이라면 성찬식을 받을 자격이 없습니다.

그야말로 완벽한 모순이 아닐 수 없습니다. 수많은 사람들이 하느님께서 선포한 의로운 삶을 등진 채, 가톨릭교회의 권위를 등에 업고 위선적인 행위를 저지르고 있습니다. 회개도 하지 않고, 우리가 흔히 말하는 이중생활을 하는 것입니다.

08
죄에 대하여

프란치스코: 죄는 두 가지 의미로 이해할 수 있습니다. 즉 규범을 위반한 범죄와 죄책감이라는 심리적 느낌이 그것이지요. 후자는 종교적인 문제가 아닙니다. 실수를 저질렀다거나 잘못을 했다고 지적하는 내면의 목소리 같은 것으로, 아마 종교적 감정을 대체할 수도 있을 것입니다. 죄책감에 사로잡혀 살아가느라 지나치게 조심스러운 사람들이 있는데, 그런 심리적 감정은 건전하지 않습니다. 제 경우에, 이런 죄책감을 느끼는 동안은 신의 자비를 받아들이기가 훨씬 쉽습니다. 고해를 하러 갈 수 있고 그러면 하느님께서 저를 용서해주시기 때문입니다. 하지만 단지 얼룩을 지우기만을 바란다면, 그것은 그리

쉬운 문제가 아닙니다. 규범의 위반은 단순한 얼룩보다 더 심각한 문제입니다. 어떤 사람들은 범죄를 저지르고 신의 자비와 마주하고 나서, 그러한 경험을 오로지 자신들의 얼룩을 지우기 위해 세탁소에 가는 일쯤으로 치부해버립니다. 그 모든 것을 한낱 하찮은 것으로 비하시켜버리는 것이지요.

스코르카: 전적으로 동의합니다. 민간의 지혜나 죄의식을 유도하는 전형적인 유대인 어머니들도 그러한 예입니다. 그러나 이런 것들은 유대교와 그리스도교의 본질적인 죄 개념과는 아무 관계가 없습니다. 죄를 저지르면 스스로 속죄할 수 있기 때문입니다. 사람들은 똑같은 죄를 다시 저지르지 않도록 태도를 바꾸어야 합니다. "제가 잘못했습니다"라고 말하는 것만으로는 충분하지 않습니다. 그것으로 끝나버리기 때문입니다. 물론 기도를 올리거나 진심에서 우러난 기부를 하는 것도 도움이 됩니다. 다만 그것 역시 변하고 싶은 간절한 바람에서 나온 행동이어야 합니다. "종교는 죄를 사해준다는 유대교와 그리스도교의 개념을 이용하는 것"이라고 말하는 사람들은 대단한 오해를 하고 있는 것이, 우리는 죄를 저지른다고 해서 세상이 끝난다고는 생각하지 않기 때문이에요. 누구나 잘못을 저지를 수 있지만, 우리는 상황을 고치고 바로잡아야 한다고 믿습니다. 하지만 가장 중요한 것은 다시 그 같은 잘못을 해선

안 된다는 것이겠지요.

프란치스코: 단지 우상을 숭배하는 것과 마찬가지입니다. 죄는 다만 인간의 또 다른 자원이지요. 죄를 저지르고 속죄하지 않는다면 우리는 성장할 수 없습니다.

스코르카: 저는 죄책감을 오로지 종교적인 느낌이라고는 생각하지 않습니다. 문화적인 요소도 있습니다. 사람들은 누군가에게 "이렇게 해라" 혹은 "저렇게는 하지 마라"라고 말하면서 죄책감을 강화시킵니다. 우리는 아이들이 옳은 것과 그른 것의 차이를 인식하도록 가르칩니다. 그런 방법으로 죄를 저지른다는 것이 무슨 의미인지 이해하도록 돕고, 형벌과 처벌의 개념을 알게 합니다. 우리는 또한 처벌은 인간이 내리는 것만이 아니라는 것, 언젠가 하느님 앞에서 해명할 날이 올 것임을 굳게 믿습니다. 결국 '도둑질하지 마라', '살인하지 마라' 등의 계율을 알려주신 분은 하느님이십니다. 누군가 어떤 파괴적인 짓을 했다면 반드시 자기 행동을 해명해야 할 것이라는 걸 알게끔, 죄의 개념은 존재할 필요가 있습니다.

프란치스코: 예전에는 흔히 부기맨(못된 아기를 데려간다는 귀신으로, 어른들이 아이들에게 겁을 주기 위해 부기맨이 온다는 이야기를 했음-옮긴이)에 의지했습니다. 지금은 부기맨이 오고 있다고 말하면 아이들은 면전에서 웃겠지만, 우리가 어렸을 때

는 어른들의 부기맨 얘기에 겁을 먹곤 했지요. 공포심을 불러일으키는 것은 과장에 불과할 뿐, 나쁜 교육 방법입니다. 청교도 체제는 주로 그런 방식을 썼습니다. 우리의 과제는 범죄를 설명하면서, 사람들을 하느님에게서 떼어놓는 무언가로 제시하는 것입니다. 구원과 하느님의 사랑에 대해 성 아우구스티누스가 한 말을 생각해봅시다. 성 아우구스티누스는 아담과 이브의 죄를 언급하면서 '행복한 잘못'이라는 표현을 썼습니다. 저는 그 말을 믿습니다. 마치 하느님께서 "너희에게 얼마간의 죄를 허하노라. 너희 얼굴이 수치심으로 가득 찰 수 있도록"이라고 말씀하실 것 같습니다. 그러면 사람들은 자비의 하느님을 알게 될 것이기 때문입니다. 그렇지 않은 이라면, 행동은 올바르게 할지라도 마음에는 오만이라는 나쁜 습성이 있는 그리스도교도일 것입니다. 때때로 죄는, 하느님 앞에서 우리를 더욱 겸허하게 만들고 용서를 구하게 합니다.

<u>스코르카</u>: 그 말씀에도 동의합니다. 죄는 우리가 완벽하지 않다는 것을 가르쳐주기 위해 존재합니다. 완벽해지고 싶다고 말하는 사람들도 어쩔 수 없이 무언가 잘못을 저지릅니다. 죄를 지으면 자신이 혼자 힘으로 살 수 없다는 것을 알게 되고, 따라서 아무리 조심하고 선한 의도를 지녔다고 해도 때때로 좌절하게 됩니다. 혼자 모든 일을 처리하려 들면 삶은 망가집니다.

09
원리주의에 대하여

스코르카: 랍비와 사제들은 길을 알려주는 선생으로서, 사람들을 이웃과 하느님께 다가가도록 이끌어주어야 합니다. 랍비란, 선생이라는 말과 같은 의미입니다. 가톨릭에서 사제는 어떤 역할을 합니까?

프란치스코: 세 가지 역할을 하지요. 교사, 하느님의 백성들을 안내하는 사람, 기도와 찬양이 이루어지는 장소의 수장 역할입니다.

스코르카: 하느님께 다가가도록 하는 방식은 유대교와 같습니까? 우리는 "책 속의 말씀을 전달함으로써 당신을 도울 것입니다. 하지만 그보다 먼저 당신이 그것을 배우고 싶어 해야

만 하지요"라고 말하는데 말입니다.

프란치스코: 가르침 중에는 '다른 사람이 결정한 것을 대치할 수 없다'는 내용 또한 포함됩니다. 오로지 수장의 권위만 내세우는 사제는 원리주의자 그룹에서처럼, 사람들이 하느님을 찾는 노력을 무력화시키고 수포로 돌아가게 합니다. 사제는 교사 역할을 하면서 사람들을 가르치고, 진정한 계시를 제안하고, 사람들과 함께합니다. 비록 누군가가 실수를 저지르는 것을 보았다고 하더라도 그 사람과 같이 가야 합니다. 제자들이 내린 결정에 간섭하는 교사는 좋은 사제가 아닙니다. 그런 사람은 독재자이자 다른 사람들의 종교적인 개성을 짓밟는 사람입니다.

스코르카: 아주 중요한 문제입니다. 강한 카리스마를 가진 종교 지도자가 있는 유대 사회에서는 일단 선생이 말하면 아무리 더 좋은 것이 있어도 그 말을 따라야만 하고, 그래서 다른 의견들은 묵살되곤 합니다. 요즘처럼 불안 속에서 살아야 하고, 모든 것이 한순간에 바뀌는 세상에는 '진실'을 알고 싶어 하는 사람들이 많습니다. 몹시 유동적인 현실에서 무언가 명확하게 확신할 수 있는 것을 요구하는 것이지요. 비록 그 진실이 표면적인 것일지라도 말입니다.

스스로 찾아야만 알 수 있는 하느님에 대한 진실이 있습니다. 다른 종교와 마찬가지로 유대교에서도 다른 사람들에게 어떻게 살라고 강요하는 지도자가 있습니다. 개인 각자에게서 발산되어야 하는 종교적 감정을 무시한 채 말이지요. 가톨릭에서는 어떤 일이 벌어지고 있습니까?

프란치스코: 교사는 하느님의 진실을 제시하고 길을 보여줍니다. 하지만 진정한 교사라면, 그 길을 걷게 하고, 영적인 삶에서 제자와 함께할 것입니다.

스코르카: 진실하지 않은 선생들은 얼마나 될까요? 최근에 많이 늘었습니까?

프란치스코: 그렇습니다. 정말 많이 늘었습니다. 저는 진실하지 않은 교사들을 원리주의자라고 부릅니다. 교수께서 말씀하신 것처럼, 그런 교사들은 확실하지도 않은 지식을 가지고 젊은이들에게 이래라 저래라 합니다. 그러다 보니 열여섯 열일곱 살 안팎의 청소년들이 그런 교사들에게 광적으로 빠져듭니다. 젊은이들이 경직된 지도 아래로 자신들을 내던지는 것입니다. 솔직히 말하자면, 젊은이들은 삶을 저당 잡히고 서른 살 무렵이면 폭발하고 맙니다. 왜냐하면 미처 준비되지 않은 상태에서 삶이 내포하고 있는 수많은 비극과 실패와 잘못된 일들에 내던져지기 때문입니다. 예를 들면, 젊은이들에게는 하느님의 자비가 무엇인지 알고 이해할 만한 기준 같은 게 없

습니다. 이렇듯 경직되고 광적인 신앙심은 약점을 정당화하는 교리로 치장되지만, 실제로는 젊은이들의 자유를 빼앗고, 인간으로 성장하지 못하도록 방해합니다. 많은 수가 이중적인 삶을 사는 것으로 끝납니다.

<u>스코르카</u>: '모든 것들은 한 가지 확실한 방법으로 이해될 수 있으며, 따라서 논의할 것도 없다'라는 태도의 원리주의에는 다른 길이란 없습니다. 한편, '모든 것들은, 우리가 원하는 것이면 그 어떤 것도 의미할 수 있다'는 식의, 다른 극단으로 치우쳐서는 안 됩니다. 우리는 중간 지대를 찾아야 합니다. 중세에 마이모니데스가 가르쳤듯이, '황금의 길'을 말입니다. 이는 종교에만 적용되는 게 아닙니다. 종교에서보다 훨씬 더 많이 적용되는 정치에서부터 시작해 삶의 모든 면면에 적용됩니다. 사람들이 하느님의 이름으로 살인을 저지르는 것은 심지어 훨씬 더 해롭습니다. 그런 식으로 가해진 상해 역시 정말로 큰 문제입니다. 이러한 사악한 범죄와 인간 존엄성의 말살은 신앙으로 향하는 길을 파괴합니다. 해로운 범죄가 많아지면 사람들 간에 믿음도 떨어집니다. 저는 지금 하느님 안에서의 믿음뿐만 아니라, 인간이 평화롭고 조화롭게 사는 세상을 창조할 수 있다는 믿음까지, 넓은 의미의 믿음을 말하는 것입니다.

프란치스코: 일반적으로 종교에서 원리주의자들은 의심스럽게 비춰집니다. 따라서 종교 지도자가 공동체에서 원리주의자들을 어떻게 생각하는지, 그에 대한 인식은 매우 중요합니다. 어떤 사람들은 순진합니다. 그러한 이들은 이해하지 못하고 그저 함정에 빠집니다. 그렇지만 본능은 이렇게 말합니다. '이것은 내가 원하는 길이 아니야'라고 말이지요. 하느님의 명령은 이러합니다. "너는 내 앞에서 살아가며 흠 없는 이가 되어라."(창세기 17:1) 걸어가다 보면 무슨 일이든 일어날 수 있고, 하느님께서도 이를 이해하십니다. 결백한 존재로서 우리가 저지른 실수를 회개하고 일신하는 것도 하느님으로부터 온 것입니다. 원리주의자는 스스로가 실패를 용납하지 않습니다. 건전한 종교 집단에 대해 이야기하다 보면 그것이 즉각 감지됩니다. "그것이 극단주의야, 너 지금 흥분했어, 좀 더 가라앉힐 필요가 있다고"라는 등등의 말을 듣게 됩니다. 원리주의는 하느님께서 원하시는 것이 아닙니다.

어렸을 적에 저의 집은 어느 정도 청교도적 전통을 따랐습니다. 완전히 원리주의적이지는 않았지만 그런 경향이 있었습니다. 가족과 가까운 사람 중에 누군가가 이혼하거나 별거를 하면, 이들은 우리 집에 들어오지 못했습니다. 개신교도들은 모두 지옥에 갈 것이라고 믿었던 것 같습니다. 어느 날 할머니가 이런 말씀을 하셨던 것이 기억납니다. 할머니는 굉장한 분이셨습니다. 마침 살바시온 군대(Ejército de Salvación)의 여군들이 우리 앞을 지나갔습니다. 아마 대여섯 살쯤 되었을 저는 할머니께 저 사람들이 수녀들이냐고 물었습니다. 그들이 작은 모자를 쓰고 있었기 때문입니다. 그러자 할머니가 대답하셨습니다. "아니란다. 저이들은 개신교도들이야. 그렇지만 좋은 사람들이지." 할머니의 그 말씀은 진정한 종교의 지혜서였습니다. 여군들은 행동거지가 올발랐던 좋은 사람들이었습니다. 그날 저는 다른 곳에서 받았던 청교도적 교육과는 정반대의 경험을 했습니다.

스코르카: 널리 알려진 프랑스의 분석가 질 케펠(Gilles Kepel)이 쓴 《하느님의 복수》라는 책이 있습니다. 작가는 이 책에서 이슬람 원리주의를 다시 짚고 넘어갑니다. 하지만 그 이전 책에서는 유대교와 기독교 원리주의에 대해 언급했습니다. 그는 현대 정치 사건들을 분석하여 1970년대의 석유 파동 같은 위기에서 어떻게 원리주의가 발생하게 되었는지를 밝혔습니다. 그런 다음 이런 현상을 사회학적인 눈으로 심도 있게 연구했습니다. 그는 대중심리학 이론을 바탕으로 이 주제를 논리적으로 설명하고 있지요.

유대교에도 원리주의 사례가 있습니다. 예를 들어, 이작 라빈(Itzjak Rabin)*의 암살범이 생각납니다. 저에게는 가슴 아픈 기억으로 남아 있습니다. 우리는 자유와 타인에 대한 존중을 통해 하느님을 공경해야 합니다. 하느님께서는 내 이웃을 내 몸과 같이 사랑하라고 말씀하셨습니다. 유대인이 기도를 드릴 때, 기도의 시작은 항상 이렇습니다. "우리들의 하느님 그리고 부모님의 하느님, 아브라함의 하느님, 이삭의 하느님 그리고 야곱의 하느님……." 우리는 왜 각 조상들 이름 앞에 하느님의 이름을 반복하는 것일까요? 사람마다 각자 다른 방법으로 하느님께 연결되어 있기 때문입니다. 그 누구도 타인에게 진실을 강요할 수 없습니다. 단지 보여주고, 이끌어주어야 합니다. 그런 후에 사람들은 각자 자기만의 진지한 감정에 기반을 두고 자기가 이해하는 대로 살아갈 것입니다. 이것들은 원리주의가 거부한 것들입니다.

프란치스코: 원리주의를 재건하고자 하는 이런 유형의 사람들은 살아 계신 하느님에게서 우리를 멀어지게 만들기 때문에

- 이작 라빈은 이스라엘 총리로, 두 번 재임했다. 오슬로 협정으로 팔레스타인과의 평화 협정을 체결한 공로를 인정받아 1994년 팔레스타인 지도자 야세르 아라파트(Yasser Arafat)와 함께 노벨 평화상을 수상했다. 1995년 총리 재임 기간 중 이스라엘 급진적 우파에 소속된 유대인 학생에게 암살 당했다.

아편과도 같습니다. 여느 우상과 마찬가지로, 아편은 우리를 멀어지게 만드는 우상입니다. 하느님을 우리가 명령하는 데에 따라 조종될 수 있는 존재로 끌어내립니다. "내가 이렇게 하면 모든 게 좋아질 거야, 만약 이렇게 하면 부족한 게 전혀 없을 거야" 하고 말입니다. 이는 마음의 안정과 부와 행복을 사는 형태가 되겠지만 우리와 함께하시는 살아 계신 하느님을 뒤로 하는 일입니다.

스코르카: 원리주의는 이보다 훨씬 더 멀리 나아가, 타인에 대한 평가와 심판까지 수반합니다. 어떤 누군가가 내가 믿는 하느님의 말씀대로 살지 않지 않으니, 나는 그를 죽여도 된다고 말입니다. 이는 혐오스러움을 불러일으키는 극단적인 원리주의의 유형입니다. 그리고 당연히 다른 형태의 아편이며, 하느님과 멀리 떨어져 있는 사람입니다.

뭔가 확실한 것을 행하면 만사형통할 거라고 생각하고는 기적을 일으키는 사람이나 신비주의자, 히브리 신비주의 철학자를 찾아가는 부자들이 얼마나 많습니까? 교회에서 있었던 일이 생각납니다. 랍비에게 학교와 고아원, 시설물을 기부하고, 거리의 많은 아이를 구원하는 데 쓰라며 많은 돈을 기부하는 유대인들이 있습니다. 그런데 제가 강조하고 싶은 것은, 그 사람들은 '높은 곳에 계신 그분'과 연결될 수 있다고 생각하고,

그 결과 사업에 더 이익이 되는 거래 차원으로 랍비에게 기부한다는 것입니다. 마치 하느님을 돈으로 살 수 있다는 듯이 말입니다. 가톨릭에서는 무슨 일이 일어나고 있는지 저는 잘 모릅니다.

프란치스코: 가톨릭에서도 그런 일이 있습니다. 종교계에서는 때로 하느님의 보호를 받는 것에 대가를 지불하거나 하느님을 사는 경향이 있습니다. 좀 더 낫게 표현하자면, 하느님께 뇌물을 드리는 것입니다. 하느님께서는 이런 관계에는 참여하지 않으십니다. 누군가 이런 태도로 올리는 기도는 간단히 말해 독백에 불과합니다.

스코르카: 뇌물 문제는 탱고와 같습니다. 탱고는 두 명이 함께 추는 춤입니다. 한 사람은 주고, 다른 사람은 받습니다. 뇌물 문제는 믿음에 대한 문제일 뿐만 아니라, 그런 일에 동참하는 사제에 대한 문제이기도 하지요.

프란치스코: 언제인지 정확히 기억나지는 않지만, 국가 공무원 두 사람이 저를 만나러 비카리아 데 플로레스(Vicaría de Flores)에 온 적이 있습니다. 그들은 빈민가를 위해 쓸 돈이 있다면서 아주 가톨릭적인 방법으로 자신들을 소개했습니다. 그러고는 잠시 뒤에 구빈민가를 정비하라면서 제게 40만 페세타를 주었습니다. 저는 어떤 일에는 아주 순진하지만, 어떤 일에

는 '경보 장치'처럼 민감합니다. 저는 그 프로젝트가 어떤 것인지 물었습니다. 그러자 그들은 하던 말을 잠시 멈추고는, 40만 페소를 받았다는 영수증에 서명을 해주면, 그 액수의 절반을 주겠다고 했습니다. 저에게는 이 문제를 모두 해결할 수 있는 품위 있는 해결책이 있었지요. 저는 그들에게 "지방 사제에게는 통장이 없습니다. 저도 마찬가지고요. 그러니 교구 계좌로 직접 돈을 부쳐야 합니다. 그게 아닌 경우엔, 교구에서는 수표 아니면 입금 전표로만 기부를 받습니다"라고 말했습니다. 그러자 두 사람은 말이 끝나기가 무섭게 밖으로 나가버렸습니다. 사람들이 그 정도 금액을 들고 불쑥 찾아와 이런 제안을 하는 것은 그전에 이런 일에 동참한 교회 구성원이나 종교가 있었기 때문일 것입니다.

스코르카: 우리가 지금까지 말한 제도들은 결국 인간이 만든 것입니다.

10
죽음에 대하여

프란치스코: 하느님께서는 언제나 생명을 주십니다. 이번 생은 물론이고 다음 생에서도 생명을 주실 것입니다. 하느님은 죽음의 신이 아니라 생명의 신이니까요. 악을 신학적으로 해석할 때는 죄에 대한 이야기를 살펴보게 됩니다. 악은 악마의 교활함을 통해 세상에 들어왔습니다. 그리고 이미 언급한 것처럼, 악마는 하느님이 인간을 완벽하게 만든 것을 시샘했습니다. 악마가 세상에 들어온 것도 이 때문이죠.

죽음은 인간이 지닌 자유의 자연스러운 결과물입니다. 원죄를 짓고 죽음을 선택한 것은 인간 자신입니다. 인간이 하느님의 뜻에 불복종했기 때문에 죽음이 세상에 들어온 것입니다.

인간이 하느님의 뜻 앞에서 오만하게 굴면서 죄가 생겨나고, 죄와 함께 죽음도 찾아오게 된 것입니다.

스코르카: 유대교에서는 죽음을 폭넓은 시각으로 설명합니다. 하지만 진정한 원죄에 대한 개념은 없는데요, 대신 다음과 같은 방식으로 에덴동산을 설명합니다. 에덴동산 한 가운데에 두 그루의 나무가 있습니다. 한 그루는 선악을 알게 하는 선악과 나무이고, 다른 한 그루는 생명나무입니다. 기본적으로 둘 다 보통 나무들입니다. 선악과 나무는 사실 사과나무가 아닙니다. 정확히 말하자면 무화과나무에 가까운데, 아담과 이브는 그 나뭇잎으로 결국 옷을 만들어 입었습니다(창세기 3:7). 하느님의 계명을 거역하게 만든 나무가 아담과 이브를 가려주는 역할을 한 거죠.* 이 나무들은 하지 말아야 할 것이 무엇인지를 인간에게 일깨워주고, 인간이 모든 것을 통제할 수는 없다는 점을 알게 해주었지요. 하지만 인간은 하느님께 도전했습니다. 이 죄는 여러 가지로 해석할 수 있습니다. 이런 해석은 교리와는 상관없는 문제입니다.

무언가를 잃어버렸는데 정확히 무엇을 잃어버렸는지는 잘

---

* 탈무드 베라조 40, a를 기본으로 함.

모릅니다. 그러나 인간 영성의 어떤 부분이 죽으면서, 죽음은 이미 자연의 한 부분으로 자리 잡았습니다. 제 생각에 인간을 창조하기 시작한 그 순간부터 하느님은 인간이 유한한 삶을 살도록 정해놓은 것 같습니다. 그리고 죽음에도 무언가 긍정적인 면이 있을 겁니다. 하느님께서 만든 모든 것은 결국 세상을 위한 것이니까요. 죽음은 쉬운 문제가 아닙니다. 역설적으로 죽음은 삶의 가장 커다란 신비일 수 있습니다. 이 신비를 어떻게 풀었느냐에 따라 이 세상에서의 여정을 평가할 수 있지요. 만약 죽음과 더불어 모든 것이 끝난다고 믿는다면, 창세기 3장 19절에 나와 있는 것처럼 죽어서 먼지가 된다고 믿는다면, 초월을 위해 그토록 몸부림치지 않을 것입니다. 자기중심적이고 이기적인 생활방식으로 쾌락을 추구하면서 지금 이곳에서의 삶에만 집중하겠죠. 하지만 사실 인간은 나무와 닮은 점이 많습니다. 한 주기를 마치고 과실을 맺으며, 나무에서 나온 씨앗으로 다시 나무가 되는 과정을 거칩니다. 삶은 우리에게 여기 이 세상에서도 모종의 초월이 가능함을 보여줍니다.

  성경의 말씀들은 비유적입니다. 죽음 이후 우리에게 무슨 일이 벌어지는지 직접적으로 이야기하지는 않지만 초월을 강조하고 있습니다. 현재의 우리 행동이 자식들에게 영향을 미칠 것이라고 말합니다. 많은 종교 문헌에도 부모에서 자식으로, 가족에서 가족으로 이어지는 저주에 대한 이야기들이 나옵니다. 사무엘(Samuel)을 키우고 가르친 제사장 엘리의 이야기도 하나의 예입니다. 엘리의 자식들은 품행이 바르지 않았지만 그는 그런 자식들을 꾸짖지 않았습니다. 이로 인해 그의 가족들에게 저주가 내렸고, 이 저주는 뒤이은 세대들에도 이어졌습니다. 예레미야는 이런 저주를 받은 마지막 사람입니다. 예레미야는 결혼을 하지 않아 자식도, 집도 없었습니다. 그리고 예레미야 자신의 말처럼, 논쟁과 분쟁의 중심에 있었죠(예레미야서 15:10). 그는 예루살렘의 멸망을 예언하기도 했습니다. 눈물과 고통뿐인 모습을 예언한 것입니다.

성경은 이것을 상당히 암시적으로 이야기하고 있습니다만 유대교에서는 분명한 해석을 제시합니다. 유대교의 탈무드를 보면 다가올 세계의 모습이 분명하게 제시되어 있습니다. 다가올 세계에는 지옥도, 천상의 장소인 에덴동산도 등장할 것이라고 말입니다. 그런데 이 모든 내용은 어디서 비롯된 것일까요? 저는 의로운 인간들이 고통받는 이유에 대해 현자들이 의문을 품으면서 생겨났을 것이라고 생각합니다. 하느님의 정의는 어디에 있단 말인가? 율법을 가르치려던 현자들은 왜 모두 아드리아노(Adriano) 시대에 순교를 하거나 로마병사들에게 돌에 맞아 죽었을까? 하느님은 왜 이 모든 것을 허락하셨을까? 이런 의문 끝에 현자들은 답을 얻었을 겁니다. 인간에게 또 다른 생이 있고, 지상에서 행한 모든 일에 대해서는 다른 생에서 보답을 받을 것이라고 말이죠.

다른 생은 깊은 종교적 경험에서 생겨나는 믿음이나 직관과 관련된 문제입니다. 불가지론자들을 포함, 인간이 최고의 존재라고 믿는 이들은 죽음을 단지 이드(id)의 해체로 받아들이지 않습니다. 자식과 제자 같은 주변의 모든 존재들에게 무언가를 물려주는 일이라고 생각하는 것이죠. 물질적 유산이 아닌 영성과 가치를 물려주는 것으로 말입니다.

프란치스코: 상속 문제를 더 다루고 싶습니다. 유산을 물려주어야 한다는 것은 인류학적으로나 종교적으로 대단히 진지한 생각입니다. 이런 생각은 신중한 태도를 말해주죠.

저 혼자 하는 생각입니다만, 저는 스스로를 가두고 싶지 않습니다. 제 삶이라는 우리에 갇히고 싶지 않아요. 유산을 남길 아이들이 없는 저로서는 어쨌든 그 단계는 건너뛸 것입니다. 비록 자식이 없는 사람에게도 유산은 존재합니다. 이것은 성경에도 나오는 사실인데, 나봇의 포도밭이 그 예입니다(열왕기 상권 21장). 여기서 자식은 땅을 물려받지만, 팔지 않고 가꾸어 미래의 자손들에게 물려줍니다. 그러나 순간 속에서만 사는 사람은 유산 문제를 심사숙고하지 않습니다. 그에게 중요한 것은 자신이 살 수 있는 시간뿐이겠지요.

유산은 시간이 흐르면서 인생의 여정을 통해 발전해갑니다. 인간은 무언가를 받으면 그보다 더 좋은 것을 남겨야 합니다. 젊을 때는 그 순간에만 가치를 두지, 인생의 마지막까지 멀리 내다보지는 않지요. 할머니에게서 들은 구절이 생각납니다. '하느님이 너를 보고 계심을 알라. 지금도 너를 보고 계심을 알라. 언제인지 모르지만 너도 죽으리라는 것을 알라.' 할머니는 이 구절을 적은 종이를 침대 옆 탁자의 유리 밑에 끼워 두고 잠자리에 들 때마다 읽으셨습니다. 70년이 지난 지금까지도 이 구절이 잊히지 않습니다. 할머니가 이탈리아의 어느 묘지에서 읽으셨다던 글도 생각납니다. '지나가는 이여, 멈춰서 너의 발걸음과 걷는 속도를, 너의 마지막 걸음을 생각해보라.' 할머니는 모든 것에는 끝이 있다는 것, 모든 것을 잘 돌려놓아야 한다는 점을 깊이 각인시켜주셨습니다.

그리스도교인다운 삶과 관련해서 이야기하자면, 죽음은 매일 우리와 함께합니다. 저도 매일 제가 언젠가는 죽을 것임을 생각합니다. 하지만 고통스럽지는 않습니다. 하느님과 삶이 제게 적절히 준비할 수 있도록 가르쳐주었기 때문이죠. 저는 선조들의 죽음을 직접 목격했습니다. 그리고 이제는 제 차례입니다. 언제일까요? 저는 모릅니다. 그리스도교 전통에서는 부활절 기간 중에 라틴어로 된 구절을 읽습니다. 놀랍게도 '삶과 죽음은 서로 엉겨 붙어 싸운다'는 구절이죠. 사실 우리는 모두 이렇게 싸우고 있습니다. 이것은 단지 생물학적인 싸움만을 의미하는 것은 아닙니다. 사람이 살고 죽는 방식을 가리키는 것입니다. 복음서에는 최후의 심판에 대한 내용이 나옵니다. 사랑과 연관된 내용입니다. 예수님은 '이웃을 도운 자들은 나의 오른쪽으로 갈 것이고, 돕지 않은 자들은 나의 왼쪽으로 갈 것이다. 왜냐하면 너희들이 서로에게 행한 것은, 나에게 한 것과 같기 때문'이라고 말씀하셨습니다. 그리스도교인에게 이웃은 그리스도와 같습니다.

스코르카: 내면에서 일어나는 삶과 죽음의 싸움에 대한 말씀이 참으로 흥미롭습니다. 추기경님의 말씀을 들으니 '삶의 본능'과 '죽음의 본능'이라는 말이 생각납니다. 이것은 사실 프로이트가 만들어낸 말이 아니죠. 신명기의 여러 구절 속에 이미 나오는 표현입니다(신명기 30:19-20). 신명기를 보면, 모세는 이스라엘 백성들에게 '나는 오늘 하늘과 땅을 증인으로 세우고, 생명과 죽음, 축복과 저주를 너희 앞에 내놓았다. 너희와 너희 후손이 살려면 생명을 선택해야 한다'라는 하느님의 말씀을 전합니다. 이런 내면의 싸움은 정말로 존재합니다. 몸

은 살아 있지만 내면은 죽은 사람들이 있지요. 극작가 플로렌시오 산체스(Florencio Sánchez)가 생각납니다. 그의 작품에 등장하는 한 인물은 이렇게 말합니다. "개성이 없는 사람은 걸어 다니는 시체와 같다."•

  죽음은 아주 심오한 개념입니다. 영혼의 자살도 있고, 담배 중독자의 경우처럼 서서히 진행되는 자살도 있습니다. 또 자신은 물론 타인들의 생명까지 완전히 무시하면서 거리를 질주하는 사람도 있습니다. 이런 행동들은 죽음과 끊임없이 장난을 치는 짓이나 다름없습니다. 우리는 스스로에게 물어야 합니다. 죽음을 어떻게 받아들여야 하는지, 죽음이 불러일으키는 매일의 고통을 어떻게 해야 하는지를 말입니다. 저는 믿음으로 이 죽음의 고통을 극복하려 합니다. 그리고 믿음으로 이 죽음의 고통을 극복하는 날, 영적으로 다른 실재 속에 존재하리라 믿습니다. 우리는 죽음 뒤에 다른 삶이 있다고 믿습니다. 하지만 제대로 설명할 수도 없으면서, 다가올 세계를 다 아는 것처럼 떠들어대는 것은 오만한 짓이지요.

  프란치스코: 일반적으로 '믿음'을 '의견'이라는 말과 비슷하

• 그의 소설 《죽은 자》 속에서 리산드로가 이런 느낌을 표현한다.

게 사용합니다. 하지만 우리가 여기서 말하는 믿음은 다른 것입니다. 결의와 충실한 지지를 의미하는 것이지요. "저는 내세가 있다고 믿습니다"라고 말할 때, 사실 그 의미는 내세에 확신을 갖고 있다는 것입니다. 신학적인 언어로 믿음은 확신입니다. 그리고 저편의 삶은 여기에서 형태를 갖추죠. 하느님과 만나는 경험 속에서, 만남의 경이 속에서 저편의 삶이 시작됩니다. 모세는 늙어서 배가 불룩 나온 80살에 하느님을 만났습니다. 장인의 양들을 돌보는데 갑자기 가지가 타오르면서 놀라운 광경이 펼쳐졌습니다. "나는 하느님을 뵈었다"라고 그는 말했습니다. 판관기 같은 성경의 다른 부분을 보면, 하느님을 뵌 뒤에 느끼는 죽음에 대한 두려움이 나옵니다(판관기 13:22). 하지만 하느님을 만나는 경험은 벌이 아닙니다. 다른 차원에 들어가 인간이 이곳을 향하고 있음을 깨닫는 경험이죠. 이것이 내세와 관련해 제가 성경에서 발견한 가장 훌륭한 해석입니다.

인간은 영원히 이런 경외감 속에서 살 수는 없습니다. 하지만 그 순간의 기억은 사라지지 않습니다. 이렇게 이곳에서 이미 내세가 있음을 느끼기 시작한 덕에 우리는 저곳에 다른 삶이 있음을 믿습니다. 하지만 이 느낌은 달콤한 것은 아닙니다. 그보다는 뭔가 놀라운 느낌이라 할 수 있지요. 하느님은 이런 놀라운 느낌을 통해 우리에게 당신을 드러내십니다.

<u>스코르카</u>: 하지만 그 경이로운 느낌을 믿지 않는 사람들도 많습니다. 저는 그들을 불가지론자라고 부르겠습니다. 그렇지만 그들도 죽음은 사실로 받아들입니다. 언제나 죽음의 순간에 괴로워하거나 큰 고통을 느끼고 싶지 않다고도 말합니다. 그러면서도 걱정하지 않습니다. "제 차례가 오면 오는 거죠 뭐." 그래서 저는 다가올 세계에 대한 믿음이란, 죽음에 대한 불안을 줄이기 위해서 신학적으로 만들어낸 생각이라는 이론을 믿지 않습니다. 죽음의 고통과 같은 고통을 불러일으키는 것은 많으니까요. 미지의 세계에 대해 누구나 갖는 두려움도 그 하나입니다. 내세가 있음을 확신해도 우리는 여전히 두려워합니다. 내세가 어떤 모습인지는 모르니 말입니다.

삶의 모든 도전은 우리에게 스트레스를 줍니다. 살다 보면 쉽게 혹은 간단하게 설명할 수 없는 경험들을 하게 마련입니다. 하지만 이런 경험들은 아주 미묘한 메시지를 전달해줍니다. 청소년기에 예언자들의 책을 공부한 기억이 납니다. 그때 저는 예언자들과 하나가 되어 그들이 신과 나눈 대화를 이해할 수 있었어요. 제게 특별한 감수성이 있었으니까요. 이런 감수성은, 본 적도 없지만 홀로코스트에서 죽어간 선조들에게서 물려받은 가문의 기질 같은 것이었습니다. 이 선조들은 저의

부모나 조부모보다 훨씬 영적인 분들이었습니다. 왜 제가 이런 감수성을 물려받게 되었을까요? 어떻게 이런 감수성이 저의 유전자에 새겨졌을까요? 그것은 의식이나 잠재의식보다 훨씬 깊은 차원의 문제입니다. 그것은 또한 다른 차원, 다른 생이 존재한다는 것을 의미합니다.

프란치스코: 내세에 대한 믿음이 고통을 피하기 위한 심리적인 기제라면, 이런 믿음은 별 도움이 안 될 것입니다. 우리가 어떻게 해도 고통은 찾아올 테니까요. 죽음은 이별입니다. 그래서 우리는 고통과 더불어 살아갑니다. 계속 머무르려 하고, 가고 싶어 하지 않는다면, 두려움을 가질 수밖에 없습니다. 하지만 이 세상 너머의 그 무엇도 우리를 이런 두려움에서 해방시켜주지 못합니다. 가장 독실한 신자들조차도 무언가를 빼앗기거나, 자기 존재나 이야기의 한 부분을 남기고 떠나야 한다고 느낍니다. 전달하기 힘든 느낌이지요. 코마 상태에 빠져본 적이 있는 사람은 이런 느낌을 알 것입니다. 복음서를 보면, 예수님 자신도 데세마니에서 기도를 올리기 전에 영혼이 죽을 만큼 고통스럽다고 말합니다. 다가올 죽음에 예수님도 두려움을 느낀다고 적혀 있지요. 복음서를 보면 예수께서는 죽을 때 시편 22장 1절을 암송합니다. "저의 하느님, 저의 하느님, 어찌하여 저를 버리셨습니까." 누구도 이런 상황을 피할 수 없습

니다. 하지만 저는 하느님의 자비를 믿습니다. 하느님이 은총을 베풀어주실 거라고 말입니다. '고통을 느끼지 않게 해주는 마취제 같은 건 없지만, 고통을 견딜 능력은 있다'고 생각하는 겁니다.

스코르카: 삶의 유한성을 자각하는 것은 고통스러운 일입니다. 그 시점이 언제인지 모를 때는 고통이 더욱 크죠. 우리의 삶이 자연의 의미 없는 사건 같은 것에 불과하며, 모든 것이 죽음과 더불어 가차 없이 끝난다고 생각하면 아주 끔찍합니다. 이런 상황에서는 우리 삶이란 아무런 의미도 없어집니다. 가치나 정의, 그런 것들은 말할 것도 없고……, 아무튼 극단적인 생각일 수도 있지만 말입니다.

그러나 두 가지 가능성은 남습니다. 첫째, 신에 대한 생각으로 씨름하기 싫어하는 사람들에게는 인간의 삶이 본질적으로 의미를 지닌다는 것입니다. 관용과 정의의 메시지가 세대를 거치면서 전해진다는 의미가 있죠. 둘째, 우리처럼 하느님을 믿는 사람들은 신의 광명이 우리 내면에 존재한다고 믿습니다. 그래서 죽음도 우리의 상황이 달라지는 것에 불과하다고 생각할 수 있는 것입니다.

프란치스코: 얼마 전 2세기 작가의 글을 읽었습니다. 그는 부활절 자체를 오솔길로 이미지화해서 삶에 적용시키고 있었습

니다. '그대가 향하는 곳을 놓치지 말고 여행의 즐거움에 너무 빠지지도 마라. 그러면 너무 멀리 벗어나 목적을 망각할 수도 있다.' 우리는 삶의 여정에 책임을 져야 합니다. 이 여정 속에서 우리는 창조물도 만들어내고 세상을 바꾸는 일도 합니다. 하지만 정말로 잊지 말아야 할 것은 우리가 약속을 향해 가는 여정에 있다는 점입니다. 성장하여 이 세상을 풍족하게 다스리라는 하느님의 명령을 수행하기 위한 창조적인 책임을 다해야 하는 여정입니다. 초기 그리스도교인들은 소망을 갖고 죽음의 형상을 중심으로 결속했습니다. 그리고 닻을 상징으로 사용했죠. 소망은 해안가에 고정시켜둔 닻과 같은 것이었습니다. 그들은 길을 잃지 않고 앞으로 나아가기 위해서 밧줄을 꼭 붙잡았습니다.

구원은 이 소망 속에 있습니다. 소망은 우리를 평안하게 밝혀줍니다. 하지만 그 도중에도 밧줄을 붙잡고, 해야 한다고 믿는 일들을 해야 합니다. 바오로 사도도 말했습니다. "우리는 소망 안에서 구원받습니다."

스코르카: '소망하다'의 라틴어 어원은 '기다리다'입니다. 하지만 '소망한다'는 것은 목표에 수동적으로 다가간다는 의미가 아닙니다. 우리는 목표에 능동적으로 다가갈 수도 있습니다.

유대인들은 자신들의 땅으로 돌아가리라는 소망으로 2천 년이나 기다렸습니다. 그러나 그 오랜 세월을 거치는 동안 그들의 소망은 신에게 기도를 올리는 행위로 축소되고 말았지요. 그래도 많은 유대인들이 유럽을 떠나 이스라엘에서 살기로 결심한 순간은 결국 도래했습니다. 여기서 우리는 소망과 낙관주의의 차이를 알 수 있습니다. 낙관주의는 그 자체로 목적이 될 수는 없지만 삶을 바라보는 하나의 태도는 될 수 있습니다.

프란치스코: 낙관주의는 심리의 문제, 삶을 대하는 태도에 더 가깝습니다. 컵에 물이 반이나 있다고 생각하는 사람이 있는 반면, 물이 반밖에 없다고 받아들이는 이들도 있죠. 소망의 근저根底에는 어떤 수동성이 있습니다. 소망을 주는 분은 하느님이기 때문입니다. 소망의 미덕은 우리 스스로 얻을 수 있는 것이 아니라 하느님이 주시는 것입니다. 그리고 소망을 실행에 옮기고, 퍼뜨리고, 받아들이는 것은 다른 문제입니다. 우리의 개념으로 보면, 소망은 세 가지 신학적 미덕 가운데 하나입니다. 나머지는 믿음과 사랑이죠. 우리는 믿음과 사랑을 더 중요하게 여기는 경향이 있습니다. 하지만 모든 길의 구조를 만들어주는 것은 소망입니다. 그러나 이 길과 사랑에 빠져 목적을 놓쳐버리는 것은 위험합니다. 정적주의(Quietism)도 위험

하고요. 정적주의는 길 위에서 목적지를 보면서 아무것도 하지 않는 태도를 의미합니다. 그리스도교에서 이런 정적주의 운동이 강하게 일어났던 시대가 있었습니다. 정적주의자들은 열심히 일해 세상을 변화시키라는 하느님의 명령에 반기를 들었습니다.

스코르카: 신앙심이 깊은 사람들은 다른 사람들과 달리 훨씬 평온하게 죽음을 맞이합니다. 그러고 보니 생각나는 신자가 한 명 있군요. 독실한 유대인이었는데 어느 날 그의 딸이 저를 찾아왔습니다. 아버지가 위독하니 같이 가달라더군요. 의사가 살날이 며칠 안 남았다고 했답니다. 곧장 그에게로 달려갔죠. 인생의 종착역에 다가가고 있는 것이 느껴졌습니다. 하지만 그는 죽음을 목전에 둔 사람처럼 보이지 않았습니다. 주변 상황을 완벽히 인식하고 있었어요. 그가 곧 죽을 사람이라고는, 누구도 생각하지 못할 정도였습니다.

저는 건강한 사람을 대하듯 그에게 말을 걸었습니다. 하지만 죽음이 머지않았다고 딸이 말해주었기 때문에 아주 조심스럽게 행동했죠. 저는 아주 특별하게 작별 인사를 해주었습니다. 히브리어로 "평화와 함께하실 것입니다"라고 말해주었죠. 그러자 제게 손을 뻗으며 그가 말했습니다. "좋습니다. 존경하는 랍비님, 다음 세상에서 만날 수 있을 거예요." 그는 충만한 믿음 덕에 완전히 평화로웠습니다. 그는 삶과 작별 인사를 나누고 이틀 뒤에 죽음을 맞이했습니다.

프란치스코: 하지만 고통의 순간은 존재합니다. 이별과 분리의 순간이죠. 죽음에 가까이 다가갈 때 이런 고통이 느껴집니다. 분리는 쉬운 일이 아니니까요. 하지만 도약할 준비가 되어 있으면 그 순간에 하느님이 손을 내미신다고 생각합니다. 그러므로 우리는 하느님의 손 안에서 우리 자신을 내려놓아야 합니다. 혼자서는 이겨낼 수 없으니 말입니다.

스코르카: 젊은 사람이 불가항력으로 죽음과 마주했다면, 생전에 못다 한 일들을 떠올릴 겁니다. 비탄에 가득 차서 이렇게 소리치겠지요. "하고 싶은 일들을 아직 못했다구!" 이루지 못한 많은 꿈들이 그대로 남을 테니까요. 나는 어떤 직업을 가지면 좋을까? 어떤 아버지가 될까? 삶의 여러 다양한 단계들을 거치는 동안, 우리는 죽음에 대한 생각에도 다른 식으로 대처하기 시작합니다. 물론 죽음에 대한 생각은 여전히 고통을 안겨주겠지만, 그래도 달라질 겁니다.

유대교 신비주의에서는 바로 높은 곳으로 가지 못하고 얼마간 죽음의 장소에 머무르는 영혼에 대해 이야기합니다. 이런 영혼들은 죽음의 순간 우리가 느끼는 고통에 대해, 삶과의 분리가 얼마나 어려운지에 대해 말해줍니다. 하지만 어떤 이들은 죽기 전에 평화의 순간을 발견하는 것 같아 보이는데, 자신을 내맡긴다는 생각이 그들의 고통을 덜어주기 때문입니다. 그렇다고 모든 게 끝나는 것은 아닙니다. 이들은 지고의 어떤 존재에게 자신을 내맡길 뿐입니다.

11
안락사에 대하여

스코르카: 확실히 우리는 의학을 지지해주어야 합니다. 그래야 더욱 나은 삶을 살아갈 수 있으니까요. 하지만 조심해야 할 것이 있어요! 무익한 치료는 절대 동조해주지 말아야 합니다. 누군가의 생명을 인위적으로 연장시키는 것은 의미가 없으니까요. 단지 심장박동과 호흡을 유지시키기 위해서 기계를 환자에 부착시키는 것은 아무런 의미가 없다는 말이지요. 이런 일은 곧 죽음을 맞게 될, 사랑하는 이 옆에서 밤새며 간호하는 가족들의 고통을 배가시킬 뿐입니다. 물론 생명을 연장시키는 것은 좋은 일이지만 충분히 소생 가능한 사람들의 경우에만 생명을 연장시켜주어야 합니다.

프란치스코: 우리의 윤리도 마찬가지로 말합니다. 죽음이 자명해 보일 경우, 의학은 필요한 정상적 조치를 취해주어야 합니다. 삶의 질도 보장해줘야 하니까요. 죽음이 임박한 환자의 경우에 의학이 발휘해야 하는 힘은 환자를 사흘이나 두어 달 더 살게 만드는 것이 아니라, 환자의 신체적 고통을 최소로 줄여주는 겁니다. 이상한 방식으로 생명을 연장시킬 의무는 없습니다. 그런 일은 환자의 존엄성을 침범할 수 있어요.

하지만 적극적인 안락사는 다른 문제입니다. 이런 행위는 살인과 같습니다. 요즘에는 비밀리에 안락사를 시행하는 것 같습니다. 사회보장제도에 따라 어느 선까지만 치료를 부담해주고, 그 후에는 "신께서 도와주시기를" 하고 포기해버리죠. 또 노인들을 다른 환자들과 똑같이 돌보지 않고 버려진 물건처럼 취급합니다. 가끔은 의료서비스나 일반적인 보살핌에서 소외되는 노인들도 있어요. 이런 것도 노인들을 죽이는 행위입니다.

스코르카: 전적으로 동의합니다. 인간의 존엄성을 무시하는 행위는 어떤 것도 허용하지 말아야 합니다. 하지만 안락사는 아주 어려운 문제입니다. 지독한 고통을 이기지 못해서 어떻게든 삶을 빨리 끝낼 방법을 찾는 환자들이 많기 때문입니다. 적극적인 안락사 문제는 우리의 몸과 삶의 주인이 우리뿐임을

가르쳐줍니다. 안락사를 용인할 수 없는 이유도 바로 여기에 있지요. 하느님은 인간에게 자유의지를 주셨지만 우리 존재의 주인은 여전히 하느님입니다. 그러기에 누군가 자살을 감행한다면, 그건 자신의 온 존재가 오로지 자신의 것이라고, 삶과 죽음의 문제를 결정하는 것은 바로 자신이라고 주장하는 것이나 마찬가지입니다. 이것은 하느님을 강하게 거부하는 행동이지요.

프란치스코: 자살한 사람의 장례식을 치러주지 않았던 적이 있습니다. 삶의 목표 지점까지 계속 가지 않고, 자신이 원하는 자리에서 여정을 포기했기 때문입니다. 하지만 저는 자살한 사람들도 존중합니다. 그는 다만 삶의 갈등을 극복하지 못한 사람에 불과할 뿐이니까요. 그러므로 저는 자살한 사람도 부정하지 않습니다. 대신에 그를 하느님의 자비로운 손 안에 맡기죠.

스코르카: 유대교에서는 자살에 대해 두 가지 태도를 보입니다. 첫 번째는 자살한 사람을 별도의 장소에 묻어주는 것입니다. 하지만 관습에 따라 망자를 추억하면서 암송하는 기도문은 읽어주지 않습니다. 두 번째는 자살한 사람도 마지막 순간에, 예를 들어 '이미 방아쇠를 당기고 난' 바로 다음 순간에 자신의 행위를 후회한다고 보는 것입니다. 이런 사람들은 결정

적인 순간 자신도 모르게 행동을 저지른 것이기 때문에 이로 인해 벌을 받지는 않는다고 보는 것이지요. 반면에 전염병처럼 번지는 자살은 마땅히 비난받아야 합니다.

자살을 접할 때마다 저는 가족들에게 망자가 병으로 혼란에 빠져서 자신이 무슨 짓을 저지르는지도 몰랐을 것이라고 말해줍니다. 몸과 마음의 화학적 불균형으로 인한 우울이 최악의 결과를 불러온 것이라고 말이지요. 아마 삶에서 벗어나야 한다고, 삶을 지속할 수 없다고 느꼈을 것이라고요. 그러면 비탄에 잠겨 물어보는 가족도 있습니다. "저를 두고 떠날 생각을 하다니 제가 그의 인생에서 그처럼 하찮은 존재였을까요?" 그럴 때마다 저는 가족들의 마음과 명예를 회복시켜주려고 노력합니다.

프란치스코: 병 때문이라는 해석이 참으로 마음이 드는군요. 인간에게는 자신의 결정에 모두 책임을 질 수 없는 순간들이 다가오죠. 자살을 오만이 아닌 병에서 비롯되는 행동으로 보는 그러한 해석은 가슴에 와 닿습니다. 다시 안락사 문제로 돌아가 얘기해보자면, 이 순간에도 분명히 암암리에 안락사가 진행되고 있을 것입니다. 희망이 남아 있는 한, 환자에게 필요한 모든 일반적인 치료를 해주어야 합니다. 하지만 가망이 없는 환자의 경우에도 반드시 그렇게 해줘야 하는 것은 아닙니

다. 삶에 대한 희망이 있어도 생명을 며칠 더 연장시키기 위해 인공호흡기를 들이대는 것 같은 특별한 방법을 쓸 의무는 없다는 말이지요.

스코르카: 탈무드의 관점에서 이야기하자면, 예외적인 치료 방법을 사용하는 것은 환자를 죽지 못하도록 막는 것이나 마찬가지입니다. 어떻게든 살릴 수 있는 방법이 있다면 치료를 멈추지 말아야죠. 그러나 환자가 뇌사 상태에 있다면, 생명의 징후가 남아 있지 않은 사람에게 공식적으로 사망 판정을 내려야 하는 경우라면, 유감스럽지만 조심스럽게 생명 보조 장치의 전원을 꺼야 합니다. 저는 의미 없이 생명을 연장시키려는 노력에 전적으로 반대합니다.

유대인들의 율법을 이루는 할라하(Halajá)에서도 환자의 생명을 유지시켜주는 도구를 제거하는 일을 허용하고 있습니다. 그 도구에만 의지해서 생명을 유지하고 있을 경우에 말입니다. 예를 들어, 머리 밑의 베개가 환자의 생명을 유지시켜주는 유일한 도구라면 베개를 치워버려도 되는 겁니다. 혀 밑의 소금이 유일한 도구일 경우에는 소금을 제거해도 되고요. 무익한 생명 연장에 대한 논란은 적극적인 안락사와는 완전히 다른 문제입니다. 할 수 있는 치료가 아무것도 없는 상황에서 인위적으로 생명을 유지시키기 위해 약을 투여하는 것은 잘못된 일입니다. 환자가 충분한 수명을 유지할 수 있도록, 할 수 있는 것은 무엇이든 하겠다고 말하는 사람을 저는 깊이 존경합니다. 하지만 살아날 가능성이 전혀 없는 환자라면, 남은 시간 동안 평화롭게 지낼 수 있도록 놓아줄 필요도 있는 것입니다. 우리가 말하는 것은 병이 이미 심각하게 진행된 환자의 경우입니다. 모든 의사들이 가망 없다고 진단한 환자 말이지요. 이처럼 회복 가능성이 없는 환자에게 생명을 24시간 연장시켜주기 위해서 수혈을 하거나 인공호흡장치를 부착시켜주는 것은 아무 의미가 없습니다.

환자가 심하게 고통스러워하는 경우라면 진통제를 처방해주어야 합니다. 진통제가 환자를 최대한 편안하게 만들어줄 테니까요. 하지만 그 이상이 되어서는 안 됩니다. 고통스러워하는 환자를 그대로 내버려두는 것은 삶을 존중하는 태도가 아닙니다.

프란치스코: 가톨릭 윤리에 따르면, 어느 누구든 타인을 치료하는 데에 예외적인 방법을 써야 할 의무는 없습니다. 누가 봐도 더 이상 살아 있다 말할 수 없는 상황에서도 생명을 연장시키려는 것은 무의미합니다. 물론 병을 고칠 가능성이 있다면 모든 방법을 다 동원해서 고쳐야 하겠지요. 하지만 예외적 치료법은 회복 가능성이 있을 경우에만 사용해야 합니다.

12
노인에 대하여

스코르카: 노년의 삶은 편치 않습니다. 저는 성서에서 야곱이 파라오에게 자신은 130년을 살았는데 짧고 불행하였노라고 말하는 장면으로 이야기를 시작하겠습니다(창세기 47:9). 노년이 문제가 되는 것은 미래를 바라보기보다 과거를 되돌아보기 시작하기 때문입니다. 하지만 정말로 충만하고 치열하게 산다면 노년은 삶에서 멋진 시기가 될 수 있습니다. 노년기는 우리가 인생의 의미를 이해하게 되는 시기이니까요.

그러나 오늘날 노년은 우리의 걱정거리입니다. 요즘의 문화에서 노인들은 폐기처분할 수 있는 대상으로 취급되기 때문입니다. 현대의 삶은 사람들에게 긴장을 늦출 시간을 주기보다 점점 더 빨리 달리도록 몰아붙입니다. 단지 물질적인 부를 얻는 문제가 아닙니다. 체육관에 가거나 여행을 가거나 그 외의 다른 활동이 사실상 의무적인 것이 되었습니다. 노인들을 돌볼 겨를이 없습니다. 상황을 더 잘 이해하기 위해 노인들이 왜 외롭게 사는지 생각해보는 것이 중요합니다. 더 이상 주위에 친구가 없어서인지, 아니면 자식들과의 세대 차이로 대화가 어려워서인지 생각해보아야 합니다. 노인들은 하찮은 대상이 아니라 우리의 보살핌을 받아야 하는 사람들입니다. 부에노스아이레스에 있는 수없이 많은 양로원 중 어디를 방문하더라도 우리는 '이것이 제대로 된 생활환경인가?'라고 자문하게 됩니다. 오늘날 노인들은 내팽개쳐져 있습니다. 성서에는 '너희는 백발이 성성한 어른 앞에서 일어서고 노인을 존경해야 한다'라는 말씀이 있습니다(레위기 19:32). 삶은 투쟁입니다. 그 투쟁에서 품위 있게 싸워온 분들이 말년을 지독히도 외롭게 보낸다는 것은 매우 가혹합니다. 양로원은 때로는 의료 면에서 최고이지만 정신적인 면에서는 아쉬운 점이 많습니다. 노인들에겐 사랑과 애정과 대화가 필요합니다.

프란치스코: 교수께서 말씀하신 폐기에 관해 다시 한 번 말하고 싶습니다. 이전까지는 우리 사회에 억압하는 자와 억압받는 자가 있다고 말할 수 있었습니다. 시간이 지나면서 그러

한 분류로는 충분하지 않아 다른 항목을 추가할 필요가 생겼는데, 바로 포함된 자와 배제된 자가 그것입니다. 오늘날에는 상황이 훨씬 더 각박해져서 또 다른 반의어를 추가해야 합니다. 적응하는 자와 남겨진 자입니다. 소비중심주의, 쾌락주의, 자아도취의 사회에서 우리는 폐기처분할 수 있는 사람들이 있고, 그러한 노인들을 위한 특별석이 있다는 생각에 익숙해집니다. 자식들은 일을 하기 때문에 늙은 부모를 돌보는 일을 양로원에 의존해야 합니다. 하지만 일이 바빠서가 아니라 단지 이기적인 생각 때문에 노인을 양로원에 맡기는 경우도 많습니다. 가정에서 노인은 성가신 존재이고, 퀴퀴한 냄새를 풍깁니다. 노인들은 결국 여름 동안 옷장에 걸려 있는 외투처럼 양로원에 보관되는 신세가 됩니다. 물론 다른 선택권이 없는 가족들도 있습니다. 하지만 이런 가족들은 매주 늙은 부모를 방문하거나 집으로 모셔옵니다. 이 노인들은 사랑하는 사람들 틈에서 보살핌을 받습니다. 이런 경우는 폐기는 아니지만 비용이 아주 많이 듭니다.

하지만 양로원을 방문해서 자녀에 관해 물어보면 많은 노인분들은 자식들은 일을 해야 하니 만나기 힘들 것이라고 대답합니다. 노인들은 자식들을 감싸려고 애씁니다. 반면, 자신을 먹이고 교육시키고 기저귀를 갈며 길러준 부모를 버리는 사람들이 많습니다. 저는 이런 현실에 가슴이 아프고 마음속으로 눈물이 흐릅니다. 필요한 치료를 하지 않고 관심도 기울이지 않는 병원과 복지시설에 노인들을 넣어두고 나 몰라라 하는, 소위 '은밀한 안락사'에 대해서는 이야기하지 않겠습니다.

노인은 이야기를 전해주는 사람입니다. 우리에게 사람과 나라와 가족과 문화와 종교에 대한 기억을 전해줍니다. 이들은 오랜 세월을 살아왔습니다. 일부 성가신 분들이 있다 하더라도 이들은 진지한 배려를 받을 만한 분들입니다. 저는 항상 십계명 중에서 제5계명에만 약속의 말씀이 있다고 생각합니다. '네 부모를 공경하라. 그러면 이 땅에서 네 생명이 길리라.' 노인을 공경하면 여러분이 노년이 되었을 때 하느님께서 복을 주실 것입니다. 이것은 노인에 대한 하느님의 뜻을 보여줍니다. 하느님은 노인을 매우 좋아하시는 것이 분명합니다. 부모에게 효성스러운 사람들은 복을 듬뿍 받으니 말입니다. 일흔네 살인 저는 노년기에 들어섰고, 이를 거부하지 않습니다. 저는 준비가 되어 있고, 시큼해진 포도주가 아니라 고급 포도주처럼 되고 싶습니다. 시간을 되돌릴 수 없기에, 노인의 비통함은 다른 어떤 것보다도 깊습니다. 노인에게는 평화와 평온이 필요합니다. 제게도 그런 은총이 내리기를 바랍니다.

스코르카: 추기경께서 말씀하신 것처럼 노년기를 포함해 인

생의 모든 단계를 준비해야 합니다. 노인으로 사는 법을 배우는 것은 때로 영적인 견지에서 매우 어렵습니다. 그래서 때가 닥쳤을 때 준비가 안 되어 있는 어떤 사람들은 인생의 모든 좌절과 편견을 키우고 곪아터지게 만듭니다. 어렸을 때는 우리에게 어떻게 살 것인지를 알려주고 모범을 보여주는 아버지와 어머니가 계셨습니다. 그러나 우리 부모가 변했다는 것을 인식해야 하는 순간이 찾아옵니다. 노년기에도 총기를 잃지 않은 부모님이 계시다는 것은 멋진 일입니다. 그분들과 대화를 나눌 수 있으니까요. 제 아버지는 나이가 드셨을 때 인생의 다른 어느 때보다 더 지혜로우셨던 것이 기억납니다. 아버지가 세상을 떠나시는 모습은 제게 존엄성을 가르쳐주었지만, 모든 사람이 그런 것은 아닙니다. 노인들은 때로는 퇴행 현상을 보입니다.

이제 사회의 커다란 과제는 이러한 상황을 어떻게 다룰 것인지를 알아내, 우리가 그 자리에서 보살피는 관계를 유지할 수 있도록 하는 것입니다. 부모님을 공경하는 것이 쉬운 일이었다면 신의 계율도 필요하지 않았을 것입니다. 최근의 일회용 사회에서 우리가 노인들을 등한시하면서 그들은 항복하게 되었습니다. 제가 말하는 항복이란 안락사나 스스로를 방치하여 생을 포기하는 경우를 가리키는 것입니다.

프란치스코: 신명기 6장은 항상 감동을 줍니다. 저는 '너희 주 하느님께서 너희 조상에게 맹세하신 땅을 주시려고 너희를 그곳으로 데려가실 것이다. 거기에는 너희가 세우지 않은 크고 좋은 성읍들이 있고…… 너희가 가꾸지도 않은 포도밭이 있다. 거기에서 너희가 마음껏 먹게 될 때……'라는 말씀에서 영혼에 큰 힘을 얻었습니다. 이 구절에는 사람이 일하지 않았으나 소유하게 된 많은 것들이 나열되어 있습니다. 노인들을 보면 우리를 향해 걸어온 인생의 길을 알아차리게 됩니다. 그들과 함께 걷는 것은 모두 하느님께서 계획하신 일이며, 그 계획은 조상에서 시작해 자손으로 이어집니다. 역사가 나부터 시작된다고 믿으면 노인을 공경하지 않게 됩니다.

제가 약간 우울할 때 읽는 말씀 중 하나가 신명기의 이 장입니다. 이 말씀을 읽으면 저는 하나의 연결고리일 뿐이라는 것을 깨닫게 됩니다. 그리고 조상을 공경해야 하며, 삶의 유산을 전할 후대에게 저도 공경받을 수 있어야 한다는 걸 알게 됩니다. 삶의 유산을 전하는 것은 노인이 할 수 있는 가장 중요한 일 중 하나입니다. 노인들은 삶의 증언을 남겨야 한다는 것을 의식적으로든, 무의식적으로든 알고 있습니다. 분명한 증언으로 남기지 않더라도 살아온 모습이 그것을 보여줍니다. 저는 운 좋게도 조부모님 네 분이 모두 살아 계셨고, 제가 열여섯 살 때에서야 한 분이 돌아가셨습니다. 저는 네 분 모두에게 영향을 받았고 네 분을 모두 똑똑히 잘 기억하고 있습니다. 노인들의 지혜는 많은 도움이 되었습니다. 그분들을 존경합니다.

13
여성에 대하여

프란치스코: 예를 들어 가톨릭에서는 많은 여성들이 제단에서 전례를 도울 수 있지만, 기독교에서는 예수의 제사장이 남성이라는 이유로 여성이 성직자를 수행하는 일을 못하게 하고 있습니다. 또한 대부분의 전통적인 종교 의식은 남성 성직자들에 의해 행해집니다. 그리스도교에서 여성은 다른 기능을 합니다. 여성은 마리아의 형상 안으로 투영됩니다. 사회를 포용하고 수용하는, 공동체의 어머니 상으로 표현되는 것이지요. 여성은 모성애와 부드러움의 상징입니다. 만약 여성이라는 풍요로운 자산을 수용하지 않는다면 종교 공동체는 남성 우월적인 사회, 또한 근엄하고 경직되고 결코 성스럽지 못한

사회로 변모될 것입니다.

여성은 성직자가 될 수 없다는 사실이, 여성이 남성 아래에 있다는 것을 의미하지는 않습니다. 덧붙여 설명하자면 성모 마리아는 사도들보다 더 위대하십니다. 2세기의 한 수도사의 말에 따르면, 그리스도교에는 여성적 차원의 세 가지가 있는데, 예수님의 어머니인 성모 마리아, 교회, 그리고 영혼이 그것입니다. 남성 우월적인 사회에서는 유혹의 대상인 여성이 눈에 띄는 장소에 있는 것을 허락하지 않았기 때문에 교회에서 여성의 존재는 그리 부각되지 못했습니다.

스코르카: 기독교는 히브리 성서에서 제사장 역할을 차용했는데, 그 안에서 성직자는 부계의 전통을 따릅니다. 하지만 유대인은 모계 혈통에 따라 어머니가 유대인이면 아이도 유대인이 됩니다. 우리 믿음에 근거하자면, 성직 또한 남성에 의해 수행되어 왔습니다. 하지만 오늘날 우리에게는 제사장 대신 랍비가 있습니다. 그래서 율법을 아는 여성은 유대교인을 가르칠 수 있고, 유대교 율법에 따라 행동하는 법에 대해서도 답변할 수 있습니다.

프란치스코: 가톨릭에서 교회는 여성을 의미합니다. 그리스도는 교회, 즉 여성과 하나의 영으로 결합합니다. 가장 많이 공격받은 곳이자 가장 많은 박해를 당한 곳, 그래서 교회는 항

상 가장 중요합니다. 인간 본성의 적인 사탄은 구원이 좀 더 충만한 곳, 좀 더 전파가 용이한 곳에 공격을 집중합니다. 그리고 실존적 장소로서의 여성은 역사상 가장 많은 공격을 받았지요.

여성은 이용하거나 이익을 취하는, 노예와 같은 대상이었습니다. 그리고 뒤로 내쳐졌습니다. 하지만 성서에는 하느님께서 그들을 살피셨음을 알 수 있는 룻(Ruth)이나 유디스(Judith)와 같은 여성 영웅들에 대한 내용이 나옵니다. 제가 한 가지 덧붙이고 싶은 것은 독특한 철학으로서의 페미니즘인데요, 페미니즘은 그것을 옹호하며 주장하는 이들에게 어떤 이익도 가져다주지 않습니다. 그것이 오히려 여성들을 보복적인 투쟁의 장으로 몰아넣기 때문입니다. 여성은 그보다 훨씬 더한 가치를 지닙니다. 20년에 걸쳐 페미니스트들이 벌인 운동을 보면, 원하던 것을 얻으면 그것으로 끝이었습니다. 변함없는 페미니스트 철학은 여성들이 마땅히 받아야 할 권위를 가져다주지 못했습니다. 이제 그것은 치마를 입은 남성우월주의자로 희화화되는 위험을 감수해야 할지도 모르겠습니다.

스코르카: 마소르티(Masorti, 전통주의에서 보편화된 유대교)에서는 여성들의 종교적 역할이 바뀌었습니다. 전 세계 랍비 세미나에서는 여성에게 랍비(rabino) 직위를 수여하기로 결정했

습니다. 사실 역사적 관점에서 봤을 때, 여성이 율법을 가르치면 안 된다는 의견이라든가 여성에 대해 랍비 직위를 거부한다는 어떤 이유도 법에는 명시돼 있지 않습니다. 성경과 탈무드에 나와 있는 여성의 역할과 여성상에 있어서는, 추기경께서 말씀하신 것에 부합하는 특성들이 많습니다.

탈무드에는 결혼 계약서에 대한 조항이 있습니다. 그 생각의 발단은 남성이 쉽게 이혼하지 못하도록 여성이 결혼 계약서를 갖는다는 것이었습니다(지금 우리는 2000년 전보다 더 오래전의 여성에 대해 이야기하고 있습니다). 말하자면 남성에게는 대단한 경제적 부담이 주어졌는데, 이는 실질적으로 중요한 문제였습니다. 무엇이 요점이었을까요? 그것은 여성을 위한 안전장치였고, 여성에게 품위 있는 삶을 보장했다는 것이겠지요.

유대인들이 역사적 방황을 겪는 동안, 여성에 대한 배려에 존경이 더해진 극적으로 위대한 순간들이 있었습니다. 성서에 나오는 여러 사건들이 좋은 예가 되지요. 다윗의 이야기가 그 중 하나가 될 것인데, 다윗은 엄청난 의지력과 대단한 영성의 소유자였던 두 여인, 다말과 룻의 후손이었습니다.

그런가 하면 온갖 이유들로 여성에게는 관용과 존경이 주어지지 않은 시기도 있었는데, 그때마다 유대 여성들은 아래 계급으로 밀려나곤 했습니다. 왜 그렇게 되었을까요? 당시 유대인들은 이교도와 굳건한 유대관계를 맺고 살았으며, 인류의 역사를 통틀어 남성우월주의가 지배적이었기 때문입니다. 많은 문화권에서 남성은 여성보다 더 강한 힘을 발휘했고, 유대인들은 그러한 영향과 그들이 저지르는 비도덕적인 행위들로부터 자유로울 수 없었습니다.

그런 반면, 언급할 만한 가치가 있다 생각되는 것이, 법률을 준수하는 유대인 공동체에서는 정숙함에 관련된 규율을 만들어 남성이 아내 아닌 다른 여성의 손을 잡거나 입을 맞추는 것을 금지하도록 했습니다. 여성 또한 신체의 대부분을 가릴 수 있을 만한 옷을 입도록 명시했습니다. 이렇게 한 데에는 본능의 유혹을 막기 위한 목적이 있는 것으로 보입니다. 정통 사원에서 여성들은 위층에 있으면서 남성들과 함께 기도하지 않았습니다. 여성들을 위해 분리해둔 장소가 있었던 것이지요. 이 문제와 관련해서는 사람들은 저마다 각자의 의견을 갖고 있습니다. 저는 우리 모두가 자연적 본능을 시험하고 억제하기 위해 자신과 투쟁해야 한다고 믿습니다. 정숙한 복장과 행동이 품위 있게 행동하는 데 도움이 된다고 여기는 사람들이 있다는 것은 좋은 일입니다. 문제는 그런 식의 방식이 혹여 무질서한 태도를 가리기 위한 위장으로 사용될 수 있다는 것이지요.

개인적으로 저는 정숙한 삶에 대한 욕망은 신중한 자기 성찰에서 비롯된 것이라고 믿습니다. 한 남성 혹은 여성이 매우 힘든 시기를 겪고 있어서 이성인 누군가로부터 강한 포옹이나 입맞춤이 필요할 때, 그런 특별한 상황을 시작하고 끝내는 것은 바로 다정한 행동에 달려 있다고 생각합니다.

14
낙태에 대하여

프란치스코: 낙태와 관련된 윤리적 문제는 본질적으로 종교 이전의 문제입니다. 임신 순간에 유전암호가 만들어지기 때문입니다. 이미 인간이 존재하는 것입니다. 저는 낙태 문제를 어떤 종교적인 개념과도 분리합니다. 낙태는 과학과 관련된 문제입니다. 이미 인간의 유전암호를 모두 보유한 존재의 성장을 막는 것은 비윤리적입니다. 생존권은 인간의 첫 번째 권리입니다. 낙태는 스스로를 보호할 수 없는 누군가를 살해하는 행위입니다.

스코르카: 우리 사회의 문제는 생명의 존엄성을 상당 부분 존중하지 않게 되었다는 점입니다. 가장 큰 문제는 우리가 낙

태를 별일 아닌 것처럼, 아주 일반적인 일인 것처럼 이야기한다는 것입니다. 하지만 그렇지 않습니다. 하나의 세포에 불과한 태아일지라도, 우리는 여전히 인간에 대해 이야기하고 있으므로 낙태는 아주 특별한 토론을 벌일 만한 문제입니다. 종종 우리는 이 문제를 잘못 알고 있거나 전혀 아는 것이 없다 해도 모두 저마다의 의견이 있음을 보게 됩니다.

일반적으로 유대교는 낙태를 비난하지만 경우에 따라서는 허용하는 상황도 있습니다. 예를 들어 모체의 생명이 위험한 경우입니다. 낙태가 허용되는 상황은 다양합니다. 흥미로운 점은, 고대의 유대 현자들은 만민법萬民法(고대 로마에서 시민법에 대비해 이민족에게 적용하기 위해 만들어진 법. 탈무드에서는 jus gentium - 옮긴이)을 분석하면서 다른 사회에서는 낙태를 전적으로 금지해야 한다고 규정했다는 것입니다. 제 생각에 현자들은 로마에서 어떤 일이 행해지고 있는지 알았기 때문에 그렇게나 생명이 경시된 사회에서는 낙태에 대한 논의를 피하고 싶었던 것으로 보입니다.

탈무드에서는 사형이라는 주제를 놓고 철저한 분석을 하고 있습니다. 토라에서도 이 형벌에 관한 부분이 나오지만, 사형 집행을 제한하여 실제로 집행되지 않도록 하자는 현자가 있는가 하면, 덜 제한적인 정책을 주장한 이도 있습니다. 앞으로 다가올 세대의 현자들은 그들이 마주한 시대의 특정 상황에 근거하여 처벌 적용 기준을 결정할 것입니다.

낙태의 역사도 이와 비슷합니다. 물론 유대교는 낙태를 거부하고 비난합니다. 하지만 미슈나(Mishná, 유대교의 고전 율법-옮긴이)에 설명된 것처럼, 어머니의 목숨이 위태로운 때라면 어머니의 생명이 우선입니다. 강간으로 인한 임신, 심각한 선천적 기형 등의 다른 경우들에 대해서는 각 세대의 랍비들이 논의를 합니다. 낙태를 엄격하게 제한하자는 랍비도 있고, 다소 유연하게 제한하자는 랍비도 있습니다. 어떤 형태든 인간 생명을 최고로 존중하고 배려하는 '신성함'이라는 요인이 중요하며, 이는 우리가 이 문제를 분석하고 논의하는 토대이자 출발점이 되어야 합니다.

15
이혼에 대하여

프란치스코: 이혼 문제는 동성 결혼과는 다릅니다. 교회는 항상 이혼법을 비난하지만, 이 경우에는 다른 인류학적 기록들이 남아 있습니다. 1980년대에는 죽을 때까지 결혼생활을 유지하는 것이 그리스도교에서 매우 중요한 가치였기 때문에 이혼과 관련해서는 훨씬 더 종교적인 토론이 이루어졌습니다. 그러나 오늘날 가톨릭 교리는 이혼했다가 재혼한 신도들에게 파문당하지 않는다는 것을 상기시키고 (결혼의 영원성과 신성한 맹세가 약속한 것과는 다른 삶을 살고 있는데도) 성체성사에 함께 할 수 있도록 하고 있습니다. 동방 정교회는 이혼에 대해 더 개방적입니다. 이혼과 관련된 논쟁에서 반대 의견도 있지만

미묘한 뉘앙스로 제시됩니다. 모두가 지지하는 것은 아닌 극단적인 입장들도 있습니다. 이혼에 반대하는 편이 더 낫다고 말하는 사람들도 있지만, 정치적 관점에서 대화에 개방적인 사람들 또한 존재합니다.

<u>스코르카</u>: 유대교에서는 이혼제도가 존재하고 할라하라는 랍비의 규범이 적용됩니다. 말할 것도 없이 이혼은 중대 사건입니다. 예수께서 이혼에 매우 강경한 태도를 보였다는 복음서의 입장을 취하는 그리스도교와 달리, 유대교에서 이혼은 신앙의 문제가 아니며 탈무드에서 증언하는 것처럼 샤마이(Shamai, 기원전 1세기의 유대의 랍비-옮긴이) 학파와 비슷한 입장입니다. 유대교에서는 결혼생활이 원활하지 않을 경우, 부부가 서로간의 차이를 조절하려는 진지한 노력을 기울인 뒤에야 이혼 행위를 정식화하는 절차를 밟습니다. 제가 이 문제를 이야기하면서 위와 같은 용어들을 사용하는 것은 유대교에는 랍비들도, 랍비 재판관들도 양측의 새로운 상태를 '선고'하거나 '판결을 내리지' 않기 때문입니다. 이들은 규칙에 따라 이루어지도록 결혼의 해지 과정을 감독할 뿐입니다. 결혼할 때와 마찬가지로 당사자인 남성과 여성이 자신들의 새로운 신분을 선고합니다. 이혼은 규칙에 따라 이루어지도록 법 지식이 있는 누군가의 도움을 받아 두 사람이 행하는 사적인 행동입

니다. 앞서 말한 논의에서 심한 충돌이 일어나지 않는 것은 이 때문입니다.

 인공수정과 관련된 논의에서도 비슷한 상황이 벌어집니다. 유대교는 인공수정에 찬성하는 입장입니다. 신을 도와 여성이 어머니가 될 수 있게 하고, 그 사람의 고통을 덜어주는 방법이기 때문입니다. 그리스도교보다 유연한 입장입니다. 그리스도교는 이런 주제들에 대해 더 강경하고 제한적이지요. 그러나 민주적 사회 한복판에 이 문제들이 놓였다면 합의에 도달하기 위해 노력해야 합니다. 생명은 신성하다는 생각이 제1원칙이 되어야 합니다. 세포를 찰흙이라도 되는 것처럼 가지고 놀 수는 없습니다. 이는 유대교뿐 아니라 그리스도교에서도 가르치는 것입니다. 유대교와 그리스도교, 그리고 좀 더 관대한 입장의 사람들이 서로 합의에 도달해야만 하는데, 그러자면 각 당사자들은 무언가를 양보해야겠지요. 하지만 생명은 신성하다는 원칙을 지키는 선까지만 물러날 수 있습니다. 각자 이 원칙의 의미를 나름대로 해석하겠지만, 생명이야말로 가장 존중받을 가치가 있다는 점에서는 뜻이 맞아야 합니다. 여기에 동의하지 않는다면 논의를 진전시킬 수 없습니다.

16
동성 결혼에 대하여

스코르카: 저는 과거에 동성 결혼 문제를 다룬 방식에서 분석의 깊이가 부족했다고 생각합니다. 오늘날에는 이미 많은 동성 커플이 함께 살고 있기 때문에 연금수당이나 상속과 같은 법적인 문제를 해결해주어야 합니다. 나아가 이들에게 새로운 법적 지위를 부여해준다면 이보다 더 좋은 일은 없을 것입니다. 그러나 동성애 커플을 이성애 커플과 똑같이 보는 것은 완전히 다른 문제입니다. 이는 다만 신념의 문제에 그치지 않고, 우리 사회의 토대를 형성하는 벽돌 하나를 이야기하는 양심의 문제이기도 합니다. 동성 결혼에 대한 인류학적 연구나 분석은 여전히 부족합니다. 다양한 종교들이 정보를 주고

받을 공간을 더 만들어야 합니다. 종교는 우리의 문화를 형성하고 전달하는 역할도 하기 때문입니다. 각각의 신앙을 중심으로 체계적인 논의의 장을 마련해 다양한 종파들의 의견을 수렴해야만 종합적인 견해를 얻어낼 수 있습니다.

프란치스코: 종교는 사람들을 섬기는 한, 의견을 제시할 권리가 있습니다. 누군가 조언을 구한다면 제게도 그에게 의견을 제시할 권리가 있습니다. 성직자는 때로 개인적 삶이나 공적인 삶의 몇몇 문제들에 관심을 갖곤 합니다. 성직자는 교구민의 인도자니까요. 하지만 누군가의 삶에 어떤 것도 강요할 권리는 없습니다. 하느님께서 창조하실 때 위험을 감수하고 인간에게 자유를 주셨는데 도대체 어떻게 간섭을 할 수 있겠습니까? 우리는 다른 사람의 자유를 빼앗는 방식으로 강요하고 요구하고 명령하는 성직자의 영적인 폭력을 비난합니다. 하느님께서는 죄를 범할 자유까지 우리 손에 맡기셨습니다. 가치와 한계, 계율에 대해서 분명하게 이야기하는 것은 좋지만, 성직자의 영적인 폭력은 허용하지 말아야 합니다.

스코르카: 유대교에는 여러 가지 다양한 분파들이 있습니다. 그런데 극단적인 정통파 유대교에는 율법들이 지나치게 많습니다. 이들은 신도들에게 특정한 길을 따르라고 요구합니다. 이 공동체의 지도자는 "이것만이 길이다"라고 못 박고 논의의

여지를 주지 않습니다. 그리고 결국 사람들의 삶에 관여하죠. 또 다른 분파의 랍비들은 스승의 역할만 충실히 이행하고 사람들 삶에는 결코 간섭하지 않습니다. 제 경우, "율법에는 이렇게 나와 있으니 전통에 따라 옳은 일을 하세요"라고는 말하지만 그 이상은 개입하지 않습니다.

탈무드를 보면 사람들에게 정확한 기준을 강요해야 할지 아니면 따르도록 유도하기만 해야 할지를 두고 논쟁을 벌이는 장면이 나옵니다(샤바트 88,a). 저는 무조건 강요할 게 아니라 유도하는 것이 옳다고 생각합니다. 올바른 행동으로 자녀에게 모범을 보이는 부모처럼 말입니다. 물론 역설적으로 이것도 신념을 믿게 만드는 방법의 하나일 수 있습니다. 하지만 가르침을 통한 것이지 강요와 억압을 통한 것은 아니죠.

다시 본래의 주제로 돌아와서, 유대교 율법은 남성 간의 성적인 관계를 금지하고 있습니다. 성경에도 똑같은 말이 있습니다. 남자는 여자와 관계를 맺는 방식으로 남자와 관계를 맺어서는 안 된다고 쓰여 있습니다. 이것이 어디서나 받아들여지는 기본적인 입장일 것입니다. 창세기에 나와 있는 것처럼 인간의 이상은 남자와 여자가 하나 되는 것입니다. 유대교 율법도 분명히 동성애를 허용하지 않습니다. 그렇지만 저는 사생활을 지키고 예의에 어긋나지 않는 한 모든 이를 존중하는 입장입니다.

새 법에 관해 말하자면, 저는 인류학적인 관점에서 새 법을 이해할 수 없습니다. 프로이트와 레비스트로스(Levi-Strauss)를 보면, 이들은 문화의 기본 요소를 언급하면서 문명화 과정의 일부로서 근친상간 금지와 성 윤리가 가장 중요하다고 했습니다. 하물며 새 법이 우리 사회의 핵심 가치에 어떤 변화를 가져올지 심히 걱정스럽습니다.

프란치스코: 제 의견도 교수님과 똑같습니다. 동성애를 정의하기 위해서 '인류학적 퇴보'라는 표현을 빌리겠습니다. 동성애는 자연과 인류학에 따라 형성되고 수천 년 동안 지속되어 온 제도를 흔들어놓을 수도 있습니다. 50년 전만 해도 동거가 지금처럼 흔하지 않았습니다. 동거는 당시만 해도 경멸의 대상이었죠. 하지만 시간이 지나면서 모든 것이 바뀌었습니다. 종교적인 관점에서 혼전 동거는 물론 올바른 일은 아니지만, 50년 전처럼 사회적인 경멸을 받을 정도는 아닙니다. 사회적 관점에서 보면 동거에는 확실히 결혼과 같은 완전함이라든가 위대함은 없습니다. 반면에 결혼에는 마땅히 수호해야 할 수천 년의 가치가 있죠. 그래서 결혼의 가치 상실에 대해 경고하는 것입니다. 법을 수정하기 전에 모든 가능한 결과를 반추해 보아야 합니다.

교수께서 방금 말씀하신 것 역시 매우 중요합니다. 성경에 나와 있는 자연법칙을 기본으로 남자와 여자가 하나가 되어야 한다는 말씀 말입니다. 우리의 긴 역사를 돌이켜보면, 동성애는 항상 있었습니다. 레스보스(Lesbos) 섬에 여성 동성애자들이 살았다고 알려져 있지만, 이들에게 결혼과 똑같은 지위를 주었다는 기록은 어디에도 없습니다. 관용이 있었든 없었든, 존중을 받았든 아니든, 결국 동등한 지위를 부여받지는 못했습니다. 동성애 현상에 대해 급격한 변화를 보였던 시기는 있었습니다. 이 시기에 동성애를 결혼과 동등하게 봐야 할지 아닐지에 대한 법적인 문제가 처음으로 제기되었습니다.

저는 이 문제를 반가치적인 인류학적 퇴보로 생각합니다. 이렇게 말하는 이유는 이것이 종교를 뛰어넘는 인류학적인 문제이기 때문입니다. 개인의 본성에 따른 결합이 제삼자나 사회에 영향을 미쳐서는 안 됩니다. 이런 결합을 결혼의 범주에 포함시키고 동성 부부에게 자식을 입양할 권리까지 준다면, 아이들이 영향을 받을 수 있습니다. 모든 사람에게는 정체성 형성에 도움이 되는 남성 아빠와 여성 어머니가 필요합니다.

스코르카: 라울 알폰신 대통령 재임 중 종교적 결혼과 민간 결혼을 분리하는 것으로 법을 개정했죠. 저는 그것이 옳다고 생각했습니다. 전에는 두 사람이 결혼하려면 민간 결혼 증명

서를 제시해야 했습니다. 저는 이것이 이해가 가지 않았어요. 민주주의 사회에서 민간 결혼과 종교 결혼을 연계해야 한다니 말입니다. 두 세계가 혼합되는 것을 저는 바라지 않습니다. 그렇지만 인간의 삶에 이처럼 민감한 문제를 다루는 법률을 언급할 때는, 다른 종교 간에도 심도 있는 논의를 해야 하며 과거보다 더욱 깊이 있게 파고들어야 합니다.

프란치스코: 동성 결혼에 대한 우리의 견해는 종교보다 인류학에 기반을 두고 있다고 생각합니다. 마우리시오 마크리(Mauricio Macri) 부에노스아이레스 시장이 동성 결혼을 인정하는 판사의 판결에 즉시 항소하지 않는 것을 보고, 저는 말해야 할 것, 알려야 할 것이 있음을 느꼈습니다. 제 의견을 분명하게 표명할 의무가 있다고 생각한 거죠.

18년간의 주교 생활 동안, 정부 관료를 비난하기는 그때가 처음이었습니다. 제가 작성한 두 편의 선언문을 보면 아시겠지만, 저는 한순간도 동성애에 대한 의견을 입에 담은 적이 없고, 그들에게 어떠한 경멸적인 언어도 사용하지 않았습니다. 저는 첫 번째 선언문에서, 판사의 판결문이 법에 대한 무관심을 드러내므로 우려스럽다고 말했습니다. 판사는 애초에 민법을 수정할 수 없는데도 법을 수정하고 있었으니까요. 동시에 저는 법을 지켜야 하는 정부 지도자가 이 판결에 대한 항소를 금지하고 있다는 사실을 사람들에게 알렸습니다. 마크리 시장은 제게 나름대로 확신이 있다고 말했습니다. 저는 그분의 말을 존중합니다만, 정부 지도자는 자신의 개인적 신념을 법에 전가해서는 안 됩니다. 저는 동성애를 경멸하는 발언을 한 적이 전혀 없지만 그렇습니다, 개입을 했고, 법적인 문제를 지적했습니다.

스코르카: 민주주의에서는 서로를 존중하면서 진지하고 심도 깊은 토론을 통해 모든 것을 합법적으로 해결해야 합니다. 상호 합의에 기초한 성공적인 판단을 내리려면, 양측은 공통점을 찾는 방식으로 상대방과 논의해야 합니다. 이 법이 통과되기 전 토론에 참여했던 사람들 중에는, 자연은 그 자체가 인간의 행동을 규정하는 법칙을 갖고 있다는 '자연법칙'을 내세운 이들이 있었습니다. 이러한 믿음의 저변에는 자연법칙이란 하느님께서 당신의 창조 과정에 이러한 법칙을 결합한 것이라는 생각이 들어 있습니다. 그러나 동성애자로서도 자신을 이런 식으로 창조한 것이 하느님 또는 자연이 아니겠느냐고 항변할 권리가 충분합니다. 게다가 남성의 사랑과 여성의 사랑을 모두 알기 때문에 동성애자들의 사랑이 더 깊다고 말하는 사람들도 있습니다. 동성애가 가족을 형성하는 방식은 아니라 해도 말이지요. 아이를 기르는 데 있어서 남성과 여성의 역할

이 있다는 것, 이러한 남녀의 상이 뒤섞일 때 문제가 발생할 수 있다는 것은 누구나 알고 있습니다.

프란치스코: 흔히들, 고아원이나 보호시설보다 동성 부모 밑에서 자라는 아이들이 더 보살핌을 받을 것이라고 말합니다. 확실히 고아원이나 보호시설은 최적의 기관이 아닙니다. 국가가 할 일을 제대로 안 한다는 것 또한 문제지요. 좀처럼 개선되지 않는 보호시설에 있는 아이들의 경우를 살펴야 합니다. 아이들을 돌볼 수 있는 비정부기구나 교회, 아니면 다른 종류의 기관들이 있어야 합니다. 또 한없이 복잡한 입양 과정을 간소화해서 아이들에게 가정을 찾아주어야 합니다. 국가의 한 가지 실패가 또 다른 실패의 구실이 되어서는 안 됩니다. 근원적인 문제부터 다루어야 하는 것이지요. 동성애자 부부도 입양할 수 있도록 하는 결혼법이 문제가 아니라 입양법부터 개선해야 합니다. 현재의 입양법은 관료적인 절차가 너무 복잡하고 위법행위를 조장하는 구조로 되어 있어요.

스코르카: 사실 입양법은 수정할 필요가 있습니다. 탈무드는 아이를 입양하는 것이 가장 중요한 행위라고 말하고 있습니다. 입법부는 입양 과정의 여러 단계들을 분석한 뒤 속도와 효율성을 고려해야 합니다.

다시 결혼 얘기로 돌아가서, 우리가 빠뜨려서는 안 되는 중요한 요소가 있습니다. 바로 사랑입니다. 성경에서는 하느님을 찾는 마지막 단계를 나타낼 때 사랑하는 두 사람의 이미지를 사용하는데, 그러는 데에는 다 이유가 있습니다. 12세기 아리스토텔레스학파의 철학자인 마이모니데스와 같은 합리주의자들은 하느님과 인간의 사랑을 남자와 여자의 결합을 묘사할 때와 똑같은 언어로 설명했습니다. 동성애자들은 자신이 잘 아는 사람, 자신과 비슷한 사람을 사랑합니다. 남자를 알고, 남자가 되는 것은 쉽습니다. 남자들에게는 여성을 아는 것이 훨씬 더 어렵습니다. 여자의 심리는 판독이라도 해야 합니다. 그러나 남자는 다른 남자의 기분을 완전히 이해합니다. 여자가 다른 여자의 기분과 느낌을 잘 이해하는 것처럼요. 반대로, '다른 성'을 이해하는 것은 큰 도전입니다.

프란치스코: 교수께서 말씀하신 것처럼 거대한 모험의 과정에는 서로를 잘 판독하는 것이 필요합니다. 어떤 사제가 이런 말을 했지요. "하느님께서는 서로 사랑하고 서로에게 필요한 사람이 되라고 남자와 여자를 만들었다"라고 말입니다. 저는 결혼 주례사에서 신랑에게는 신부를 더 여자답게 만들고, 신부에게는 신랑을 더 남자답게 만들라고 이야기합니다.

17
과학에 대하여

스코르카: 종교는 계몽주의가 도래할 때까지 넓은 의미에서 문화를 퍼뜨리는 역할을 했습니다. 어떤 과학 영역의 지식이든 종교와 결합되었죠. 그러다 보니 많은 랍비들과 가톨릭 수도사들이 다양한 과학 분야에 헌신하기도 했습니다. 이러한 오래된 전통에서 예를 들자면 마이모니데스와 코페르니쿠스, 멘델이 그러합니다. 필경사들도 모두 성직자였습니다. 탈무드는 사회학과 인류학, 의학 등과 관련된 개념들로 가득합니다. 종교는 언어를 명확히 하고 문화를 전파하는 수로와 같은 역할을 했습니다. 또 삶의 근본적인 문제들에 답을 제시해주기도 했죠. '인간이란 무엇인가?', '자연이란 무엇인가?', '하느

님은 어떤 분인가?'와 같은 의문에 답을 주었습니다. 오늘날에도 중요한 문제가 부상할 때마다 우리는 여전히 종교에 의지하곤 하는데, 그럴 때 이러한 의문들은 매우 중요해집니다. 한 예로, 장기이식을 하려면 죽음이 무엇인지를 다시 정의해야 하는 것처럼 말입니다. 몇 세기 동안, 우리는 심장 활동이 멈추는 것을 죽음으로 정의했습니다. 랍비들에게 생명을 살리기 위해서 아직 뛰고 있는 심장을 제거하고 다른 심장을 이식해도 되냐고 묻는다면, 그들은 아마 탈무드에 뇌사 개념이 이미 존재한다고 말할 겁니다. 누군가는 "얼마나 대단한 선지자들입니까!" 이렇게 감탄하겠지요.

요즘에도 우리는 어느 시점부터 인간으로 간주할 것인지를 두고 논쟁을 벌입니다. 초기 단계의 수정란을 인간으로 여겨야 할까요? 탈무드에 박식한 학자 중 한 분이 정한 기준에 따르면, 수정란도 이미 영혼을, 즉 신의 숨결을 받았습니다. 과학 또한 수정란은 이미 인간으로 발전하는 데 필요한 유전자 정보를 모두 갖추고 있다고 분명히 이야기했습니다. 그런데 이것으로 논쟁에 종지부를 찍을 수 있을까요? 수정란을 인간으로 볼 수 있을까요?

과학이 한계에 다다르면, 인간은 지난 수세기 동안의 실존적인 경험들과 영적인 것에 의지합니다. 과학과 종교는 평행

선을 달리기 때문에 서로 대화하기가 쉽지 않습니다. 과학자들은 지식을 토대로 종교 현상을 논박하려 하고, 종교인들은 믿음을 바탕으로 과학에 반박하려 들죠. 어리석기는 둘 다 마찬가지입니다. 각자가 자신의 한계를 인정하고 대화를 시작해야만 둘 사이의 논쟁도 발전적으로 진행됩니다. 인류가 윤리적 행위 기준을 찾아나가는 과정에서 이런 발전적인 논쟁은 절대적으로 중요합니다.

프란치스코: 맞습니다. 한편으로는 교수께서 교육에 대해 말씀하신 모든 것이 존재합니다. 묵상을 통해, 그리고 토라와 복음서에 의해 수세기 동안 축적되어 온 온갖 지혜들 말입니다. 인류 모두가 이 지혜의 수혜자입니다. 또 하나 흥미로운 점은 종교적인 진실은 변하지 않으며 다만 발전하고 성장한다는 것입니다. 그러하기에 앞에서 설명한 것처럼, 전에는 자연스러워 보였던 것이 지금은 그렇지 않을 수도 있어요. 사형이 그 예입니다. 그리스도교에서는 형벌의 하나로 사형을 인정했지만 오늘날은 도덕적 양심을 훨씬 더 엄밀하게 적용하게 되었고, 교리문답서도 사형은 시행하지 않는 편이 좋다고 말하고 있습니다.

이처럼 도덕적 명령과 관련해 사람들의 양심은 제련되었고, 더불어 믿음에 대한 이해도 성숙해졌습니다. 노예문제에 대한 태도도 마찬가지입니다. 지금은 수많은 사람들을 한 배에 태워 태평양 반대편에 데려다놓는 일이 일어나지 않지요. 하지만 요즘엔 다른 유형의 노예가 등장했습니다. 도미니카 여자들을 끌어다 사창가에 팔아넘기거나, 볼리비아인 불법 체류자들을 비인간적인 환경에서 착취하는 것 등이 그 예입니다.

스코르카: 가끔씩 종교 단체들이 실수를 저지를 때면 곧 그것을 자백합니다만, 때로는 그냥 침묵하거나 마지못해 시인할 때도 있습니다. 교회는 갈릴레오에게 내린 판결을 오늘날까지도 두고두고 후회하고 있습니다. 성경에 대한 자신의 해석을 완전한 과학적 진실인양 주장하는 종교인들은 어리석음이라는 죄를 범하고 있는 것입니다. 마찬가지로 자신의 과학적 지식을 절대적이고 신성하다고 믿는 과학자들 역시 지적인 맹목성이라는 죄를 범하고 있죠. 과학은 끊임없이 새로워져야 합니다. 끊임없는 도전을 통해 전보다 더욱 포괄적이고 타당한 이론을 발견해내야 합니다.

추기경께서 말씀하신 것처럼, 영적인 부분의 발전도 이루어지고 있습니다. 그 본질은 절대 변하지 않는 것이겠지만요. 그리고 이런 발전 과정에는 과학과 종교 간의 대화도 포함되어야 합니다. 이것은 누구는 지고, 누구는 이기는 그런 문제가 아닙니다. 그렇지만 과학이 답을 내놓지 못할 때는 직관적으로 그 답이 떠오르기도 하는데, 제 경우엔 그것이 영적인 과정을 통해 나온 그대로 영적인 답으로 변형됩니다. 그것은 귀납적이거나 연역적인 추리와는 다릅니다. 강조해야 할 것이 또 있습니다. 바로 과학에도 한계가 있다는 것을 잊어서는 안 된다는 것입니다. 과학은 모든 것의 존재 방식에만 관심을 기울이지, 그 이유는 찾지 않습니다. 모든 것의 궁극적인 의미를 우리는 모릅니다. 그래서 그 해답을 얻기 위해 영적인 직관을 사용합니다. 종교에 비해 과학이 가진 장점이라면 실험실에 가서 가설의 정확도를 증명할 수 있다는 것입니다. 물론 과학 중에는 이런 직접적인 확인방법을 쓸 수 없는 심리학 같은 분야도 있지만 말입니다.

프란치스코: 과학에는 자율성이 있습니다. 이런 자율성은 존중하고 장려해야죠. 자기 분야를 넘어 월권을 하지만 않는다면 과학자들의 자율성을 침해할 이유는 없습니다. 그러나 과학도 본질적으로는 하느님의 지배 아래 있는 도구입니다. 하느님은 "생육하고 번성하여 땅에 충만하라. 땅을 정복하라"(창세기 1:28)라고 말씀하셨습니다. 자율성 아래 과학은 야만을 문화로 변환시킵니다. 다만 자율성을 요령껏 제한하지 못해서 계속 앞으로만 나가지 않도록 조심해야 합니다. 스스로 제한하지 않으면, 프랑켄슈타인 이야기처럼 결국 자신의 피조

물도 통제하지 못하게 됩니다. 어린 시절 읽었던 만화《토니》 속에 등장했던 '돌연변이' 아이가 생각나는군요.

지나치게 열정적인 과학으로 인해 인간은 스스로를 물신화하기 시작했습니다. 인류를 파멸시킬 수도 있는 원자력을 소유하게 된 것은 이러한 남용을 보여주는 분명한 예라 하겠습니다. 인간은 교만해지면 통제할 수 없는 괴물을 만들어냅니다. 그러므로 과학은 스스로 한계선을 정하고 이렇게 다짐하는 것이 중요합니다. '이 선을 넘어서면 과학은 문화가 아니라 파괴적인 야만을 만들어낸다'라고 말이죠.

스코르카: 골렘(Golem)의 이야기에 담긴 메시지도 바로 그것입니다. 프라하에서 랍비는 반유대주의 공격으로부터 유대인을 방어하는 자동인형 골렘을 만들었습니다. 이마에 히브리어로 진리라는 뜻의 '에멧(emet)'이라는 단어를 적어 넣고 입에는 히브리어로 '하느님'을 쓴 종이를 넣은 뒤 명령을 내리면 골렘은 주인을 위해 움직였습니다. 그런데 이 전설의 어느 판본에 따르면, 안식일* 전날인 금요일에 인형 스스로 봉인이 해제돼 모든 것을 파괴하기 시작했다고 합니다. 그래서 랍비는

---

* 토요일. 유대교에서는 성스러운 휴식의 날로 여긴다.

인형 이마에 써놓은 단어의 첫 글자를 지웠습니다. 이제 '멧(met)'이라는 글자만 남았지요. 멧은 죽음을 뜻하는 글자입니다. 랍비는 인형의 입에서 종이도 빼버렸습니다. 그 순간 인형은 랍비가 인형을 만드는 데 사용한 흙으로 변했습니다.

이 이야기는 인간이 자신의 창조물을 지성으로 통제할 수 없을 때, 다시 말해 인간의 창조물이 통제 범위를 벗어날 때 어떤 일이 일어나는지를 보여주는 하나의 전형입니다.

18
교육에 대하여

스코르카: 종교는 우리의 세계관을 분명하게 만들어주고, 교육은 이 세계관을 전해줍니다. 따라서 둘은 아주 긴밀하게 연결되어 있죠. 서로 다른 문화들이 형성되는 방식을 연구할 때는 두 가지 요소를 살펴야 합니다. 하나는 사회의 기술적 발전이고, 다른 하나는 문화의 발전입니다. 삶의 방식에 영향을 주는 가치들로 입증되는 문화 말이지요. 문화는 본질적으로 세 가지 의문에 대한 답변입니다. "인간이란 무엇인가?", "자연이란 무엇인가?", "하느님이란 무엇인가?". 학생들이 이런 의문과 더불어 종교가 주는 답변을 공부하는 것은 교육 과정에서 중요합니다. 하지만 민주주의 사회에서는 어느 한 가지 시

각이 아니라 모든 종류의 사상과 접할 수 있어야 한다는 이들이 있습니다. 저는 물론 이런 생각에 동의합니다. 그래서 과거의 수업 진행 방식을 고수하는 공립학교가 종교 수업을 하는 것에 반대합니다.

프란치스코: 저 역시 가톨릭을 믿지 않는 학생들을 차별하는 종교 교육에 동의하지 않습니다. 하지만 교실에서 접할 수 있는 다양한 영역의 학문들처럼, 종교도 학교 교육의 한 부분이 될 수 있다고 봅니다. 종교에 대해 언급하지 않고, 삶을 바라보는 종교적인 시각도 가르치지 않고, 다른 학문을 가르칠 때와는 달리 역사적 사건들의 의미도 알려주지 않는 교육 역시 차별이기는 마찬가지라고 생각합니다.

스코르카: 추기경님 말씀에 동의합니다. 아이들에게서 종교에 대해 배울 기회를 박탈하는 것은 많은 것들을 빼앗는 짓이죠. 이왕에 말을 꺼냈으니 말이지만, 각 교구나 지역에서 종교를 더욱 상세하게 가르칠 필요가 있습니다. 나중에 기독교와 이슬람교의 한 부분이 된 유대교의 기본은, 타고난 본능을 극복해서 더욱 훌륭하게 행동할 수 있는 존재로 인간을 교육시키는 것입니다. 교육에서 종교가 중요한 이유는 인간의 뛰어난 조건과 그 조건을 다루는 방법을 재확인시켜주기 때문입니다. 국가가 운영하는 공립학교는 어느 식으로든 종교 교육을

실시해야 합니다. 가치를 전달해주는 것이 교육의 기본 역할이기 때문이지요.

하느님의 개념을 가르치는 순간 인간중심적인 사고는 살짝 옆으로 비껴납니다. 그러나 하느님에 대해 가르치지 않으면, 아이들은 사람들과 그들 자신이 세상의 중심이라고 생각하게 되죠. 일단 종교적 변수를 가르치면, 다른 주제들에 대해서도 다른 시각으로 접근하게 됩니다. 예를 들어보겠습니다. 성교육이 뭘까요? 해부학이나 생리학과 관련된 의문들에 답해주는 것이 성교육일까요? 아니면 기본 가치를 가르치는 것이 성교육일까요? 물론 아이들에게 일어나는 변화는 해부학과 생리학적인 시각에서 가르쳐야 합니다. 하지만 이와 함께 특정한 가치 또한 가르쳐서 자신의 성性과 관련된 문제들을 더욱 잘 이해하도록 하는 것이 중요합니다. 성은 사랑의 강렬한 감정들을 표현하는 행위입니다. 학교에서 성교육을 하게 될 경우, 저는 이런 식으로 가르쳤으면 좋겠습니다. 먼저 유대교의 시각을 알려주고, 기독교나 이슬람교의 세계관도 가르쳐주고 나서 둘 사이의 공통점을 강조하는 것입니다.

교육에 대한 책임을 방기하면 우리의 목적을 잃어버리게 됩니다. 지금 여기의, 현재의 삶의 방식에만 초점을 맞추게 되지요. 그러나 종교에서 초월의 개념은 기본적인 것입니다. 지금의 행위는 그 자체로 끝나는 것이 아니라 미래에도 영향을 미친다는 것을 가르쳐줍니다. 지금 같은 물질주의적인 세계에서는 이런 개념을 가르치는 것이 중요합니다.

프란치스코: 성경에서 하느님께서는 당신을 교육자로서 보여주십니다. "너에게 이 신을 신기고, 걷는 방법을 가르쳐주었다." 신도들의 의무는 젊은이들을 기르는 것입니다. 남자나 여자 모두 각자의 종교적 가치로써 자녀들을 교육할 권리가 있습니다. 이런 권리를 박탈하는 국가에서는 나치즘과 같은 것이 생겨날 수 있습니다. 그리고 이런 상황에 놓인 아이들은 부모의 가치가 아닌 다른 가치에 세뇌 당합니다.

스코르카: 우리는 언제나 말 또는 행동, 아니면 반대로 침묵하거나 행동하지 않는 것 등을 통해서 아이들에게 모종의 메시지를 전달합니다. 언제나 메시지가 있습니다. 그런데 왜 우리는 이 일을 다른 누군가에게 떠넘기는 것일까요. 종교는 삶의 의미를 찾는 인간에게 가르침을 줍니다. 종교는 다른 사람들과 공유하고 싶은 진리를 이미 알고 있는 철학자와 같습니다. 그는 타인들과 진리를 공유해야 합니다. 물론 진리를 듣고 싶은 사람은 들을 것이고, 그렇지 않은 사람은 귀 기울이지 않을 겁니다. 그래도 누구나 이 진리에 다가갈 수 있도록 만들어주어야 합니다. 이것은 모든 종교에 필수적인 태도예요. 이런

태도가 없으면 어떤 종교 단체도 존재할 수 없습니다.

분명히 설명하자면 유대교의 경우(그리스도교도 마찬가지라고 믿습니다만), 종교는 단지 예배당에서 신을 숭배하거나 기도를 드리는 것이 아닙니다. 하느님께 다가가려면 이웃을 통해 가야 합니다. 종교인은 초월적인 삶에 대한 믿음을 반영하는 핵심가치들에 헌신하는 것으로 자신의 감정을 표현해야 합니다. 자신을 형성하는 데 중요한 요소가 될 수 있도록, 학생들에게 이러한 점을 가르쳐야 합니다. 유대인 율법에서 부모님을 공경하는 방식에 대한 법은 스승을 공경하는 법 바로 옆에 나옵니다. 둘은 서로에게 필수적인 것이죠. 본질적으로 유대교는 교육에 해당합니다. 유대교는 항상 무언가를 가르칩니다. 랍비가 마에스트로(Maestro, 스승)라는 뜻임을 잊지 말아야 합니다.

프란치스코: 학교는 종교 기관처럼 초월적인 것을 향하도록 교육시킵니다. 학교가 종교적인 세계관의 문을 열어주지 않으면 아이들의 조화로운 발전에 장애가 생깁니다. 교육은 아이의 정체성 형성이라든가 부모님과 똑같은 가치를 자녀에게 전수하는 것과 관련되어 있기 때문입니다. 그러므로 이런 교육이 없으면, 아이는 결국 종교와 문화적 유산을 박탈 당합니다. 교육에서 부모의 전통이 빠지면 이데올로기만 남을 것입니다.

삶은 삐딱한 시선으로 보이고, 공평한 해석은 교육에서조차 존재하지 못합니다. 말에는 역사와 삶의 경험이 가득 담겨 있습니다. 누군가 여지를 남겨두면, 가족의 전통과는 거리가 먼 다른 사상들이 이 자리를 채웁니다. 이데올로기는 이렇게 생겨납니다.

고등학교 때 만났던 사회주의자 선생님이 생각나는군요. 우리는 그 선생님과 아주 사이가 좋았습니다. 선생님은 우리에게 온갖 질문을 다 퍼부었는데, 그것이 우리에게 도움이 되었죠. 하지만 그분은 우리에게 결코 거짓말을 하지 않았습니다. 선생님은 언제나 자신이 어디에서 왔는지, 성서와 세계를 바라보는 시각은 어떠한지를 우리에게 말씀해주셨습니다.

스코르카: 우리들은 고등학교에서 많은 마에스트로와 교사들을 만납니다. 하지만 인생에 대해 이야기 나눌 기회는 아주 드물죠. 어떤 분들은 아예 이야기할 틈을 안 내주기도 합니다. 그러면 학생들은 생각합니다. '이 물리 선생님(혹은 화학 선생님)은 더 나은 삶을 만드는 길에 대해서 어떻게 생각할까?' 교육은 인간적인 것이어야 합니다. 교사는 학생들과 대화를 나누어야 해요. 그런데 수업이 기계적으로 변했습니다. 유클리드 기하학은 가르치지만, 이 세상의 다양한 관점들에 대해선 아무것도 가르쳐주지 않습니다. 인간적인 접촉도 전혀 없고,

수업은 메말랐고 메시지는 사라졌습니다. 다양한 시각들을 존중해야 한다는 것에 먼저 동의해야 합니다. 하지만 가장 폭넓은 의미에서 인간의 초월이라는 문제에 기반을 두어야 하죠. 그러나 교사들은 대개 책에서 벗어나지 않고, 마음도 열지 않습니다. 종교가 교육을 제약하는 것도 바람직하지 않지만, 그 반대의 경우 또한 바람직하지 않습니다.

프란치스코: 교사와 마에스트로 간에는 차이가 있습니다. 교사는 자신의 과목을 초연한 태도로 가르치지만, 마에스트로는 교류를 합니다. 이는 매우 상징적인 차이입니다. 마에스트로는 또한 삶과 행동에 일관성이 있습니다. 교사처럼 단순히 지식을 전해주지 않습니다. 남자든 여자든 마에스트로가 될 수 있도록, 그리하여 산 증인이 될 수 있도록 도와야 합니다. 이것이 교육의 진정한 핵심입니다.

19
정치와 권력에 대하여

프란치스코: 가톨릭교회는 1810년부터 1816년까지 진행되었던 아르헨티나의 독립 과정과 깊은 관련이 있습니다. 프리메라 군사정권, 투쿠만 의회, 13년의 총회(1812년 10월)에도 항상 성직자들이 있었습니다. 아르헨티나가 자리를 잡을 때, 가톨릭교회는 대부분의 가톨릭 신자와 전도사들과 더불어 그곳에 있었습니다. 아르헨티나가 다른 이민족들에게 나라를 개방하면서, 유대교나 이슬람교 같은 다른 종교가 들어오게 됩니다. 아르헨티나는 이러한 문화적, 종교적 혼합을 통해 더욱더 견고해졌습니다. 비록 폭탄을 던지는 사람들과 극단주의자들도 있지만, 여기에서 우리는 형제로서 살고 있습니다.

혼합의 수도인 오베라(Oberá) 시는 형제애를 상징하는 도시라고 할 수 있습니다. 오베라에는 70여 개의 종교 사원이 있는데, 그중 가톨릭 성당은 얼마 되지 않고 모두 복음주의, 정교회, 유대교에 속해 있는 사원입니다. 이들 모두가 아주 만족하면서, 아주 잘살고 있습니다. 또 다른 예로는 윌리엄 모리스(William Morris)를 들 수 있겠는데, 그는 복음주의 기독교인이지만 아르헨티나의 교육에 공헌한 사람입니다. 아르헨티나는 종교 밖에서 생겨난 국가가 아닙니다. 종교의 빛이 아르헨티나를 키웠던 것입니다.

스코르카: 의심의 여지없이 아르헨티나의 탄생에 종교가, 특히 가톨릭이 중요한 역할을 했습니다. 아르헨티나에서 찾을 수 있는 다양한 종교들 역시 국가의 문화 형성에 지대한 공헌을 했고요. 독립 당시의 심각한 논쟁에서는, 종교 지도자들이 계몽주의(프랑스 혁명에서 아이디어를 따온 또 다른 민족적 독립 운동)의 추종자들과 토론을 벌였습니다. 종교가 국정에서 어떤 역할을 수행해야 하는지에 관해서 말입니다. 지금 저는, 그 당시 교회를 향해 "아니오"라고 말했던 사람들은 종교인이 아니었다고 말하지 못하겠습니다. 종교를 주관하는 기관과 종교의 본질은 혼동하기 쉬우니까요.

자유, 평등, 형제애라는 계몽주의의 이상과 종교 사이의 긴장은 결국 양쪽이 서로의 입장을 분석하고 개선할 수 있도록 하는 좋은 결과를 가져왔습니다. 논쟁이 순수하게 이념적인 한, 결과는 긍정적입니다. 지금 아르헨티나의 상황을 보십시오. 심각한 위기가 발생했을 때 이 사회는 최후의 피난처로 종교에 의존했습니다. 2001년, 모든 것이 날아가버렸을 때 대화위원회가 구성되었습니다. 정치는 부패했고, 사람들은 어려운 상황을 벗어날 수 있는 방법을 찾게 해달라고 종교에 호소했습니다. 어원학적으로 말해, 교회(iglesia)는 그리스어로 '만남'을, 히브리어로는 '유대교 회당'을 의미하므로, 종합해보면 '만남의 집'으로 해석될 수 있습니다. 무슨 뜻인가 하면, 이곳은 단순히 사람들이 신을 찾으러 가는 장소가 아니라, 사람들의 삶에 영향을 미치는 모든 문제에 대해 논쟁을 벌이는 곳이라는 겁니다.

과거 예언자들의 시대와 마찬가지로, 모든 종교는 사회적 이슈에 대해서도 자기 입장을 명확하게 밝혀야 합니다. 그렇다고 해서 종교 지도자들이 정치적이 되어야 한다는 의미는 아닙니다. 추기경께서는 호아킨 피나(Joaquín Piña)* 주교의

* 호아킨 피나는 예수회 소속으로, 푸에르토 이과수(Puerto Iguazú)의 명예 주교였다. 2006년 그는 시민선거위원회를 이끌며 당시 미시오네스(Misiones) 주지사의 석연찮은 재선거 계획을 사전에 막았다.

상황에 대해서 어떻게 생각하시는지 모르겠습니다.

프란치스코: 피나 주교께서 설명하시기로는, 그것은 국민투표에 관한 정치적인 사건이 아니라 선출직에 관한 것이었다고 합니다. 피나 주교님은 헌법 개정에 찬성하는지 아닌지를 가늠해보기 위해 투표 과정을 체계화했습니다. 그리고 자신의 임무를 완수했다는 확신이 들자, 사임하고 떠나신 것입니다.

스코르카: 저는 정치에 관해서라면 종교는 관망하는 태도를 유지해야 한다고 생각합니다. 마셜 메이어가 아르헨티나에서 인권 보호에 관여했던 것과 같은 매우 특별한 상황을 제외하면 말입니다. 그는 항상 매우 명확하고 구체적인 목표를 갖고 있었고, 국회의원이 되겠다는 생각은 꿈에도 하지 않았습니다. 그는 라울 알폰신이나 다른 정치인들과 함께 민주주의를 개혁하는 데 앞장섰지만, 관직을 차지하는 것에는 관심조차 없었습니다. 우리가 극히 주의해야 할 것이 있는데, 바로 정치적인 목표로 나아가기 위해 종교계를 이용해서는 안 된다는 것입니다.

프란치스코: 우리는 모두 정치적 동물입니다. 우리는 모두 건설적인 정치 활동을 하도록 부름을 받았습니다. 인간적, 종교적 가치를 설파하다 보면 정치적 결과가 따릅니다. 좋든 싫든, 이것이 사실입니다. 저로서는 정당 정치라고 부르는 사소

한 것에 개입하지 않고, 이들 가치를 제안하는 것이 과제입니다. 저는 크로마뇬(Cromañón)* 추도식에서, 부에노스아이레스는 사치스럽고 허영에 찬 부패한 도시라고 말했습니다. 그러자 부패한 사람의 이름을 알려달라고 요구하는 분도 있었습니다만, 저는 도시 전체를 말한 것이었습니다. 우리에게는 모두 부패의 성향이 있습니다. 경찰이 속도위반으로 차를 세웠을 때 운전자가 처음 듣는 말은 "얼마에 해드릴까요?"라고 합니다. 우리 마음속에는 영향력을 행사하려 하고, 위기를 모면하려 하며, 자신을 제일 먼저 생각하려는 성향이 있지요. 그것에 대항해 싸워야 합니다. 우리는 뇌물에도 약합니다. 그 강론에서 저는 도시의 문제점을 말했던 것이지, 정당 정치에 관여한 것이 아니었어요. 사실 언론의 문제는 때때로 누군가의 말을 적당히 축소한다는 점입니다. 오늘날 언론은 두세 가지 사실에서 여러 다른 이야기를 만들어냅니다. 잘못된 정보를 주는 것입니다. 그날 제가 설교에서 말한 것은 정치와 정치적 가치들에 연관된 내용이었습니다. 하지만 언론은 종종 맥락을

---

* 크로마뇬은 부에노스아이레스에 있는 나이트클럽 이름이다. 2004년 12월 30일 카에헤로 밴드가 연주하는 동안 화재가 발생했고, 193명이 목숨을 잃었다. 그날 나이트클럽은 정원 초과 상태였고 비상 탈출구는 잠겨 있었다. 건물은 보험 약관을 준수하지 않았다.

무시하고, 정략적 이익을 위해 정치를 이용합니다.

감사 축일 미사 후에 교수께서 제게 "정말 용기 있으십니다!"라고 말씀하신 것을 기억합니다. 보통 저는 강론에서 그렇게 말합니다. 하지만 교수께서는 이미 제가 한 얘기를 언론이 어떤 식으로 바꿔 전달하는지 보셨겠지요. 다음날 일간지들은 제 말을 일부 정치인들에게 적대적인 것으로써 다양하게 해석했습니다. 제가 우리 지도자들에 대해 얘기할 때는 '우리'라는 단어를 감안해 넣어 사용했는데도 말입니다.

스코르카: 그 강론을 기억합니다. 5월 25일 혁명 기념일이었습니다. 그 강론 때문에 결국 메트로폴리탄 대성당에서의 감사 미사 금지령이 내려졌지요. 안타깝게도 언론은 종교 지도자가 한 말의 진짜 의미를 사람들에게 전달해주지 않습니다. 그것이야말로 사람들이 가치를 지켜 나가기 위해서는 꼭 필요한 것인데 말입니다. 종교 지도자는 단순히 우리에게 현재의 특정 사건을 어떻게 봐야 하는지를 말해주는 것이 아니라, 가치를 깊이 유지하면서 신의 초월성을 향해, 미래를 향해 나아갈 수 있도록 해줍니다.

매우 까다로운 예언자들의 관점에서 보면, 한 사람만 굶주리게 되더라도 상황은 제대로 흘러가지 않습니다. 이러한 틀에서 강론을 들을 때 우리가 할 일은, 확대경을 들이대고 말한마디 한마디를 주의 깊게 듣고, 예언자들의 관점에서 이를 연구하는 것입니다. 앞서 말했듯이, 아르헨티나에서 가톨릭교회의 중요성을 감안할 때 권력자들과의 대화를 피할 수는 없습니다. 권력자들이 교회의 발언을 정치적으로 해석하게 될 것이라는 사실 역시 무시할 수 없고요.

프란치스코: 우리가 반드시 피해야 할 위험은 사제나 주교가 종교의 왜곡이라고 할 수 있는 교권주의에 빠지는 것입니다. 가톨릭교회에서는 사제를 포함한 모두가 하느님의 백성입니다. 사제가 하느님의 말씀을 강론할 때, 예언과 권고와 교리문답이 이루어집니다. 그를 통해 우리는 하느님의 백성 중 하나임을 느끼게 되지요. 교구를 이끄는 사제는, 성숙한 결정을 내리고 그것에 부응해서 교구를 끌어가기 위해 지역사회에 귀를 기울여야 합니다. 그런데 반대로, 사제가 '내가 이곳의 보스다'라는 생각으로 자신을 내세운다면, 그는 교권주의에 빠지고 만 것입니다. 안타깝게도 하느님의 이름으로 조화를 찾으라는 원칙을 따르지 않는 사제들이 있습니다. 공식적인 말로 교권주의를 확장하려는 경향을 보이는 사제들도 있습니다. 가톨릭교회는 세상에서 벌어지는 사건들의 자율성을 옹호합니다. 건강한 자율성은 건강한 신도들을 낳고, 그 안에서 여러 능력이 존중을 받습니다. 가톨릭교회는 의사에게 수술하는 방

법을 알려주지 않습니다. 문제는 호전적인 세속주의인데, 그들은 초월주의에 반대하는 입장을 취하며 종교는 성구 보관실을 떠나지 말아야 한다고 주장합니다. 교회는 가치를 부여하고, 사람들은 그 나머지 일을 합니다.

스코르카: 저의 경우에는, 아르헨티나의 여러 정당을 매우 비판적이고 회의적으로 보고 있습니다. 안타깝게도 제가 기억하는 가장 최근의 역사 역시 그런 생각을 정당화해주고 있습니다. 딱히 어떤 한 정당을 지지하는 게 아닙니다. 그러나 언제나 최고의 사회제도는 민주주의라고 믿어왔고, 지금도 그렇게 믿고 있습니다. 아르헨티나에 대해 설교할 때, 저는 일반적으로 지금 벌어지고 있는 일들에는 우리 모두의 책임이 있다고 말합니다. 3억 명이 먹을 수 있는 식량을 생산할 수 있는 나라(아르헨티나는 1800년 말에서 1930년대까지 세계의 곡창으로 불리며 연간 3억의 인구를 먹일 만큼의 식량을 생산했다-옮긴이)가 3천 8백만 거주자를 먹일 능력이 없다는 것은 있을 수 없는 일입니다. 이 일은 우리가 얼마나 가치에서 멀어져 있는지를 반증해줍니다.

사람들은 이웃의 복지를 위해 싸우는 대신 특정 이익단체를 위해 끊임없이 싸웁니다. 또한 현재 상황을 변화시키겠다는 신념을 가진 정치 기관도 찾아볼 수가 없습니다. 저는 사람들에게 경고합니다. 정치가들은 오로지 권력을 얻기 위해서 싸우며, 이 권력을 이용하여 다른 사람보다 자신들의 이익을 우선시한다고 말입니다. 아주 적은 돈으로도 빈민가를 근절시킬 수 있습니다. 거리의 걸인들을 볼 때마다 가슴이 찢어집니다. 최근에는 부랑자들이 엄청나게 증가했습니다. 지금 우리에게 남은 것은 병든 아르헨티나입니다. 이 사실이 저의 영혼을 아프게 합니다. 이러한 상황은 완전히 바뀌어야 합니다. 언젠가는 이런 현실을 극복할 수 있는 능력을 지닌 지도자가 나타날 것이라고 확신합니다. 저는 어떤 정당도 지지하지 않는 입장에서 이 말씀을 드립니다.

프란치스코: 몇 년 전에 프랑스 주교단이 '정치 재실현'이라는 제목으로 교서를 발표했습니다. 당시 신뢰를 잃었던 프랑스 정치를 회복시켜야 한다고 생각했던 것입니다. 우리도 마찬가지라고 봅니다. 정치에 대한 불신이 높아서 다시 재건할 필요가 있습니다. 정치는 사회에 자선을 베풀어야 하기 때문입니다. 공동의 이익을 위해 정치가 해야 할 일이 사회적인 사랑입니다.

저는 1936년에 태어났습니다. 제가 열 살 되던 해에 페론(Perón)이 집권했습니다. 저의 외가 쪽은 급진 정당에 뿌리를 두고 있었습니다. 외할아버지는 목수였는데, 일주일에 한 번

씩 턱수염이 있는 남자가 방문해 할아버지에게 아닐린 염료를 팔았습니다. 두 분은 잠시 동안 테라스에서 담소를 나눴고, 할머니는 그에게 와인을 곁들인 차를 대접했습니다. 하루는 할머니가 저에게 아닐린을 팔러 오는 엘피디오 씨가 누구인지 아느냐고 물었습니다. 그는 다름 아닌 한때 부통령을 지냈던 엘피디오 곤잘레스(Elpidio González)였습니다. 전前 부통령이 외판을 하며 생계를 꾸려나가는 그 모습이 지워지지가 않습니다. 그것은 정직의 모습이었습니다.

우리 정치는 무엇인가 놓친 것이 있습니다. 사상과 제안 그리고 여러 가지들이 현실 상황에 맞지 않습니다. 이들은 정치적 아이디어를 단지 겉보기만 그럴 듯한 미적 아이디어로 바꿨습니다. 오늘날에는 정치적 제안보다 이미지가 훨씬 중요합니다. 플라톤은 《국가론》에서 (미학과 동일시되는) 수사修辭와 정치의 관계는 화장품과 건강의 관계와 같다고 말했습니다. 우리는 본질을 미학으로 대체했습니다. 투표와 마케팅을 신격화했습니다. 아마도 이런 행동은 국민들에게 커다란 죄를 짓는 일일 것입니다. 제가 마지막으로 투표한 것이 프론디지 정부* 때 중간 선거였습니다.

지금까지도 제가 교수로 근무했던 산타페에 제 집이 있습니다. 부에노스아이레스로 왔을 때 거주지를 바꾸지 못했습니다. 그리고 그곳은 300마일이나 떨어진 곳이어서 투표를 하러 갈 수가 없었습니다. 마침내 대주교가 되어 거주지 변경을 할 수 있었을 때 주민등록상 저는 산타페 주민이었습니다. 그러고 나서 일흔 살이 되었고, 지금은 투표할 의무가 없어졌습니다.** 제가 투표를 하지 않는 것에 대해 계속 논란이 있지만, 결국 저는 사제이고, 정치 깃발로 제 몸을 휘감을 수는 없습니다. 선거 때가 되면, 무엇보다 누군가가 대교구의 문을 두드리면서 자신이 최고라고 말할 때에는, 선거 분위기에서 저를 떼어내기가 어렵다는 것을 깨닫습니다. 선거 전, 저는 사제로서 신자들이 현명한 선택을 할 수 있도록 정치 강령을 읽어보라고 권합니다. 강론을 할 때에도 많은 주의를 기울입니다. 그리고 사람들에게 진심으로 가치 있는 것을 찾으라고 당부하지요.

스코르카: 저 역시 모두에게 정당 강령을 읽고 각자 잘 판단하여 분석하라고 제안합니다. 추기경님처럼 정치적으로 노출

- 아르투로 프론디지(Arturo Frondizi)는 1958년 5월 1일, 아르헨티나의 대통령으로 선출되었다가 1962년 3월 29일, 군에 의해 전복되었다.
- ** 아르헨티나에서 투표는 강제 의무 사항이어서 투표를 하지 않으면 벌금형에 처한다. 그러나 70세가 지나면 투표는 자유재량에 따른다.

되는 자리에 있는 것은 아니지만, 정치 행사에 초대되는 경우 선거 운동과 관련이 없는 한 참석합니다. 이것이 정치와 국가를 모두 존중하는 좋은 방법이라고 생각합니다.

프란치스코: 물론입니다. 정치 행사에 참여하는 것은 민주주의를 존중하는 한 가지 방법입니다.

스코르카: 때때로 정치적으로 중대한 일이 발생하는 경우 우리는 의견을 발표하는데, 그 의견은 매우 비판적입니다. 우리의 가치와 양립하지 않는 입장이 있을 때 우리는 그것을 비판합니다. 단, 정치적인 논쟁이 아니라 종교적 논쟁으로 비판합니다. 지금 우리가 사회적 가치를 이야기하고 있지만 종교를 사회와 분리해서 생각하기는 어렵습니다. 사회를 종교와 떼어 놓고 생각할 수 없듯이 말입니다. 〈신은 나의 안식처〉라는 텔레비전 프로그램이 있습니다. 저는 이 프로그램에서 군사 정권 아래서의 민주주의의 중요성에 대해 주장했습니다. 그것은 정치인이 할 수 있을 만한 종류의 비난이 아니었습니다. 대신, 종교적 강령에서 끄집어낸 한 랍비의 비난이었지요.

프란치스코: 정치와 정략을 구분해야 합니다. 성직자가 행하는 모든 행위는 정치적인 행위입니다. 그러나 일부는 정략과 혼동하기도 합니다. 종교인은 가치에 대해 의견을 표시하고, 길을 제시하고, 교육을 걱정하며, 누군가 요청할 경우에는 구

체적인 사회 상황에 대해 대답해줄 의무가 있습니다. 2009년 12월 3일에 크로마뇽 5주기 추도 미사를 드렸던 것은 제가 무엇인가를 말해야 하는 사회적 상황이었기 때문입니다. 심각한 일탈이 일어나면, 나서야 할 상황이 생깁니다. 정치를 통해서가 아니라 위태로워진 가치들과 이미 발생한 비극을 통해서 말이지요. 성직자에게는 가치를 수호해야 할 의무가 있습니다. 현재 정치계는 지나치게 주도면밀해지고 있어요. 어떤 성직자가 말하는 것을 듣고 나서는 이 사제가 무엇 무엇에 반대한다느니 어쩐다느니 하는 말들을 쏟아냅니다. 우리는 그 누구에 반대하여 강론하지 않습니다. 우리가 주목하는 것은 위험한 상황에서 지켜내야 하는 가치입니다. 때때로 언론은 간염에 걸립니다. 이런 표현을 쓰는 이유는 언론이 갑자기 황색을 띠고 튀어나와 "아무개에게 반대한다!"라고 거칠게 말하기 때문입니다.

스코르카: 일부 정치인들은 모순된 말을 하기도 합니다. 종교 지도자들에게 어떤 의견도 내세우지 말라고 하다가도 선거만 시작되면 성직자의 축복을 바라니 말입니다.

프란치스코: 정치인들을 만날 때 보면, 일부는 좋은 의도로 다가와 가톨릭교회가 제시하는 사회적 교리의 비전을 공유하지만, 또 다른 일부는 정치적 결탁만을 요구하러 옵니다. 제

대답은 언제나 같습니다. 이들의 두 번째 의무는 자신과 내면의 대화를 해야 하는 것입니다. 첫 번째는 국가의 주권을 지키는 수호자가 되는 것입니다. 나라는 지리적 차원이고 국가는 사회적 관계를 가능하게 하는 헌법적 혹은 법적 차원의 개념입니다. 나라나 국가는 전쟁을 치를 수도 있고 분열될 수도 있으며 다시 만들어질 수도 있습니다. 한편, 조국은 그것을 건국한 조상들이 우리에게 남긴 유산입니다. 건국의 아버지들이 대대로 물려주는 가치로써, 통조림통에 보호해야 하는 것이 아니라, 자라나게 하고 오늘날 도전 과제에 대응하는 유토피아를 향해 나아가게 해야 하는 것입니다.

조국은 한번 잃으면 다시 되돌릴 수 없습니다. 조국은 우리의 유산입니다. 조국에 대해 많은 것을 말해주는 두 개의 이미지가 있습니다. 하나는 성서적인 것으로, 아브라함이 하느님의 길을 따라서 자신의 땅을 떠날 때 우상을 제작하는 자기 아버지를 데리고 갑니다. 그럼에도 불구하고 아브라함은 자신의 전통을 단절시키지 않고 계시를 통해 정화됩니다. 다른 이미지는 좀 더 서구적입니다. 트로이가 불에 타자 아이네이아스(Aeneas, 그리스 로마 신화에 나오는 영웅- 옮긴이)는 아버지를 업고 나와 로마를 건설하러 갑니다. 조국이란, 우리의 아버지들을 통해 우리 어깨에 책임을 부여합니다. 우리는 선조들이 우리에게 남긴 유산과 더불어 현재를 뛰어넘고, 현재를 발전시켜 미래로 나아가게 만들어야 합니다. 오늘날 정치인들은 조국을 지켜야 할 책임을 지고 있지만, 신권정치는 결코 좋은 수단이 아닙니다. 하느님께서는 인간에게 나라와 국가와 조국의 발전을 관리하는 임무를 부여하셨습니다. 종교는 윤리적, 도덕적 지침을 내려주고 초월할 수 있는 길을 열어줍니다.

스코르카: 추기경께서는 중요한 용어를 쓰셨습니다. 진지하고 의미 있는 대화라는 것 말입니다. 우리나라가 겪고 있는 가장 심각한 문제는 문화적인 것입니다. 아르헨티나인들은 병들어 있습니다. 대화의 부족이 바로 그 증거입니다. 추기경께서 말씀하셨듯이 나라는 지리적 영토입니다. 국가는 질서를 제공하는 법적 구조이며, 조국은 과거로부터 받은 유산입니다. 이 모두가 가치 기준에 의해 단합해야 합니다. 아르헨티나는 성공과 실패를 거듭하면서, 종교가 중요한 요인으로 작용하는 구조를 근간으로 세워진 나라입니다. 각 종교 전통마다 세계관이 다르다고 해도, 좋은 아이디어에 집중하고 합의를 통해 조국을 재건해야 합니다. 그러려면 이들을 불가지론자들과 함께 대화의 테이블로 불러 모아야 합니다.

우리 건국의 아버지들을 불러 모아야 한다는 말씀이 무슨 뜻인지 압니다. 그러나 유명한 랍비인 코츠크(Kotzk)가 말한 대로, 한 가지 진실이 다른 진실을 모방하려 들면 그것은 더 이상 진실이 아닙니다. 대화를 통해 과거에 뿌리를 두고 있는 본연의 진실을 창조해야 합니다. 그 뿌리는 종교와 연관이 있습니다. 그리고 바로 이것이 정치계와의 접점이 되어야 할 것입니다. 저는 또한 신정국가神政國家가 그다지 많지 않은 것이 참으로 다행이라고 말하고 싶습니다. 신정국가는 원리주의로 이어지기 때문입니다. 모든 국가는 민주적인 정부 체계가 있어야 합니다. 여기에는 유대교 전통의 가치를 어디에서든 찾아볼 수 있는 이스라엘 국가도 포함됩니다. 하지만 국가는 완전한 민주주의 구조를 가진 정부 체계를 통해 이루어져야 합니다. 그것은 쉽지 않으며, 국가와 종교 당국 사이에 끊임없는 충돌이 발생합니다. 랍비들은 이렇게 말하고, 대법원에서는 저렇게 말합니다. 이럴 때 국가는 매우 엄격하고 확고부동한 종교 당국을 설득해야 합니다. 민주주의가 옳은 길이라고 말입니다. 대화를 통해, 민주주의는 경직된 국면들을 유연하게 변화시킵니다.

프란치스코: 권력은 하느님께서 인간에게 주신 것입니다. 하느님께서는 인간에게 "자식을 많이 낳고 번성하여 땅을 가득 채우고 지배하여라"라고 말씀하셨습니다(창세기 1:28). 인간이 창조 과정에 참여할 수 있도록 허용한 것은 하느님께서 주

신 선물입니다.

저는 때때로 종교를 정의하는 데 사용되는 '권력'이라는 말에 의문을 갖습니다. 자기 방식대로 하고 모든 이를 자신의 노선으로 끌어들여 그 길을 따르게 만드는 것을 권력이라고 생각한다면, 이는 잘못된 생각입니다. 종교는 그래서는 안 됩니다. 다시, '권력'을 교구에 대한 봉사 같은, 인류학적인 방식으로 이해한다면 그건 다른 이야기입니다. 종교는 세습 재산을 가지고 있으므로 그것을 국민에게 봉사하는 데 써야 합니다. 그렇게 하지 않고, 종교가 종교 자체를 피상적인 정치와 혼동하고 테이블 아래 숨기기 시작하면, 종교는 권력의 나쁜 형태가 되고 맙니다. 종교는 건강한 권력을 가져야 합니다. 하느님과의 조우를 위해, 인간의 성취를 위해, 인간을 위해 봉사하는 한 말입니다. "내가 돕겠습니다"라고 제안하는 권력이 있어야 합니다. 종교가 정치권력과 대화하는 것은 나쁜 일이 아닙니다. 문제는 테이블 아래에서 모종의 거래가 이루어질 때입니다. 아르헨티나 역사상 이 모든 것이 조금씩은 있었다고 생각합니다.

스코르카: 이런 의미에서, 유대인 사회에서는 유대인협의회* 폭탄 테러 이전과 이후를 보면 될 것 같습니다. 당시 유대 지도부 중 일부는 아르헨티나 대통령 카를로스 메넴(Carlos

Menem)과 아주 가까웠지만, 그 친밀함은 결실을 맺지 못한 채 폭탄 테러라는 쓴 결과물을 맛보아야 했습니다. 제 생각에도 대화가 필요하지만 거리를 두어야 한다고 생각합니다. 서로를 이용해 먹는 당에 기반을 둔 우정은 있을 수 없습니다. 문제가 생겼을 때 국회의원이나 문화부 장관에게 전화를 걸 수 있어야 합니다. 다만 명확한 선이 있어야겠지요. 가톨릭교회에서는 고문에 가담한 크리스티안 폰 베르니크(Christian von Wernich) 같은 끔찍한 사제가 있었다는 걸 압니다. 저들은 암살범이라는 것을 확실하게 알려주는 대신 살인죄를 사면해주었는데, 크리스티안 사제 같은 부류의 사람들은 이런 식의 절차를 지지할 것입니다.

프란치스코: 이러한 상황에 가담한다는 것은 담합과도 같습니다.

스코르카: 인간은 인간일 뿐, 결코 그 이상의 어떤 존재도 되

- 1894년에 설립된 유대인협의회(Asociación Mutual Israelita Argentina)는 부에노스아이레스에 위치하며, 라틴 아메리카의 유대인협의회 가운데 가장 오래된 것 중 하나다. 1994년 7월 18일, 폭탄을 실은 차량이 AMIA로 돌진해 84명이 사망하고, 300여 명이 넘는 부상자를 낸 사건이 발생했다. 건물은 완전히 붕괴되었다. 범인은 알려지지 않았지만, 급진 이슬람교와 관련이 있는 것으로 밝혀졌다. 1999년 5월, 현대식 8층 건물이 새로 세워졌다.

지 않을 것입니다. 우리는 인간을 천사라고 믿지 않습니다. 천사는 명령을 따르고 순수하게 헌신할 뿐입니다. 천사에게는 자유 의지가 없지만, 인간은 자신의 열정에 영향을 받습니다. 종교를 이끌고 싶어 하는 사람이라면 어느 정도는 자신감, 자부심, 그리고 자아를 갖고 있어야 합니다. 이러한 성향이 없다면 지도자가 될 수 없습니다. 자신을 종파의 수장으로 내어놓는 사람은 먼저 자신에 대한 확신이 있어야 합니다. 하지만 언제나 "이 권력으로 무엇을 할 것인가?"라는 질문이 따라붙을 것입니다. 권력은 언제나 어떤 것에 쓰이게 마련이니까요.

　새로운 교황 선출 준비에 앞서 제가 전화 드리면서 했던 말을 기억하십니까? "하느님께서 추기경들에게 빛을 주시기를 소망합니다. 추기경들이 올바른 사람을 선택하도록 말입니다"라고 말씀드렸지요. 역사적으로, 교황으로 선출된다는 것은 중요한 목소리가 됨을 의미하고, 언제나 비판이 따른다 해도 교황이란 모든 사람들이 애정을 갖고 지켜보는 대상인 것입니다. 저는 언제나 추기경들이 온화한 기질을 가진 분을 선출하기를 바랐습니다. 그러한 사람이야말로 매우 중요한 일을 하도록 부름 받은 사람이니까요. 문제는 어떤 사람이 막대한 힘을 가졌을 때에도 여전히 진실하고 겸손할까 하는 것입니다. 도전을 견딜 수 있을지도 문제이고요. 50년 전만 하더라도 이런 대화는 불가능했습니다. 추기경님이 아니었다면 제가 이런 말씀을 드리지도 못했을 것입니다. 우리는 악순환을 끊어야 합니다. 아르헨티나 가톨릭교회의 지도자로서 추기경님의 권력을 사용해 무언가를 하셔야 합니다. 반대로, 우리는 평범한 사람이 권력을 차지하는 것을 계속해서 허용해서는 안 됩니다.

프란치스코: 매우 지적인 예수회 사람이 이러한 농담을 던진 적이 있습니다. "도움을 청하러 온 사람이 있었습니다. 누가 이 사람을 뒤쫓고 있을까요? 암살자일까요? 도둑일까요? 아닙니다. 권력을 가진 평범한 사람입니다." 맞습니다. 자격 미달인 사람이 자신을 그다지도 높게 생각한다는 것이 얼마나 슬픈 일입니까? 그저 그런 자신을 그렇게나 높이 평가하여 권력 나부랭이를 갖는다면, 그 밑에 있는 사람들은 정말로 불쌍해집니다. 제 아버지는 항상 이렇게 말씀하셨습니다. "위로 올라갈 때 언제나 사람들에게 인사해라. 네가 내려갈 때 그 사람들과 마주치게 될 테니. 네 자신을 너무 높게 생각하지 마라."

권위는 위에서 내려옵니다. 이제 이것이 어떻게 사용되는가 하는 것은 다른 문제입니다. 열왕기를 읽었을 때 소름이 돋았습니다. 왜냐하면 몇 안 되는 사람만이 하느님의 눈에 들 뿐, 대다수 사람들은 그렇지 않기 때문입니다. 우리의 신앙심 깊은 왕들이 저지른 짓들을 읽다보면 머리카락을 쥐어뜯고 싶어질 수도 있습니다. 심지어 사람까지 죽였으니까요. 다윗왕은 간통을 했을 뿐만 아니라, 자신이 저지른 일을 은폐하고 여자의 남편을 죽이라고 명령했습니다. 그러나 한편으로 그는 겸허했습니다. 예언자 나단(Nathan)이 힐책을 하자 자신의 죄를 깨닫고 용서를 구했습니다. 그는 옆으로 물러나, 하느님께 왕을 대신할 누군가를 불러달라고 요청했습니다.

우리에게 권력은 전통적으로 하느님께서 주신 어떤 것입니다. 하느님께서는 "너희가 나를 뽑은 것이 아니라 내가 너희를 뽑아 세웠다"라고 말씀하셨습니다. 저는 사제 서품식 때, "여러분은 사제가 되기 위해 공부한 것이 아닙니다. 사제는 직업이 아닙니다. 여러분이 사제를 선택했다기보다 사제로서 선택된 것입니다"라고 말합니다. 지금 무슨 일이 일어나고 있습니까? 교수께서 말씀하셨듯이, 우리는 사람이고, 죄인이고, 천사가 아닙니다. 사람은 소명으로 주어진 권력이 아니라 다른 종류의 권력에 휘말릴 수 있습니다. 혹은 자신을 너무 과대평가하거나, 하느님께서 원하시지 않는 일시적인 권력을 내세울 수도 있습니다.

가톨릭교회에 일어난 한 가지 좋은 일은 교황령(1870년까지 교황이 지배한 중부 이탈리아 지역-옮긴이)이 없어졌다는 사실입니다. 교황이 보유할 수 있는 것이라고는 3분의 1평방마일 정도 공간뿐이니 말입니다. 그러나 교황이 세속의 왕이자 종교의 왕이었을 때는 왕족의 음모와 책략에 뒤엉켜 있었습니다. 지금은 안 그러냐고요? 아니오, 지금도 여전히 그렇습니다. 가톨릭교회의 사람들에게도 욕망이라는 것이 있고, 슬프게도 출세제일주의가 판을 치고 있으니까요. 우리는 인간이고, 스스로를 유혹합니다. 우리가 받은 도유塗油(주교나 사제가 성사를 집행할 때 성유聖油를 바르는 행위-옮긴이)를 지키려면 바짝 주의해야 합니다. 그것은 하느님께서 주신 선물이기 때문입니다. 가톨릭교회 안에 과거에도 존재했고 지금도 존재하는 권력의 순환은 인간적 상황에 따른 결과입니다. 하지만 어느 시점에 가면, 봉사하기 위해 선택된 자가 아닌, 원하는 대로 살겠노라 마음먹은 자가 되어버립니다. 성격적인 결함이 원래의 의도들을 더럽히고 마는 것입니다.

20
공산주의와 자본주의에 대하여

프란치스코: 공산주의 체제는 초월적인 것, 저 너머에 희망적인 것을 가리키는 모든 것들은 사람들로 하여금 현실 감각을 마비시킨다고 생각합니다. 그러므로 그것은 사람 또한 마비시켜 순응주의자로 만들고, 고통을 감내하게 하며, 발전을 허락하지 않기 때문에 아편과 같다고 봅니다. 그러나 공산주의 체제에서만 이렇게 여기는 것이 아닙니다. 자본주의 체제에서도 마찬가지로 종교를 길들여보려는 특유의 영적 왜곡 현상이 존재합니다. 자본주의에 과다한 걸림돌이 되지 않도록 종교를 길들이고 세속적 용어로 끌어내리는 것이죠. 종교에 어떤 초월성을 부여하지만 그것도 아주 조금만입니다. 이 두

개의 상반된 체제 모두에 아편류에 대한 시각이 존재합니다. 공산주의 체제는 니체의 사상에 따라 모든 것이 인간의 진보를 위한 것이 되기를 바랍니다. 자본주의 체제는 세속적인 마음을 통해 드러나는 일종의 길들여진 초월성을 용인합니다. 종교인들에게 있어, 하느님을 숭배한다는 것은 신의 의지와 정의와 가르침과 예언자적 영감에 따르는 것을 의미합니다. 그런 반면 종교를 조작하는 세속적인 사람들에게는 그것이 그다지 중요하지 않습니다. "얌전히 굴어. 뭔가 정직하지 못한 일을 하려거든, 너무 많이는 말고"라는 식입니다. 소비주의, 쾌락주의, 권력이나 정당 사이의 정치적 담합, 돈의 지배 등은 좋은 관습일 수도 나쁜 관행일 수도 있습니다. 이 모든 것들이 세속의 징후라 하겠습니다.

스코르카: 종교가 민중의 아편이라고 한 마르크스의 말을 분석할 때나, 아니면 인간이 신을 살해했다고 확신한 니체를 읽을 때나, 저는 이들 두 지성이 신을 향한 인간의 매우 현실적인 탐구라는 중요한 부분을 분명 간과했다는 생각이 듭니다. 이들이 한 얘기를 두 가지 관점에서 이해해볼까 하는데요, 하나는 방금 추기경께서 말씀하신, 마르크스는 신에게 관심이 없었다는 것과 관련이 있습니다. 마르크스는 현세에만 관심이 있었습니다. 영적 초월에 관한 기대감 같은 주제로는 전혀 글

을 쓴 바 없습니다. 좀 더 정의로운 사회경제적 질서가 있다면 모든 것이 자리를 잡을 것이라고 생각했습니다. 이와 더불어, 그들이 비판했던 것은 영성이 결여된 종교 기관이라는, 또 다른 설명도 있습니다. 당시 가톨릭교회는 기타 종교와 마찬가지로 사람들을 고양시키는 데 실패했습니다. 기독교가 전 세계적으로 퍼져 나가던 그 당시, 종교적 위기가 있었지요. 사람들은 의지하며 살아갈 만한 가치를 찾아 헤맸습니다. 그러하지 않았다면 어떻게 그토록 빨리 엄청난 확장이 일어날 수 있었겠습니까?

독실한 기독교인들은 예수의 삶이 엄청난 영향력을 미쳤기 때문이라고 말할 것입니다. 전 세계를 움직이고, 수많은 사람들이 즉시 예수를 받아들였을 만큼 말입니다. 설령 그렇다 하더라도, 역사적 관점으로 봐도 당시는 변화를 위한 비옥한 토양이 갖춰진 상황이었습니다. 이교도의 종교가 쇠락하고, 영성에 대한 요구가 나타나고 있었지요. 기독교는 그런 탐구에 대한 해답이었습니다. 마르크스가 살아 있을 때에도 비슷한 일이 일어났지만 정반대의 양상을 띠었지요. 종교는 시대의 영적 갈망에 대한 답을 주지 못했기 때문에, 마르크스는 자신이 실천에 옮겼던 일을 적었던 것입니다. 제가 생각하기에 마르크스의 모든 저항은 그가 바로 위대한 영적 진실을 탐색했기 때문에 생겼을 것입니다. 마찬가지 맥락에서 저는, 현대 사회 역시 하느님으로부터 멀어져가고 있으며 많은 종교 운동이 그에 합세하고 있다고 느낍니다. 이들 종교는 "당신이 이렇게 하기만 한다면, 모든 것이 괜찮아질 겁니다. 당신의 내세는 멋질 것입니다"라고 말합니다. 종교적 경험은 그보다 훨씬 더 깊이가 있으며, 과학 실험실이 제공하는 것 같은 확실성은 가져다주지 않습니다. 그것은 매우 조심스럽게 분석하고 끊임없이 논의해야 하는 믿음의 문제입니다.

프란치스코: 어떤 이들은 인간이 존엄 한계치 이상으로 현실을 견뎌내면 종교가 더 나은 삶을 약속해준다고 말합니다. 사후 보상은 개인적·사회적·윤리적 권리를 위해, 조국과 인류를 위해 투쟁해야 하는 의무에서 사람들을 벗어나게 해주지는 못합니다. 누군가 자신의 권리를 위해 싸우지 않고 낙원에 가기만을 바라면서 무조건 참는다면, 그는 아편에 심각하게 중독된 사람입니다.

지난 세기에 아르메니아인, 유대인, 우크라이나인에게 일어났던 대량 학살 사건과 같이 박해와 파괴를 겪었던 사람들은 자유를 위해 투쟁했습니다. 어떤 사람들은 이들이 충분한 세력을 갖추지 못했고, 마땅히 해야 할 일을 하지 않은 채 그들 자신을 신에게 의탁했기에 그런 일을 당한 거라고 생각할지 모릅니다. 가톨릭 교리는 이렇게 말하고 있습니다. 인간사에는 그것 나름의 자율성이 있고 하느님께서 그것을 부여하셨다는 것, 그러므로 천국을 빌미로 자신을 발전시키는 일에서 벗어날 수는 없다고 말입니다. 우리는 도덕, 과학, 교육, 일 등 모든 분야에서 진보를 위해 싸워야 합니다. 아편에 중독되지 않도록 싸워야 하는 것입니다.

스코르카: 시편에 '하늘은 주님의 하늘, 땅은 사람들에게 주셨네'라는 말이 나옵니다(시편 115:16). 우리는 균형을 유지하는 삶을 살려고 노력해야 합니다. 균형을 잃으면 길을 잃습니다.

프란치스코: 우리는 유대교에서 같은 개념을 물려받았습니다. 유대교인들은 이집트에서 해방되기를 마냥 기다리지만은 않았습니다. 이들은 하느님께서 빈틈없이 전쟁으로 이끄시도록 자신들을 맡겼습니다. 유대인들은 전쟁으로 트랜스요르단(요르단의 옛 이름-옮긴이)을 모두 점령했고, 마카베가(Maccabees)는 그리스인들이 자신들을 억압하려 하자 게릴라전을 벌였습니다. 유대인들은 자신들이 해야 할 일을 함으로써 자유를 얻었고, 언제나 기도했습니다. 한번은 전쟁을 위한 모든 준비가 끝났으나 약한 병력을 걱정하자, 예언자가 말했습니다. "두려워하지도 당황하지도 마라. 이 전쟁은 너희 것이 아니라

하느님의 것이다."(역대기 하 20:15) 유대인들에게는 싸워야 할 상황이 많지 않았습니다. 하느님께서 면제해주셨기 때문입니다. 하느님은 간혹 당신의 위대함을 입증해보이려는 노력에서 몇몇을 제외시키기도 하시지만, 보통은 이렇게 말씀하십니다. "내가 너희와 함께할 것이나, 너희가 싸워야 하느니라." 그래서 백성들이 싸우는 동안 모세가 두 손을 하늘로 향하며 선처를 호소했던 것입니다.

스코르카: 탈무드 가르침에, '회개하고 신께 돌아가 착한 일을 하는 현세에서의 한 시간이 내세의 전 생애보다 낫고, 고요하게 영혼을 주시한 내세의 한 시간이 현세의 전 생애보다 더 값진 것'이라는 말이 있습니다(아보트 4:17). 결론적으로 현세와 내세는 모두 중요합니다. 내세를 위해 현세를 희생하는 것은 옳지 않습니다. 같은 탈무드에서 '현세에서 뿌린 대로 내세에서 거두리라'라고 했습니다(아보트 2:16). 이는 저에게 '행복하여라, 마음이 가난한 사람들! 하늘나라가 그들의 것이다'라는 복음서의 말씀을 생각나게 합니다(마태오복음서 5:3). 그렇다고 영생을 얻기 위해 가난을 방치한 상태로 살아야 한다는 말로 받아들여서는 곤란합니다. 그런가 하면, 영생을 얻는 길이 반드시 재산의 축적과 연결되는 것도 아닐 것입니다. 저는 '가난'이라는 단어를 그렇게 해석합니다. 창세기에 따르면 하

느님께서는 인간들에게 "땅을 지배하라"라고 말씀하셨습니다(창세기 1:28). 저는 이 말씀을 가능한 한 현세의 삶을 충만하게 살라는 것으로 이해하고 있습니다.

마찬가지로, 정직하고 정의롭고 영적으로 행동하면서 완전히 윤리적인 세속의 즐거움마저 포기하라고 요구하는 금욕주의 역시 유대교의 이상이 아닙니다. 탈무드에는, '인간은 보았으되 손대지 않은 모든 아름다운 과실에 책임져야 할 것'이라는 말이 나옵니다.* 유대교가 이상적으로 그리는 세계는 굴복과 규제의 세상이 아닙니다. 신명기의 말씀처럼, 주님의 눈에 드는 옳고 좋은 일을 하여 현세와 내세 모두에서 충만한 삶을 살아야 할 것입니다(신명기 6:18).

* 헤로소리미타노, 키두신, 4장 66쪽 2행, 할라하 12

21
세계화에 대하여

프란치스코: 만약 세계화를 천편일률적인 당구공처럼 생각한다면, 각 문화가 갖는 풍부한 장점들은 사라지고 맙니다. 우리가 수호해야 하는 진정한 세계화는, 서로 융화되면서도 각각의 특색을 유지하고 다른 문화도 번영시키는 다면체와 같아야겠지요.

스코르카: '세계화'를 떠올리면, 저는 먼저 순진한 관점에서 생각하게 됩니다. 예를 들면, 일단 어느 나라 어느 공항을 가든 모두 똑같은 표시를 사용하니 길을 잃을 염려가 없다는 점에서 저는 세계화가 좋습니다. 하지만 이해하기 어려운 점도 있는데, 어떻게 미국 뮤지션이 갑자기 부다페스트에서 흥행할

수 있는가 하는 점입니다. 이러한 현상 때문에 개인의 정체성을 강조하는 운동이 대두되기도 했고, 이 운동은 유대교와 기독교, 이슬람교에도 영향을 미쳤습니다. 저는 기업 간의 국제적 거래가 나쁘다고 생각하지 않습니다. 일반적으로 사회가 그 이익으로부터 배제되지 않게 하는 확실한 제한 규정이 있다면 말입니다. 물질주의의 해악을 방지하는 확실한 기준이 마련돼 있다면, 범세계적인 교류는 바람직할 것입니다.

저는 각 민족이 고유의 정체성을 갖고 그것을 강화할 수 있는 한, 민족 간 상호 교류는 필요하다고 믿습니다. 현명한 공동체는 자신들만의 고유한 자산에 자부심을 가질 줄 알고, 다른 이들의 행동을 보면서 무엇이 좋고 무엇이 나쁜지를 결정할 수 있습니다. 그것이 알렉산더 대왕의 침략 후에 유대인들이 했던 작업입니다. 탈무드는 그리스와 로마의 사상들로 가득해서, 유대인들은 다른 민족들이 이룬 생생한 업적들을 단순히 무시할 수가 없었습니다. 자기 자신을 진심으로 믿는다면 의미 있는 아이디어를 타인과 교환할 수 있습니다. 그것이 제가 생각하는 문화의 세계화입니다. 하지만 자부심이 결여돼 있고, 확실한 기준도 없고, 동포에 대한 배려도 없으며, 인간이 다른 인간을 착취한다면, 그 결과는 통제되지 않은 자본의 흐름으로 나타납니다. 지금 우리가 목도하고 있는 것처럼 말입니다.

프란치스코: 모든 것을 획일화시키는 세계화는 제국주의적인 본질에 자유주의적인 수단을 활용합니다. 그러나 인간적이지 않습니다. 결정적으로 세계화는 여러 국가를 노예화하는 하나의 수단일 뿐입니다. 앞에서도 말했듯이, 조화로운 방법으로 인류의 다양성을 지켜야 합니다. 교수께서 언급하셨듯이, 세계화는 서로를 더 잘 이해하도록 돕는 장점이 있는 반면, 다른 민족을 억압하는 양상 또한 내보입니다. 근래에 우리가 자주 듣는 표현으로 인종의 '도가니'라는 말이 있습니다. 이것이 시적 감각에서 나온 표현이라면 상관없지만, 국가적 융합이라는 의미를 지닌다면 뭔가 잘못된 것입니다. 국가는 자체의 정체성을 유지하면서, 동시에 다른 국가와 조화롭게 동화되어야 하기 때문입니다.

스코르카: 아르헨티나에서 '인종의 도가니'를 말하던 사람들은 모든 이들이 자신의 껍질을 벗고 변신함으로써 아르헨티나의 본보기를 창조하길 바랐습니다. 그들은 과격주의자들로, 우리 삶을 더 좋게 변화시키는 상호교류를 바라지 않았습니다.

프란치스코: 그들은 원리주의자였습니다. 아르헨티나 역사의 특징은 인종의 혼합입니다. 그것은 보편성을 띠며, 다른 민

족의 정체성을 존중하는 것으로 나타납니다. 우루과이나 브라질 남부, 칠레 일부 지역과 같이 많은 메스티소들이 있는 라틴 아메리카에서는 '메스티소'라는 단어가 '부'와 '더 나은 인종'이라는 의미로 사용됩니다. 융화가 아닌 문화적 우월성으로 나타나는 것입니다. 저는 축제에 더 다양한 민족이 참여하기를 바랍니다. 정부가 모든 민족이 융합하고 다양성을 보여줄 수 있는 200주년 행사를 기획한 것도 저와 같은 생각을 하고 있기 때문인 듯합니다.

22
돈에 대하여

프란치스코: 가톨릭에서는 공산주의와 무분별한 자본주의를 똑같이 비난합니다. 사유 재산권이 존재하지만, 사유 재산이라고 해도 일정한 한도 내에서는 공공을 위해서도 쓰여야 합니다. 무슨 일이 일어날 수 있는지를 확실히 보여주는 예가 자본을 외국으로 돈을 빼돌리는 것입니다. 돈에도 조국이라는 것이 있습니다. 한 나라에서 사업을 하는 누군가가 외국으로 자금을 유출한다면 죄가 됩니다. 자신의 부를 만들어준 나라, 그리고 부의 창출을 도운 사람들에 대한 도리를 저버리는 짓이기 때문입니다.

스코르카: 레위기 25장에서는 경제 계획에 대해 언급하고 있

습니다. 이에 따르면 개개인은 각자의 농경지를 소유하고 있었습니다. 만약 소유주가 일을 못하게 된 경우에는 다른 사람에게 땅을 임대할 수 있습니다. 그러나 법은 모든 이들이 인간답게 살 수 있도록 개개인에게는 양도할 수 없는 일정 소유지가 있다고 명시합니다. 두말할 나위 없이 역사적 경험상, 일하기 위해서는 사람에게 자극제가 필요하다는 것을 알 수 있습니다. 우리는 소비에트 연방이 실패한 이유를 간과해서는 안 됩니다. 소비에트 연방에서는 한 계급만이 계속 권력을 유지하면서 호화로운 생활을 누려왔고, 대부분의 국민은 가난하게 살아야 했습니다. 사유재산권의 폐지는 분명 소비에트 연방을 무너지게 만든 중요한 요인입니다. 집단 농장 키부츠는 매우 성공적인 20세기의 실험적 사회주의 농경 정착지로서, 이스라엘의 발생과 성장에 중추적인 역할을 했습니다. 그러나 오늘날 이스라엘 경제에서는 더 이상 중요한 역할을 하지 못하고, 명맥을 잇기 위해 다른 사회적, 경제적 방법을 모색하고 있습니다. 사유재산에 대한 개념으로서, 부가 공정하게 재분배되는 방식이 올바른 길처럼 보입니다. 레위기에 나온 법과 사회 질서를 다시 선택하는 것입니다.

반면, 사회적 구조를 발전시킨 사람들이 유일하게 중요시하는 것이 돈의 신과 소비주의이고, 인류를 궁극적이고 필수적인 수혜자로 보지 못하게 되면, 그것의 결과는 무자비한 자본주의가 될 것입니다. 자본이 인류를 돕는 데 사용된다면 환영할 만한 일입니다. 그렇지 않으면 보다 공평한 사회 질서를 설계하기 위해 개선이 필요합니다.

프란치스코: 여기에서 중요한 것은 사회적 채무에 관한 개념입니다. 모든 수익에서 사회적 채무 규모를 고려해야 합니다.

스코르카: 저는 학생들에게, 부자라서 거만하고 돈이 있어서 능력 있다고 생각하는 사람들에게는 경의를 표하지 말라고 가르칩니다. 물론 교구를 조직할 때 교구를 구성하기 위해서는 부자가 필요하지만, 올바른 자금을 구해야 합니다. 피 묻은 돈으로 영성을 세울 수는 없습니다.

프란치스코: 1세기의 어느 설교자가 말하기를, 막대한 부 뒤에는 반드시 죄가 있다고 했습니다. 저는 이 말이 반드시 옳다고는 생각하지 않습니다. 기부를 함으로써 자신의 죄가 사해진다고 믿는 사람들이 있다고 하신 교수님 말씀에 동의합니다. 그러나 영적 대화에서 죄는 다른 방법으로 사해집니다.

앞서 말했던 대로, 저는 고해를 하는 신자들에게 묻곤 합니다. 가끔은 걸인에게 자선을 베푸느냐고 말입니다. 그렇다고 대답하면 저는 "눈을 바라보십니까? 손을 잡아주시나요?" 하고 묻습니다. 그러면 신자들이 당황하기 시작하는데, 대다수는 그저 돈만 주고 돌아서기 때문입니다. 어떤 태도로 행동하느냐가 중요합니다. 비슷한 사람들과 어울려 사는 사람이든, 부정한 돈으로 사는 사람이든 말입니다.

십계명 중에 도둑질하지 마라는 일곱 번째 계명이 있습니다. 누군가 부정한 돈을 갖고 있는데, 그 돈으로 자선 사업을 해서 되돌려주고 싶어 한다고 가정해봅시다. 그가 행동을 바꾸지 않고 회개하지 않는다면, 저는 결코 그 돈을 받지 않을 것입니다. 그 돈을 받는다면, 잘못을 뉘우친 뒤에도 계속 그 일을 하게 마련입니다. 종교 지도자가 마약상에게 돈을 받았다고 기소된 적이 있습니다. 그 지도자는 돈을 좋은 곳에 썼으며 돈의 출처에 대해서는 묻지 않았다고 말했습니다. 이는 옳지 않은 일입니다. 피로 얼룩진 돈을 용납해서는 안 됩니다. 종교와 돈의 관계는 결코 쉬운 관계가 아닙니다. 사람들은 늘 바티칸의 금에 대해 말해왔지만, 금은 박물관에 있습니다.

우리는 또한 박물관과 종교도 구별해야만 합니다. 종교는 운영을 위해서 돈이 필요하고, 그 돈의 수급은 합법적인 은행 금융권을 통해 이루어집니다. 문제는 기부금이나 헌금으로 받은 돈의 용도에 있습니다. 바티칸의 재정은 공개되어 있습니다. 언제나 적자입니다. 기부금이나 박물관 입장료로 들어오는 돈은 나병 환자 병원이나 학교, 아프리카, 아시아, 라틴 아메리카의 공동체를 위해 쓰입니다.

스코르카: 완벽한 조직을 만드는 것은 불가능합니다. 아무리 종교 조직일지라도 말입니다. 인간은 불완전하기 때문이지요. 사람들 뒤에는 늘 갈등이 있게 마련입니다. 사제, 목사, 랍비, 이들 모두는 다양한 이유로 인해 종교 조직에 몸담은 사람들입니다. 자기 발전을 위해서일 수도 있고 자제력을 기르기 위해서일 수도 있습니다. 그러나 어느 순간 탈선하기 시작합니다. 성직자들이 모두 완벽하게 행동하는 것은 아니지만, 그 때문에 종교의 본질이 훼손되어서는 안 될 것입니다. 한 사람이 실수를 저질렀다고 해서 전체가 위선일 거라고 추론해서는 안 됩니다. 밀과 가라지(가시가 있는 잡초)를 가려낼 줄 알아야 합니다.

사실 종교에서 요구하는 것은 종교의 본질인 도덕성입니다. 말로는 신앙인이라고 하면서 도덕적 가치에 부합하지 않는 행동을 하는 사람들은 죄를 갑절로 짓는 것입니다. 사법 체계에서 공정치 않은 판결을 내림으로써 시민들의 신념을 무너뜨리는 판사와 같은 사람들입니다. 독재정부 하에서 게릴라 군과 싸운 사람들은 그 죄가 두 배로 큽니다. 완전히 정도에서 벗어났을 뿐만 아니라 정의를 저버렸기 때문입니다. 그들이 아르헨티나에 끼친 피해는 말 그대로 끔찍하기 그지없습니다. 그들이 수많은 가족들 가슴에 남긴 상처는 그 무엇으로도 치유할 수 없습니다. 잘못된 방식으로 행동하는 정치가들도 마찬가지입니다. 이들은 두 배로 죄를 짓고 있는 것입니다. 모범을 보여야 할 의무를 어겼기 때문입니다.

프란치스코: 목사든 랍비든 성직자든, 종교인이 행하는 가장 나쁜 일이 이중생활입니다. 누군가 여기에는 본처를 두고 있고 다른 곳에는 작은 사랑의 둥지를 두었다면, 그렇게 비난받을 일이 아닐지도 모릅니다. 그러나 그가 종교인이라면 절대적으로 비난받아 마땅합니다. 요한 바오로 2세는 이 점에 대해 매우 단호했습니다. 교황은 암브로시아노 은행(Banco Ambrosiano)*이 남긴 빚을 모두 청산할 것을 명령했습니다.

---

* 암브로시아노 은행은 1896년에 설립된 이탈리아의 금융 회사로 1982년에 파산했다. 파산 당시 은행장은 로베르토 칼비(Roberto Calvi)로, 그는 불법 마피아 조직인 프로파간다 도스(Propaganda Dos, 'P2'로 더 잘 알려짐) 소속이었다. 바티칸 은행은 암브로시아노 은행의 대주주였다.

23
빈곤에 대하여

스코르카: 모든 종교는 가난과 싸울 절대적인 의무가 있습니다. 토라의 계율은 가난한 이들을 도와야만 한다고 여러 차례 강하게 말하고 있습니다. 특히 호서아서, 아모스서, 미카서 그리고 이사야서와 같은 '예언서'에서 예언자들이 강조하는 주된 내용의 하나는 가난한 이들을 도우라는 것입니다. 하느님을 공경하는 길은 정의로운 사회를 만드는 것, 누구나 존중받으며 살 수 있는 사회를 만드는 것입니다. 경전에 나오는 기본적인 원칙은, 강한 윤리적 요소와 더불어 사회의 모든 구성원에 대한 봉사 없이는 사회도, 도시도, 국가도 (저는 여기에 정부를 덧붙이겠습니다) 존재할 수 없다는 것입니다. 과부나 고아를

도울 의무는 성서에서 여러 차례 반복되었습니다. 배고픈 이들을 위해 늘 한 접시의 음식을 대접하는 것이 유대 민족의 전통입니다. 이스라엘 아르헨티나 친선협회가 아르헨티나에서 다른 많은 유대인협회와 함께 발전시킨 사회 원조 프로그램은 잘 알려져 있습니다.

가난한 이들을 돕겠다는 서약은 늘 있어 왔습니다. 성경에 나오는 사유 재산권에 관한 글을 보면, 누구든 막대한 재산을 축적해서는 안 된다고 규정합니다. 각 가정마다 먹고살 만한 토지를 소유할 권리가 있는 대신, 지나치게 많은 토지는 소유하지 못하도록 금지 규정을 정해놓고 있습니다. 토라에 따르면 각각의 소작지는 6년 동안 경작할 수 있고, 7년째 되는 해에는 토양의 영양을 회복하기 위해 휴경해야만 합니다. 특히 아르헨티나에서는 대공황 때마다 가난한 이들을 도왔습니다. 우리 사회 많은 분야에는 가난한 사람들을 도와야 한다는 전통이 뿌리 깊게 박혀 있습니다. 제가 초등학교 다닐 때 대홍수가 났는데, 피해를 입은 사람들에게 모포나 옷가지 등을 가져다 준 기억이 있습니다. 우리 가족은 부자는 아니었지만 구조 활동에 적극적으로 참여했습니다.

우리 공동체에는 유대인과 비유대인을 모두 돕는 관습이 있습니다. 저의 유대교회인 베네이 티크바(Benei Tikva)에서는 차코(Chaco)의 산티아고 델 에스테로(Santiago del Estero)와 팜파 델 인피에르노(Pampa del Infierno)에 있는 학교에 보내기 위해 옷가지들을 모았습니다. 우리는 도움의 손길을 내밀려고 애쓰는데, 그러는 동안 이 나라의 나머지 대다수는 아무 것도 하지 않는다는 사실이 참으로 비통합니다. 아이들이 신발이 없어서 학교에 못 간다는 것은 말도 안 되는 일입니다. 우리는 기적을 행하지 않습니다. 우리가 할 수 있는 모든 노력을 다할 뿐입니다. 성경에서, 인간은 고통받는 형제를 모른 척 할 수 없다고 했습니다. 덧붙여 말하자면, 인간의 자유와 평등을 위해 치른 서양의 모든 전쟁에는 항상 유대인들의 큰 희생이 있었습니다.

예를 들어, 유대인들은 러시아 혁명이 발생했을 때 혁명의 결과에 지대한 관심을 가졌습니다. 그들 모두 착취 당하는 계층이었으니까요. 유대인들은 그들도 이 혁명을 통해 유대인들이 겪고 있는 것 같은 고통과 어려움을 해결할 수 있을 것이라고 생각했습니다. 그렇게 멀리까지 역사를 거슬러 올라갈 필요도 없습니다. 1970년대 사회해방운동 기간 동안 이상주의로 인해 행동에 나선 아르헨티나 유대인의 비율은 전체 사회에서 유대인이 차지하는 비율보다 훨씬 높았습니다. 공산당과 사회당, 그리고 하급 계층의 요구를 들어주기 위해 싸웠던 다른 운동도 늘 유대인이 관련되어 있었습니다. 비록 무신론자인 유대인일지라도 개인의 이익만을 위해 싸우지 않고, 선조들과 같은 투쟁을 계속했습니다. 누군가 힘겨운 상황을 겪는 이가 있다면 그를 위해 함께 투쟁했습니다. 내가 괜찮다고 해서 거기에 만족해서는 안 됩니다. 다른 사람들은 그렇지 않기 때문입니다. 우리는 모두 존엄성을 가지고 살아야 합니다.

프란치스코: 가톨릭은 이사야서에서 유대교의 구절을 따왔습니다. "네 혈육을 피하여 숨지 않는 것이 아니겠느냐?"라는 구절입니다(이사야서 58:7-83). 해답은 하느님께서 어떤 이들은 오른쪽에 두시고, 또 어떤 이들은 왼쪽에 두신다(선한 쪽과 악한 쪽)는 최후의 심판 이야기에 나와 있습니다. 오른쪽의 사람들에게 이르셨습니다. "네 아버지께 복을 받은 이들아, 오너라. 너희는 내가 굶주렸을 때 먹을 것을 주었고, 내가 목말랐을 때 마실 것을 주었으며, 또 내가 헐벗었을 때에 입을 것을 주었고, 내가 병들었을 때에 돌보아주었다."(마태오복음서 25:31-46) 그들이 하느님께 자신들이 언제 그런 일을 행하였는지 묻자, 하느님께서는 그들이 매번 그런 일을 행하였다고 대답하셨습니다. 그러지 않았던 다른 쪽 사람들은 구원받지 못합니다.

가톨릭에서, 우리가 가난한 이를 대할 때 취해야 할 자세는 그 본질에, 즉 실제로 참여하는 데 있습니다. 순수하게 사람 대 사람으로서 말입니다. 기관을 통해서만 참여하는 것으로는 부족합니다. 기관들이 복합적인 효과를 보게 되므로 도움은 되겠지만 그것만으로는 부족하다는 것입니다. 이들 기관이 불쌍한 사람들과 직접 접촉해야 한다는 우리의 의무를 면제시켜 주지는 않기 때문입니다. 도움이 필요한 사람들이 반감이나 거부반응을 보이더라도, 아픈 사람들을 돌봐야 하고 죄인들을 면회해야 하는 것입니다. 저는 교도소에서 힘든 삶을 살아가는 사람을 지켜보는 것이 몹시 힘들어서 그곳에 가는 게 두렵습니다. 그렇지만 늘 거기에 갑니다. 하느님께서는 제가 도움이 필요한 사람들, 가난한 사람들, 마음이 아픈 사람들과 직접 함께하길 바라시기 때문입니다.

가난한 사람들에게 우리가 처음 보내는 관심은 단순한 지원입니다. "배고프세요? 받으세요. 여기 먹을 것이 있습니다." 이렇게 말입니다. 그러나 우리의 목적은 여기에서 끝나서는 안 됩니다. 우리는 공동체 안에서 인간적으로 차츰차츰 나아지고 융합되어 가야 합니다. 가난한 사람이 영원히 소외된 사람이 되어서는 안 됩니다. '잘사는 우리가 가난한 사람들에게 원조는 하겠지만, 그들은 우리와 멀리 떨어진 거기에 그대로 있어야 한다'라는 생각을 받아들여서는 안 됩니다. 이것은 가톨릭의 교의教義가 아닙니다. 가능한 한 빨리 가난한 이들을 우리 공동체 안에 통합하는 것이 급선무입니다. 기술학교에서의 교육 등을 통해서 말입니다. 그러면 이들은 거침없이 세상 속으로 나아갈 것입니다.

이러한 개념은 19세기 말에 돈 보스코(Don Bosco)가 설립한 학교로 극빈층 아이들을 끌어 모으면서 생겨났습니다. 돈 보스코는 이 아이들을 공립학교에 보내는 것은 아이들이 세상을 살아가는 데 도움이 되지 않는다고 생각하고 기술학교를 세웠습니다. 판자촌 사제들이 부에노스아이레스에서 이와 유사한 일을 하고 있습니다. 이곳 아이들은 1, 2년간 수습교육 기간을 거친 다음, 자신들의 삶을 바꿀 수단을 찾고, 전기 기술자, 요리사, 디자이너 등이 됩니다. 우리는 이 아이들이 생계를 꾸려갈 수 있도록 도와야 합니다. 이 아이들에게 존엄성을 되찾을 수 있는 수단, 즉 직업을 주지 않는 것은 가난한 사람들을 무시하는 것입니다. 가난한 사람을 역겨운 눈으로 바라보아서는 안 됩니다. 그 사람의 눈을 들여다봐야 합니다. 더러 불편하게 느껴질 때도 있겠지만 반드시 그래야만 합니다. 가난한 사람을 도울 때 일어날 수 있는 큰 위험(혹은 큰 유혹)은 그들을 보호하려고 드는 가부장적인 태도에 빠지는 일입니다. 그렇게 되면 결국 이들은 나아지지 못합니다. 가톨릭의 의무는 가장 소외된 이들을 어떻게든 공동체 안으로 통합하는 것입니다.

스코르카: 추기경께서 말씀하시는 것을 모두 듣고 나니 흥미로운 것이 떠올랐습니다. 사람들을 한데 모은다는 개념에서 '모두가 포함되어야 한다'라는 토라의 메시지를 떠올리게 됩니다. 우리 역시 사람들을 도우려는 목적으로 학교를 설립했습니다. 러시아에서 시작된 ORT 학교(저개발 국가들에서 살고 있는 유대인을 위한 국제 직업 훈련 조직 - 옮긴이)에서는 처음에 예술과 기술을 가르쳤습니다. 이 학교를 설립할 때의 취지는 가난한 사람들을 돕기 위한 것이었습니다. 지금은 조금 바뀌어, 모두를 위한 학교가 아니라 오히려 중산층을 위한 학교가 되었지만, 존엄성을 부여한다는 기본 개념은 변하지 않았습니다. 사람들에게 직업을 제공하고 그래서 그들로 하여금 해볼 만한 일에 당당히 도전하며 살 수 있도록 돕는 것입니다.

프란치스코: 가톨릭에서 자선은 하느님과 이웃에 대한 사랑입니다. 도와주는 것으로 시작하지만, 그저 모금 행사로만 끝날 수는 없습니다. 우리가 자선 사업이라고 부르는 것은, 실제로는 사회적 양심을 잠재우는 행위입니다. 이러한 종류의 프로그램은 자신의 기분을 좋게 하려고 가동됩니다. 하지만 사랑은 언제나 자기 자신에서 벗어나, 진정으로 다른 사람에게

자신을 주라고 요구합니다. 제가 사랑하고 싶은 사람이 제게 저 자신을 던져 봉사하라고 요구하는 것입니다. 그러나 자선을 웃음거리로 만드는 행사도 많습니다. 제가 롤렉스 금시계 이야기를 했던가요?

스코르카: 아니요.

프란치스코: 제가 주교였을 때, 카리타스(Caritas) 자선 행사의 만찬에 초대를 받았습니다. 그곳에는 최고의 사람들만 온다고 그러더군요. 저는 가지 않기로 결정했습니다. 그날 대통령은 제 시간에 도착했고, 첫 번째 코스 식사가 끝난 후에 열린 경매에서 롤렉스 금시계가 팔렸다고 합니다. 정말 부끄러운 일입니다. 낯 뜨거운 일이고말고요. 나쁜 의도로 자선을 이용한 것입니다. 가난한 사람들을 먹인다는 허영심에 시계를 내놓는 사람을 찾았던 것입니다.

다행히도 카리타스는 더 이상 이런 행사를 치르지 않습니다. 요즘은 지속적으로 학교에서 봉사하고, 미혼모와 노숙자들을 위한 시설을 운영하며, 우루과이와 리바다비아 거리에서 빵집을 운영합니다. 그곳에서 기술학교 아이들이 만든 공예품을 팔기도 하고 말입니다. 가난한 사람들이 스스로 가난한 사람들을 돕는다는 것은 이런 것입니다. 자선이란 명목 하에 자선이 아닌 활동이 행해지곤 하는데, 이는 선의를 웃음거리로 만드는 일입니다. 사랑 없는 자선은 있을 수 없습니다. 허영이 끼어든다면 이는 사랑이 아니라 거짓된 자선이지요.

스코르카: 저는 정말로 필요한 사람들에게 그 즉시 도움을 주는 것이 자선이라고 정의합니다. 그러나 성경을 보면, 가난한 사람을 돕는다는 의미의 다른 개념이 나옵니다. 체다카(tzedakah)라고 하는 것입니다. 랍비들은 체다카를 가난한 사람들을 돕기 위해 지불해야만 하는 세금이라고 해석했습니다. 체다카는 정의를 뜻하는 '체덱(tzedek)'에서 나온 말로, 빈곤층이 존재하는 사회는 본질적으로 모두 불공평한 사회라는 개념 하에 체다카를 통해 부분적으로나마 그러한 결점들을 고치려고 애쓴 것으로 보입니다.

또 다른 개념으로, 탈무드에 나오는 '게밀루트 하사딤(gumilut hasadim)'이라는 개념이 있습니다. '친절한 행위'로 해석될 수 있는데, 이는 부자든 가난한 사람이든, 산 자든 죽은 자든, 이웃에게 금전적으로나 행동으로 도움을 주는 것을 말합니다. 죽은 자의 경우에는 제대로 묻어주는 것을 뜻합니다. 체다카의 모든 행동은 자비심과 함께해야 합니다. 가톨릭의 자선도 이 개념들을 비슷한 방식으로 결합한 것 같습니다.

프란치스코: 게밀루트 하사딤의 개념은 착한 사마리아인 이야기를 떠올리게 합니다. 예수께서 누가 진짜 이웃인지 물으

셨을 때, 사람들이 이르되 "자비를 베푼 자니이다"라고 대답했습니다(루카복음서 10:37). 정의와 관련하여 언급하신 두 번째 개념은 가톨릭교회 교리에서 발전했습니다. 요즘에는 모든 분야에서 이 개념을 수용하고 있지만, 이 사회적 정의에 관한 개념을 이렇듯 동화시키기까지는 오랜 시간이 걸렸습니다. 교리를 처음 접하는 사람은 이 교리가 비난하는 것들을 알고 나서는 깜짝 놀랍니다.

경제적 자유주의에 대한 비난을 예로 들어봅시다. 사람들은 교회가 공산주의를 반대한다고 생각합니다. 그러나 오늘날의 통제되지 않은 경제적 자유주의도 마찬가지로 반대합니다. 가톨릭 신자라고 할지라도 우리는 이를 받아들일 수 없습니다. 우리는 기회와 권리의 평등을 추구해야 하고, 사회적 이익, 품위 있는 은퇴, 휴가와 휴식, 조합 가입의 자유를 위해 투쟁해야 합니다. 이런 모든 문제들은 사회적 정의를 구축합니다. 제가 강조하고 싶은 것은, 빵이 없어서 혹은 인간의 존엄성을 지킬 수 있는 직업이 없어서 더 가난해지거나 극빈층이 되어서는 안 된다는 것입니다. 어쩌면 이 주제에 대한 가톨릭교회의 입장을 명확하게 해줄지도 모르는 이야기가 있습니다. 로마의 박해 기간 중에, 황제는 부제副祭였던 로렌스(Laurence)에게 가톨릭교회의 보물을 양도하라고 명령했습니다. 지정된 날에

로렌스는 가난한 사람들 무리를 데리고 왕에게 나아가 이렇게 말했습니다. "바로 이 사람들이 교회의 보물입니다." 이것이 우리가 지켜야 할 패러다임입니다. 우리가 그것을 일반 조직이나 작은 공동체로 제쳐놓을 때마다 우리는 본질을 거부하는 것입니다.

우리는 사람들의 약점을 보게 되면 몹시 기뻐합니다. 그 약점을 보완해주면 이들이 앞으로 나아갈 수 있기 때문입니다. 가난한 사람들은 가톨릭교회의 보물이므로 우리는 이들을 돌봐야만 합니다. 그리고 만약 우리가 이렇게 생각하지 않는다면, 우리는 힘없고 약한 가톨릭교회가 될 것입니다. 우리의 진정한 힘은 봉사여야만 합니다. 가난한 이들을 영혼으로 포용하지 않는다면 우리는 하느님을 경배할 수 없습니다. 저는 우리가 이런 생각을 함께 나누고 있다고 생각합니다.

스코르카: 전적으로 동의합니다. 한 유대인이 처음 수확한 과일을 가지고 예루살렘 사원에 가서 하느님께 감사를 드렸습니다. "저희 조상은 방랑하는 아람 사람으로서 이집트로 내려갔습니다"라는 신명기 26장의 말처럼, 당시 그 사람은 배가 고파서 이렇게 말해야 했을 것입니다. 이런 말들은 가난에 대해 생각하게 합니다. 오늘날 유대인들과 가톨릭 신자들은 함께 가난한 사람들을 위해 봉사합니다. 페페(Pepe) 신부와 유

대교 사제 아브루흐(Avruj)는 서로 협력하여 빈민가에서 함께 봉사를 합니다. 우리 랍비들도 교구 안에서 할 일이 많지만 시간을 쪼개 우리의 문을 두드리는 가난한 사람을 돕습니다. 랍비 수가 적다 보니 조직도 작아서, 가난한 사람들을 직접 찾아가 돕는다거나 빈민가나 판자촌에 상주하지는 못하지만요.

랍비가 빈민가에서 봉사할 때는 유대교인만 돕는 것이 아닙니다. 우리는 개종을 권하지 않고 우리 이웃을 돕기 위해 진실로 헌신합니다. 우리는 작은 공동체이기 때문에, 정기적으로 빈민가를 방문하여 좀 더 심도 깊게 도움을 줄 수 있는 사람이 적습니다. 사람들의 숫자는 우리가 할 수 있는 것에 많은 영향을 미치고 있습니다. 이웃 주민의 90퍼센트가 가톨릭 신자인 지역에 성당을 짓는 것과, 유대교인이 드문 지역에 유대교 회당을 짓는 것은 천지 차이입니다.

프란치스코: 역사적으로 볼 때, 빈민가 사제들 이야기는 아르헨티나에서는 상대적으로 최근의 일입니다. 약 40년 전부터 시작되었고 교회의 계층 구조에서 새롭게 등장한 것이기 때문에, 뿌리를 내리는 데 어려움이 많았습니다. 게다가 종교와 정치가 부적절하게 결합되어 불신을 낳는 경우가 생기기 때문에 정치적 의도를 완전히 근절해야 했습니다. 이 일에 관여하는 사제들이 대중 신심을 통해 자신들이 가톨릭교회의 도구임을

깨달음으로써, 믿음으로 계급을 이해하고 화해할 수 있는 계기가 되었습니다. 이 시기에 부에노스아이레스의 대주교는 빈민가 사제들을 편애한다는 소리를 들어야 했습니다. 하지만 이는 새로울 것도 없는 일입니다. 이탈리아에서 돈 보스코는 더할 수 없을 정도로 겸허하게 봉사했고, 또한 주교들을 자극시켰습니다. 성 요셉 카파소(Don Cafasso)와 성 루이지 오리오네(Don Orione)는 두말할 필요도 없습니다.

가난한 이들을 위해 봉사하는 것은 전위적인 행동이었습니다. 어떤 측면으로는 권위에 변화를 불러일으켰기 때문입니다. 여기, 빈민가에서 일하는 성직자들도 가톨릭교회 공동체들의 사고와 행동에 변화를 불러일으켰습니다.

24
홀로코스트에 대하여

스코르카: 쇼아(Shoá)*는 매우 중요한 주제입니다. 종종 사람들은 "홀로코스트 때 대체 하느님은 어디에 계셨습니까?" 하고 묻습니다. 이는 우리도 조심스럽게 꺼내는 질문입니다. 때로는 우리는 자유 의지를 가진 존재라고 말하기도 하지만, 어떤 때에는 하느님께서는 정말 어디에 계셨는지, 그토록 잔인한 인간의 본성과 마주했을 때 왜 아무것도 안 하셨는지 묻는 편이 더 수월할 때도 있습니다. 과연 홀로코스트 때 하느님께서는 어디에 계셨을까요? 저는 분명하게 대답할 수 없는 질

---

* 히브리어로 '파괴'를 의미하며, 홀로코스트를 말한다.

문도 존재한다고 믿습니다. 세상에는 우리가 절대로 이해하지 못하는 일들이 존재하지만 분명한 건, 우리가 하느님께 홀로코스트 때 어디에 계셨느냐고 묻기 전에, 먼저 사람들은 어디에 있었느냐고 물어야 한다는 것입니다. 행동을 취했던 사람들, 행동을 취했지만 실패한 사람들, 무자비하고 잔인하게 살인했던 사람들, 그리고 그저 외면했던 사람들 말입니다. 홀로코스트는 특정한 사건에 대한 분노로 촉발된 것이 아니라, 그저 단순히 유대인이라는 이유만으로 한 민족 전체를 말살하려 했던 유럽 문화에 깊이 뿌리내린 음모였습니다.

프란치스코: 하느님에 대한 질문은 새로운 것이 아닙니다. 옛날 일이 기억납니다. 제가 열두세 살쯤 되었을 때 일인데, 가족과 함께 결혼식에 가던 중이었습니다. 그런데 예비 부부 중 한 쪽의 어머니가 결혼식 바로 직전에 심장마비로 돌아가시고 말았습니다. 아마도 지나치게 흥분하셨던 것 같습니다. 우리는 그 어머니의 집으로 바로 달려갔습니다. 도착하자마자 사위와 마주쳤습니다. 사위는 흐느끼며 "하느님이 있다면서요"라고 말했습니다.

가톨릭 역시 핍박과 박해의 순간을 견뎌냈습니다. 저 역시 대답할 수 없는 질문이 있다는 것에 동의합니다. 우리는 "왜?"라고 묻고 다니는 나이의 아이들처럼 항상 설명을 원합니다.

아이들은 대답을 듣지 않습니다. 그리고 늘 새로운 질문을 만들어냅니다. 아이들이 원하는 것은 부모가 자신만을 봐주기를 바라는 것입니다. 교수께서 말씀하신 "사람들은 어디 있었나?"라는 질문은 그 시기의 인간적인 결속과 가장 모순되는 것입니다. 당시 주요 강대국들은 손을 떼고 외면해버렸습니다. 밖으로 말한 것보다 더 많은 것을 알고 있었기 때문입니다. 마치 아르메니아 대학살 때에도 손을 뗐듯이 말입니다. 당시 오스만 제국은 강했습니다. 전 세계가 제1차 세계대전의 소용돌이에 휘말려 있었고, 다른 곳을 보고 있었습니다. 홀로코스트는 20세기의 다른 곳에서 벌어진 것과 같은 대량 학살이지만 약간 특별합니다. 이 사건이 가장 중요하고 다른 사건들은 부차적이라고 말하는 것이 아닙니다. 단지 유대 민족이 우상 숭배적인 특징을 갖고 있었다는 것입니다. 나치가 세운 근간은 순수 혈통, 최고 민족이었습니다. 그것은 단지 지정학적인 문제뿐만 아니라 종교 문화적인 문제이기도 합니다.

홀로코스트, 즉 나치가 유대인을 살해한 것은 우상 숭배라는 이름으로 살아 계신 하느님을 욕보인 행동이었습니다. 얼마 전 저는 프리모 레비(Primo Levi)가 서문을 써준, 루돌프 회스(Rudolf Höss)의 《나, 아우슈비츠의 사령관》이라는 책을 읽었습니다(역겨워서 참기 힘들 정도였습니다). 당시 나치 수용소의 감독관이었던 그는 감옥에서 과거를 회상하며 이 회고록을 썼습니다. 당시 있었던 일을 냉혹하게 기술하는 이 남자는 사탄의 악마적 본성을 그대로 드러내 보여주고 있습니다. 악마는 인간의 양심을 잠재우는 우상을 통해 그 모습을 드러냅니다.

<u>스코르카</u>: 추기경께서는 민감한 부분을 건드리셨습니다. 아마 홀로코스트와 관련하여 가장 중요한 부분일 것입니다. 그렇게 오래전 뉴스는 아닌데, 크라코비아(Cracovia)의 주교께서 유대인은 홀로코스트를 자신들만의 것으로 만들었다고 말하는 장면을 봤습니다. 이는 다른 민족들도 역시 피해를 입었다는 사실을 경시한 것입니다. 유대인과 살해된 6백만 명은 제2차 세계대전에서 사망한 5천만 명에 비하면 극히 일부라고 말하는 사람들이 있습니다. 그러나 중요한 것은 유대인들이 정치적 대의를 위해 싸우다 죽은 것도 아니고, 어떤 군대의 일부도 아니었다는 것입니다. 어떠한 이유들로도 죽음을 정당화할 수 없으며, 그저 역겨울 따름입니다. 홀로코스트는 단지 문화와 믿음을 공유하는 특정 그룹에 속한다는 이유만으로 한 민족을 말살한 것입니다. 아마도 살인자들은 유대인들이 이스라엘의 하느님께 도전한다고 생각했을지도 모릅니다. 그래서 이 학살을 홀로코스트(Holocaust, holo는 '희생'이라는

뜻이고, causto는 '불'이라는 뜻으로, 불에 던져진 희생이라는 의미)라고 불렀나 봅니다.

누가 이 이름을 지었든, 그 사람은 이 범죄를 나치가 만들어 낸 이교도 신에게 유대 민족을 희생시킨 것으로 생각했을 것입니다. 홀로코스트는 히브리어로는 성서상의 용어 '쇼아'라고 부르며, '파괴'를 의미합니다. 이름에서 어떤 일이 일어났는지 잘 알 수 있지요. 이것은 인간이 다른 인간에게 저지른 참상입니다.

폴란드에도 전쟁의 희생자들이 엄청나게 많았습니다만 쇼아의 희생자들만큼은 아니었습니다. 그 이유는 폴란드인, 라트비아인, 리투아니아인, 우크라이나인들은 수용소에 있었고, 이들은 유대 민족을 말살하고 유린하는 데 가담함으로써 그들 스스로 최악의 모습을 드러냈기 때문입니다. 나치는 이 세상에서 유대파 기독교라는 개념을 근절하고 싶어 했습니다. 마르크 샤갈(Marc Chagall)의 작품 중에 예수께서 탈리스(talit 유대인들이 기도할 때 사용하는 망토-옮긴이)에 덮여 십자가에 못 박히는 장면이 있습니다. 또한 촛대에 예수님이 발을 데이는 장면과 그 주위로 온갖 폭력적인 장면을 묘사하고 있습니다. 회당은 불타고, 유대인들은 토라의 성스러운 문서를 보호하기 위해 그곳을 뜨려고 하며, 겁에 질린 여자와 아이들은 도망칩니다.

저는 항상 말합니다. 죽음의 수용소는 단지 6백만 명의 유대인을 죽인 것이 아니라 예수님을 6백만 번 죽인 것이라고요. 예언자의 메시지를 전달한 이래로 예수님의 수많은 메시지와 뜻은 곧 유대인이기 때문입니다.

프란치스코: 예수님은 모든 고통받는 사람들 안에 계십니다. 이것이 바로 그리스도교적인 믿음입니다. 우리는 그리스도의 열정으로 고통을 통해 우리의 부족한 부분을 채웁니다.

스코르카: 이것은 탈무드적인 생각이기도 합니다. 산헤드린(Sanhedrín)* 법전의 사형선고에 관한 부분에서도, 범죄자가 사형을 받을 때 "하느님은 그와 함께 고통을 함께하십니다"라는 말이 등장합니다(미쉬나 산헤드린 6:5). 심지어 사형을 집행하는 순간에도 하느님은 그와 함께하십니다. 저는 추기경님의 말씀에 전적으로 동의합니다.

프란치스코: 방금 말씀드린 책에서 아주 잔인한 것들을 발견했습니다. 나치는 유대인들의 치아를 뽑고 머리카락을 잘랐습니다. 가장 극악무도한 행동은 유대인을 골라 이런 일들을 시

• 산헤드린: 고대 유대인 도시에서 23명의 판사들로 구성된 고대 이스라엘의 의회 겸 법원. 대 산헤드린은 71명의 이스라엘 판관으로 구성된 대법원이었다.

켰다는 것입니다. 자기 민족을 배신하게 한 것입니다. 즉, 잘못을 이들에게 전가하려 했던 것이지요. 정말 악마와 같은 행위입니다. 이렇게 함으로써 더 이상 나치의 죄가 아니라 유대인 자신의 죄가 된 것입니다. 이들의 행위 뒤에 숨겨진 교묘함과 증오가 놀라울 따름입니다.

스코르카: 추기경님, 이럴 때 교회는 어떻게 했어야 한다고 보십니까?

프란치스코: 몇 년 전에, 클레멘스 아우구스트 폰 갈렌(Clemens August von Galen) 추기경께서는 나치에 대항해서 행복했노라고 말씀하셨습니다. 어떻게 살아 돌아오셨는지 모르겠지만, 추기경께서는 처음부터 나치의 만행을 비난한 용감한 분이셨습니다. 교황 비오 11세(Pius XI)는 독일어를 완벽하게 구사했고 독일어로 회칙을 썼습니다. 만약 오늘날 이것을 다시 본다 해도 그 의미는 여전할 것입니다. 그분은 이렇게 시작했습니다. "깊은 걱정과 함께……" 처음에는 상황을 그렇게 심각하게 생각하지 않았던, 순진한 주교들도 있었을 것입니다.

똑같은 일이 우리나라에도 일어났습니다. 어떤 사람들은 곧바로 불평하기 시작했고, 어떤 사람들은 조금 더 기다렸습니다. 그때까지는 확실하지 않았습니다. 드디어 이를 깨달은 바티칸은 유대인들에게 여권을 주기 시작했습니다. 비오 12세가 서거하셨을 때, 골다 메이어(Golda Meir, 이스라엘의 4대 총리-옮긴이)는 그가 많은 유대인을 살렸음을 알리는 공식 편지를 보냈습니다. 이탈리아의 교황청 대사관은 공원이 딸린 로마의 한 주택에 있습니다. 한 유대인 부자가 교회의 배려에 대한 감사 표시로 제공한 집입니다. 어떤 생존자들은 나중에 교황께 감사했습니다. 바티칸은 이탈리아의 치외법권 지역에 집을 여러 채 소유하고 있습니다. 이곳에 많은 유대인들을 숨겼지요. 저는 지금 긍정적인 면을 말하는 것입니다.

그런 반면에, 가톨릭교회가 말했어야 했던 것을 말하지 않았다는 얘기도 들립니다. 일각에서는, 만약 말을 했다면 그 결과는 훨씬 안 좋았을 것이고, 그 누구도 구하지 못했을 것이라고도 합니다. 그들의 말에 따르면, 일부 유대인들을 보호하기 위해 말하는 데 좀 더 신중을 기했다는 의미입니다. 우리가 무엇인가를 더 했다면, 누가 알겠습니까. 최근 몇몇 예수회 사람을 포함한 진지한 역사학자들은 가톨릭교회 행동의 정당성을 입증하는 상세한 연구 결과를 발표했습니다.

스코르카: 바로 그것이 제가 드릴 질문입니다. 뭔가를 더 했어야 했을까요? 뮌스터 출신의 폰 갈렌 추기경에 대한 흥미로운 일화를 알고 있습니다. 제가 소속된 교구를 설립한 랍비 프리츠 스타인탈(Fritz Steinthal)은 독일 분이었고, '깨진 유리의

밤'*에서 살아남은 분이었습니다. 1938년 11월 9일에서 10일 사이, 새벽에 벌어진 일이었습니다. 나치는 독일에 있는 대부분의 회당과 유대인 기업들을 파괴했습니다. 프리츠 스타인탈은 회고록에서 목숨을 걸고 유대인들을 구한 폰 갈렌과 사제들에게 고마움을 전했습니다.

지금에 와서, 홀로코스트가 자행될 당시 교황 비오 12세의 행동과 관련해 결정적인 의견을 내기란 상당히 어렵습니다. 그에 대한 찬성 의견도, 반대 의견도 있기 때문입니다. 추기경께서 말씀하신 골다 메이어의 편지가 있는가 하면, 확실히 교황이 할 수 있었던 것만큼도 말하지 않았다고 주장하는 책들도 있습니다. 세계유대인회의는 바티칸에 문서 보관소를 열라고 요구했습니다. 어디에서 실수했는지 찾을 때까지 아주 세부적인 것을 조사하고 거듭해서 살펴보면, 관여된 모든 사람

---

* 수정의 밤 또는 크리스탈나흐트. 한국어로는 '깨진 유리의 밤'이라고 부르는데, 사건 당시 수많은 유리창이 깨졌다 해서 붙은 이름이다. 헤르셸 그린슈판이라는 17세 독일계 유대인 청년이 파리 주재 독일 대사관의 3등 서기관이었던 에른스트 폼 라트를 암살한 것에 대한 보복으로 일어난 사건이다. 당시 유대인들은 길거리로 끌려나와 폭행을 당했고 상점들은 약탈을 당했다. 독일에서만 7천 개 이상의 유대인 상점과 1,668개의 유대인 회당이 파괴되었다. 이날 밤과 이튿날 아침에 3만 명의 유대인이 체포돼 강제수용소로 끌려갔다.

에게 도움이 될 것이라고 생각합니다. 그렇게 하는 것만이 다시는 이러한 일이 일어나지 않도록 하는 유일한 방법입니다. 자기비판만이 앞으로 나아갈 수 있는 유일한 방법입니다. 단, 자기비판이 틀림없을 때 말입니다.

저는 비오 12세의 시복諡福(거룩한 삶을 살았거나 순교한 이에게 복자 칭호를 허가하는 교황의 공식 선언-옮긴이)을 지지하는 분석에 내포된 신학적 이유에 대해서는 잘 모릅니다. 그가 가톨릭교회의 매우 중요한 지도자였다는 데 의문을 제기할 생각도 없습니다. 그럼에도 저의 가장 큰 의구심은 홀로코스트에 대해 알게 되었음에도, 어떻게 침묵할 수 있었느냐 하는 것입니다. 사방에서 들려오는 절규 속에서 왜 침묵한 것입니까? 예언자들은 아주 사소한 불의에도 절규했는데 말입니다.

비오 12세가 절규했다면 어떤 일이 일어났을까요? 양심이 눈을 떴을까요? 더 많은 독일군이 반란을 일으켰을까요? 저는 그런 일들이 일어났을 거라고 말하는 것이 아닙니다. 다만 그 고통받은 사람들, 더 이상 자기 목소리를 내지 못한 사람들의 입장이 되어보려는 것입니다. 마치 그들과 이야기하고 그들의 고통을 나누듯이 말이지요. 누군가를 구해야 한다는 것이, 다른 누군가는 포기하는 것을 의미하나요? 유대 율법은 이렇게 말합니다. 적군이 도시를 포위한 채 누구든 희생양을 넘겨주지 않으면 모든 이들을 죽이겠다고 선포하는 경우엔, 도시의 모든 사람들이 스스로 목숨을 끊어야 한다고 말이지요. 누구를 살리고 누구를 죽일지를 선택할 권리는 그 누구에게도 없습니다.

프란치스코: 교수께서 말씀하신 홀로코스트 문서 보관소를 여는 것에 찬성합니다. 공개하고, 모든 것을 확실히 해야 합니다. 실제로 어떤 것을 잘못했다면 "우리는 이것을 잘못했다"라고 말할 수 있어야 합니다. 잘못을 시인하는 것을 두려워해서는 안 됩니다. 목표는 진실이 되어야 합니다. 진실을 숨기기 시작하면 성경을 치워버리게 될 것입니다. 하느님을 믿는다 해도, 어느 정도까지만 믿게 될 것입니다.

우리는 우리가 죄인이며, 죄 짓는 일을 멈추지 못한다는 것을 잊지 말아야 합니다. 하느님께서는 죄 짓는 것을 원치 않는데도 말입니다. 하느님께서는 인자함으로 우리를 사랑하십니다. 그렇지만 내가 죄인이라는 것을 인정하지 않으면 하느님의 인자함은 나에게 오지 않습니다. 나에게 닿지 않습니다. 우리는 진실을 알아야 하고, 그 문서 보관소를 열어야 합니다.

스코르카: 유대교와 바티칸 간에 논쟁거리가 되는 또 다른 주제는 베네딕토 16세(Benedictus XVI)의 결정인데, 그분은 특정 교구들이 유대인의 개종을 위해 기도하는 것을 재차 허

락했습니다.

프란치스코: "불성실한 유대인들을 위해 기도합니다." 스페인어로 된 원래 기도는 강합니다. 라틴어로도 이 '불성실'의 의미는 '믿음이 없는 자들'이라는 뜻인데, 요한 23세(Joannes XXIII)가 이 문장을 펜으로 지웠습니다.

스코르카: 교황 요한 23세는 세상과 대화하기 위해 길을 닦았습니다. 교황의 사절로 터키에 계실 때부터 시작한 일입니다. 그분은 이곳에서 유대인들에게 가짜 세례인증서를 주고 많은 유대인들을 구했습니다. 교황으로 즉위하고 나서는 많은 변화를 가져왔습니다. 우리는 그를 통해서 성직자가 무엇인지를 진정으로 볼 수 있었습니다. 요한 23세는 직접 행동했고 일한 분입니다. 소리쳐 말했고 위험을 감수했습니다. 그래서 다시 문제는, 비오 12세가 유대인뿐만 아니라 전 세계를 위해 진정으로 위험을 감수했느냐 하는 것입니다. 한 가지가 더 있습니다. 저는 그가 가톨릭교회에 했던 만큼 유대인을 위해서도 위험을 감수했을지가 의문입니다. 인생을 살다 보면 구체적인 행동을 취해야 할 때가 반드시 있습니다. 이때 하지 않으면, 언제 그렇게 하겠습니까? 이것이 저를 힘들게 하는 질문입니다.

프란치스코: 교황 요한 23세가 유대인들에게 가짜 세례인증

서를 주었다는 말을 많이 들었습니다만, 확인하지는 못했습니다.

스코르카: 사실, 라울 발렌베리(Raoul Wallenberg) 재단에 그 사실을 증명하는 서류들이 있습니다. 이 재단의 임무 중 하나는 유대인들을 위해 위험을 무릅쓴 대사나 공인들의 용기 있는 행동을 알리는 것입니다. 아마도 무슨 일이 일어났는지를 확실히 알기 위해서는, 교황의 배경은 어떠하고 어떤 교육을 받았는지를 살펴봐야 할 것입니다. 비오 12세는 바티칸 부근에서 교육을 받았고, 그분의 가족은 교황청과 연관이 있습니다. 교황은 모든 것을 외교를 통해 얻을 수 있다고 믿는 무리의 일원이었습니다. 외교를 통해 해결책을 얻을 수 없다면, 해결책은 없는 것입니다. 요한 23세는 작은 마을의 소박한 가정에서 태어났습니다. 그 마을 사람들은 빠르고 실용적인 해결책을 통해 서로를 돕는 것이 얼마나 중요한지를 배우며 자랐습니다. 외교와는 정반대의 해결 방식이지요. 왜 두 분이 다른지 물으신다면, 답은 여기에서 찾을 수 있을 것입니다.

프란치스코: 문서 보관소가 무엇을 말하고 있는지 읽어볼 것을 주장하는 바입니다. 잘못된 비전이나 그 밖의 다른 것이 있었는지 말입니다. 저에게 확실한 자료는 없습니다. 지금까지 제가 본 자료들은 비오 12세에 대해 매우 호의적인 것이었지

만, 보관소의 문서를 모두 검토한 것은 아니니까요. 게다가, 교수님이 옳습니다. 요한 23세는 죽는 순간까지 시골 농부였습니다. 죽음에 다다른 순간 침상에서 그분의 누이는 식초를 적신 차가운 손수건을 그분 머리에 대고 있었습니다. 시골에서 하던 방법으로 말입니다.

스코르카: 비오 12세는 유대교와 가톨릭교회 간의 대화에는 관심이 없었습니다. 사실을 말하자면, 싫어했습니다. 제2차 세계대전 이후에, 이러한 태도를 바꾸려고 무던히도 노력한 교회 구성원들이 있었습니다. 요한 23세가 교황이 되고 나서야 변화가 시작되었습니다. 교황은 세계유대인회의의 대표를 영접할 때, 두 팔을 벌리며 "나는 당신의 형제 요셉입니다"라고 말했습니다. 이것은 요셉이 형제와 화해할 때 건넸던 말입니다. 분명히, 상황이 늘 이러했던 것은 아닙니다. 여러 가지 이유로 인해 늘 어떤 적대감이 흐르고 있었기 때문이지요. 지난 20세기 동안 여러 다른 그리스도교 종파에 만연했던 반유대교 정서를 기록한 책들이 있습니다. 유대인에 반대해서 설교하던 성직자도 있었고, 실질적이고 매우 존경할 만한 대화를 유지했던 분들도 있습니다. 십자가를 휘두르는 사람들이 지역 사람들을 부추겨 집단 학살을 저지르거나 잔학한 폭력을 가하기도 했다고 역사는 전하고 있습니다. 1920년대와 1930

년대 아르헨티나에는 스스로를 가톨릭이라 규정한 잡지가 있었습니다. 그 잡지에는 유대인을 증오하는 내용이 많았지요.

지금 제 생각에, 우리가 나누고 있는 이 대화의 요점은 이 같은 악순환을 끊어버리고 새롭게 다시 시작하여 공통된 유산을 마음에 새기자는 것입니다. 누군가가 예수는 하느님을 본떠 만든 존재라고 믿는다면, 우리는 그 어떤 인간도 하느님의 형체를 나타낼 수 없으므로 하느님께서는 그리 하지 않으셨을 것이라고 말합니다.

이러한 차이가 증오나 분노를 만들어낼 이유는 없습니다. 훗날 우리는 진실을 알게 될 것입니다. 그때까지 우리는 함께 협력하여 노력할 수 있고 노력해야만 합니다. 우리의 윤리적 기반에는 우리를 하나로 만드는 공통점들이 많습니다. 복음서와 탈무드의 유사점은 쉽게 찾을 수 있습니다. 기회주의적 이유나 정치적 이유로 증오를 부추겼기 때문에 역사적으로 반유대주의가 빈번히 일어난 것입니다. 예를 들어, 러시아의 알렉산드르 2세가 사망하자 유대인은 비난을 받았고, 교회들은 정치적 이유로 대중이 모이는 집결지로 사용되었습니다. 이에 대해서는 의문의 여지가 없습니다. 확실한 사실이기 때문입니다.

문제는 "어떻게 다시 시작할까?"입니다. 두 종교가 모두 세계의 평화를 원할 때, 각각의 종교는 자신에게서 최선의 전통을 취하여 다른 전통에 맞춰 함께 나아가는 것입니다. 우리는 서로를 도울 수 있습니다. 뉴욕의 개신교 기관인 유니온 신학교에서 아브라함 예후다 허셀(Abraham Jehuda Heschel)은 취임 연설을 통해 "어떤 종교도 섬이 되어서는 안 된다"라고 했습니다. 제2차 세계대전 이전처럼 깨지고 분열되어서는 안 됩니다. 우리의 메시지는 일반적이며 모두를 위한 것이어야 합니다. 상대의 정체성을 바꾸려고 들지 말고, 서로를 끌어당겨 가까워져야 합니다.

프란치스코: 제2차 바티칸 공의회에서 나온 구절이 매우 중요하다고 생각합니다. 하느님께서는 모든 사람들에게 그 모습을 드러내시고, 특히 하느님의 선민을 구하신다고 표명했습니다. 하느님께서는 약속을 지키시기 때문에 하느님의 선민들을 거부하지 않습니다. 가톨릭교회는 공식적으로 이스라엘 백성을 하느님의 선민으로 인정합니다. 그 어떤 곳에서도 "네가 게임에 졌으니 이제 우리 차례다"라고 말하고 있지 않습니다. 이는 이스라엘 백성을 인정한 것입니다. 저는 이것이 바티칸 공의회가 한 일 중에서 가장 용기 있는 일이라고 생각합니다. 또한, 유대인은 더 이상 하느님을 죽였다고 비난받지 않을 것입니다. 예수님의 수난을 읽으면 명확해집니다. 마치 모든 아르

헨티나 국민이 특정 정부 때문에 비난을 받는 것과 마찬가지입니다.

스코르카: 사실, 그 당시 정권은 유대인 손에 있지 않았습니다. 정치적 결정을 내리는 사람들은 본시오 빌라도와 로마인들이었습니다. 예수께서 못 박힌 십자가 위에는 '유대인의 왕'이라는 뜻의 INRI*가 새겨져 있었습니다. 예수께서 정말 유대인의 왕이었다면, 이는 다시 말해, 예수께서 로마 권위의 뿌리를 뒤흔들었다는 뜻이 됩니다. 게다가 십자가형은 유대인들이 사형선고를 받은 사람에게 적용하는 형벌도 아니었고, 당시 산헤드린에서는 더 이상 사형선고를 내리지도 않았습니다. 그리고 이 모든 것이 사실이라 할지라도, 유월절에 사형을 집행하지는 않았을 것입니다. 무엇보다, 그 당시 아주 유명한 유대인이 "예수는 하느님의 아들이 아니다"라고 공표했다 하더라도, 그렇게 많은 세대가 지난 지금까지도 그의 후손들은 그에 대한 벌을 받아야 한다고, 누가 무슨 권리로 말할 수 있습니까?

프란치스코: 사실, 누구도 당시 결정권을 가졌던 사람들에

---

* Iesus Nazarenus Rex Iudaeroum의 약어

대해 말하기란 쉽지 않습니다. 그러나 우리가 이야기하기 시작한 것을 간과하고 싶지는 않군요. 아르헨티나에 반유대주의 성직자가 있었다고(지금도 있다고) 말씀하셨습니다. 저는, 학교에서 한 반에 절반이 유대인이었다는 요한 바오로 2세(Joannes Paulus II)와 같은 경험을 한 적이 없습니다. 그렇지만 제게도 유대인 친구가 있고, 과거에도 있었습니다. 이들 중 한 명은 아마도 '러시아인'으로 불렸을 것입니다. 우리가 어렸을 때 '유대인'이라고 불렀던 것처럼 말입니다. 저와 이들 사이에 문제가 있었던 적은 단 한 번도 없습니다. 과거에도 지금도 반유대주의 가톨릭이 있지만, 일부 성직자들이 취했던 노선과 같은 1930년대의 증오는 없습니다. 오늘날 아르헨티나 가톨릭교회의 정책은 명확합니다. 종교 간의 대화입니다. 이쪽 노선의 선구자가 있다고 하면, 호르헤 메히아(Jorge Mejía) 추기경과 안토니오 콰라시노(Antonio Quarracino) 추기경입니다.

스코르카: 메히아 추기경은 마셜 메이어와 함께 많은 일을 하셨습니다. 함께 종교고등연구소(Instituto Superior de Estudios Religiosos)를 설립했습니다. 그리고 콰라시노 추기경이 묻힌 곳에서는 여러 수용소에서 찾아낸 히브리어 기도책의 단편들과 홀로코스트 관련 문서를 전시하고 있습니다. 그분은 이 유물들이 그곳, 대성당에 있기를 바라셨습니다.

프란치스코: 어떤 단체는 이 전시물을 대성당 박물관으로 이전하자고 압력을 넣었지요. 그러나 저는 이를 승인하지 않았고, 별일은 일어나지 않았습니다.

- 종교고등연구소(ISER)는 개신교, 가톨릭, 유대교를 한데 모으는 기관으로, 상호 이해와 공존을 위해 1967년에 설립되었다. 이 연구소는 신학적 관점에서 국가의 현실을 분석하기도 한다. 이 기관에는 호르헤 메히아와 같은 가톨릭 신학자도 있었는데, 그는 30년 뒤 추기경이 되었다. 초기 연구소를 알리는 데에는 랍비 마셜 메이어의 공이 컸다.

25
1970년대에 대하여

스코르카: '국가재건과정'* 동안 유대 사회, 특히 아르헨티나 유대민족연합위원회DAIA(Delegación de Asociaciones Israelitas Argentinas)의 정치 지도층은 과연 무엇을 했는지 궁금할 때가 있습니다. 같은 시기에 보수주의 운동은 더 큰 영향력을 발휘하기 시작했고, 이 운동의 지도자인 마셜 메이어는 '실종자들'**을 공개적으로 옹호했는데 말입니다. 메이어는 비록 외로운 투쟁이기는 했지만, 최선을 다해 적극적으로 개입하려고 했다고 말했습니다. 나중에 대통령으로 선출된 라울 알폰신이 메이어의 노력을 인정해 그를 '실종자진상조사국가위원회'***의 일원으로 초빙한 것도 이 때문이었습니다. 메이

어느 당시 자행되었던 끔찍한 일들에 관한 증언을 몇 시간 동안 듣고 나자 욕지기가 솟았다고 합니다. 저는 메이어와 그의 제자들과 함께 하코보 티메르만(Jacobo Timerman)****의 석방을 요구하는 탄원서에 서명을 하러 간 적이 있습니다. 하지만 DAIA가 반대했고, 결국 탄원서는 발표되지 않았습니다.

사회의 지도층에 판결을 내리기란 매우 어렵습니다. 추기경께서 말씀하신 것처럼, 모든 행동은 그 당시의 생활이 어떠했는지에 따라, 구체적인 상황과 환경, 딜레마를 근거로 판단하고 분석해야 합니다. 용기나 도의심이 부족하다고, 혹은 진지하게 참여하지 않는다고 누군가를 비난하기란 쉽지 않습니다. 그러나 사회에서 중요한 지위를 차지하고 있는 누군가가, 군이 정부를 장악할 때 일어나곤 하는 사건들이 발생한 이후에

- 국가재건과정(Proceso de Reorganización Nacional)은 1976년부터 1983년까지 아르헨티나를 지배한 군사독재정권의 지도자들이 사용한 명칭이다.
- 실종자들(Desaparecidos)은 군사정권이 1976년부터 1983년까지 아르헨티나를 지배하는 동안 체포된 뒤 다시는 볼 수 없었던 사람들을 가리킨다.
- 실종자진상조사국가위원회(CONADEP)는 라울 알폰신이 군사독재 시기 동안의 인권침해 사례를 조사하기 위해 만든 조직이다. 최종 보고서는 '다시는 되풀이되어선 안 된다'라는 제목으로 발표되었다.
- 일간신문 《라 오피니온》의 발행인으로 군사독재정부에 납치되었다가 나중에 국외로 추방되었다.

도 침묵하며 계속 그 자리를 지키고 있다면, 그 사람은 비판적인 시선을 받을 만합니다. 그가 계속 활동할 것인지, 사임할 것인지를 결정해야 하는 시기가 오게 마련이지요.

군사 정부는 당시 DAIA의 회장이던 네헤미아스 레스니즈키(Nehemías Resnizky)의 아들까지 납치했습니다. 레스니즈키가 아들의 석방을 놓고 군부와 거래를 했다는 소문이 있습니다. 이 사안을 조사하는 사람은 당시의 문제들을 이해하고 의문점들을 풀어 DAIA가 실제로 했던 일과 하지 않았던 일을 파악해야 합니다. 저는 사람을 성급하게 판단하는 것을 좋아하지 않습니다만 분명히 말할 수 있는 건, 무슨 일이 벌어졌는지 상황 파악이 끝나자 달리 행동한 사람들이 있었다는 점입니다.

마셜 메이어는 DAIA와는 완전히 다른 태도를 취했습니다. 그의 행동은 엄청난 영향력을 발휘했습니다. 메이어는 아르헨티나 국민이 아니라 미국인이지만, 우리에게 예언자의 소명을 불어넣었습니다. 우리는 아직도 아르헨티나에서의 인권을 요구하던 메이어의 연설과 설교를 기억합니다. 당시 우리는 진정으로 눈을 떴습니다. 마셜 메이어가 모든 사람에게 문을 열어주었던 것입니다. 당시 그가 한 일(그를 본보기 삼아 우리가 한 일)은 더는 부당한 일이 일어나지 않도록 막는 것이었습니다.

그 끔찍한 시기에 메이어와 가깝게 지낸 우리는 크든 작든 어느 정도 개입을 하게 되었지요. 예를 들어, 마이어는 자신의 제자였던 펠리페 야페(Felipe Yafe)에게 실종자진상조사국가위원회의 코르도바 지부 설립을 돕게 했습니다. 저는 독재 종식을 위한 텔레비전 프로그램이었던 〈신은 나의 쉼터〉를 맡아 민주주의의 중요성과 그 외에 군사정권의 견해와 일치하지 않는 쟁점들에 관해 이야기했고 말입니다.

당시의 DAIA의 지도부를 옹호하는 사람들도 있지만 피할 수 없는 진실이 있습니다. 한편에는 DAIA를 비난하는 엄청난 수의 피해자 가족들이 있고, 다른 한편에는 당국이 할 수 있으면서도 하지 않았던 일을 모두 보여준 메이어가 있습니다. 메이어로 인해 얻은 긍정적인 결과라 한다면, 그가 사회 지도층의 지도력이 실패했음을 증명했다는 것입니다.

프란치스코: 가톨릭교회의 경우, 국가와 유지해왔던 역사적 관계 때문에 문제가 더욱 복잡합니다. 비록 쿠데타 직후에 그리고 몇몇의 경우엔 공개적으로 공표하긴 했지만, 가톨릭교회는 항상 처음부터 로비하는 쪽을 선호했습니다. '가톨릭과 국가사회' 문서 25주년을 기념하기 위해 출판된 책은 3장에서 인권에 대해 다루면서 1896년 이후 가톨릭교회가 한 선언들을 언급했습니다*. 사태를 즉각 알아차린 주교들도 있었는데,

자즈페(Zazpe) 주교도 그중 한 명입니다. 주교는 산타페의 시장이 잔인하게 고문을 당했다는 것을 알고 즉각 대응했습니다. 그 외에도 곧바로 사태를 파악하고 투쟁했던 사람들로는 헤사이네(Hesayne), 호르헤 노바크(Jorge Novak), 하이메 드 네바레스(Jaime de Nevares) 같은 훌륭한 분들이 계십니다. 또한 알도 에체고옌(Aldo Etchegoyen) 같은 감리교도도 있습니다. 이들은 인권을 위해 백방으로 노력하고 말과 행동으로 옮긴 사람들입니다. 또한 말을 많이 하지는 않았지만 많은 일을 하고 사람을 구한 이들도 있습니다. 이들은 군부를 찾아가 지휘관들과 싸웠습니다.

당시 저는 서른아홉 살이었고, 1973년부터 예수회 아르헨티나 관구장이었습니다. 저는 무슨 일이 벌어지고 있는지 아주 제한적으로밖에 알지 못했습니다. 관구장과는 거리가 먼 일이었으니까요. 1976년 3월 24일, 그날의 사건을 예견하지 못한 채 저는 이사를 하고 있었습니다. 보고타 가 300번지에 있던 관구를 산미겔의 막시모 대학으로 옮기기로 이미 전 해에 결정되었던 것인데, 우연히도 우리가 선택한 날짜가 3월

- 《아르헨티나의 교회와 민주주의》, 아르헨티나 주교회, 부에노스아이레스, 2006. pp.625~728

24일이었던 것이죠. 우리가 가구를 옮기고 있는 동안 이 나라는 무슨 일이 벌어지고 있는지, 상황을 이해하려 애쓰고 있었던 것입니다. 경찰들조차 한창 이사중인 우리에게 와서 무슨 일이 벌어진 것이냐고 물었으니까요.

산미겔에서는 많은 사람이 우리의 도움을 받았습니다. 우리는 영적 수련 과정을 만들었고, 그중에는 200명 이상을 수용할 수 있는 신학 및 철학 분과도 있었습니다. 우리는 몇몇 사람들을 며칠간 숨겨주기도 했습니다. 나중에 그중 어떤 사람들은 스스로 나갔고, 어떤 사람들은 누군가가 국외로 데리고 나가주거나 숨어 있을 만한 더 안전한 장소를 찾을 때까지 기다렸습니다. 제가 사태를 알아차린 것이 바로 이때입니다.

그 시절에 가톨릭교회는 무엇을 했을까요? 가톨릭교회는 성자와 죄인과 그 둘의 면모를 다 가진 사람들이 두루 존재하는 조직이 할 법한 일을 했습니다. 어떤 가톨릭교도들은 실수를 했고, 어떤 이들은 올바로 나아갔습니다. 공산주의와 맞서 싸우고 있다고 주장하며 자기 행동을 정당화한 가톨릭교도들도 있었습니다.

많은 사람을 혼란스럽게 하고 겁먹게 만들었던 건 투쿠만(Tucumán)에 게릴라들이 배치된 것이었습니다. 이 일로 이사벨 페론(Isabel Perón) 대통령은 게릴라들을 소탕하라는 명령에 서명했지요. 테러리스트들의 공격 또한 많은 사람을 위협했습니다. 저는 포르모사(Formosa)에서 신병들이 끔찍하게 대량학살 당한 일을 기억합니다. 군사정부 시절 자행되었던 참혹한 일들은 일부만 밝혀졌을 뿐입니다. 저에게는 이 일이 우리 고국에 드리운 가장 큰 재앙 중 하나지만, 그렇다고 앙심을 품는 것은 정당화될 수 없습니다. 증오는 아무것도 바로잡지 못하니까요. 하지만 순진무구해서도 안 됩니다. 자식을 잃은 많은 부모들은 이런 감정을 이해할 수 있을 겁니다. 이들은 살붙이를 잃었고, 하소연할 곳도 없기 때문입니다.

지금도 그들은 자식에게 무슨 일이 일어났는지, 얼마나 많이 고문 받았는지, 어떻게 목숨을 잃었는지 모릅니다. 누군가 5월광장어머니회(1970~1980년대 아르헨티나의 군부독재 당시 자식이 실종된 어머니들이 만든 단체-옮긴이)를 비난하면, 저는 먼저 그 어머니의 입장에서 생각해보았느냐고 물어봅니다. 그 어머니들은 존중받고 이해받아야 할 자격이 있습니다. 모두 가혹한 괴로움을 겪은 사람들이기 때문이니까요.

요약하자면, 가톨릭교회에는 제각기 다른 유형의 교인들이 있었습니다. 게릴라로 활동하다 목숨을 잃은 교인들, 사람들을 구하려고 도운 교인들, 고국을 구하고 있다고 믿고 탄압을 했던 교인들 등이 공존했습니다. 마찬가지로 성직자들에게도 여러 유형이 있었지요. 주교회는 여러 차례 로비를 하고 성명서도 발표했습니다. 우리가 특별 조사를 해야 한다는 교수님의 의견에는 동의합니다만, 그 연루 관계를 단순하게만 가정할 수는 없습니다.

스코르카: 저는 당시 국가의 사회 지도층이 실제로 어떤 힘을 갖고 있었는지 스스로에게 질문해봐야 한다고 생각합니다. DAIA의 경우에는 국가적인 차원의 유대인 대표 단체가 갖는 윤리적 권력이 있습니다. 그런데 실제로는 어떤 권력을 갖고 있습니까?

저는 특정인에게 어떤 일이 가해진 것인지 알아보려고 몇몇 사례를 두고 조사를 시도했었지요. 하지만 제가 두드렸던 문은 모두 닫혀 있었습니다. 당시 저는 너무 젊었고 아무런 연고도 없었습니다. 하지만 지금도 묻고 싶습니다. 우리의 지도자였고 힘 있는 자리에 있었던 사람들, 그들에겐 과연 올바른 일을 하겠다는 의지가 있었습니까? 저는 지금 교회뿐만 아니라 당시 아르헨티나에서 영향력이나 권력을 가졌던 모든 사람들에 대해 말하고 있는 겁니다.

그들은 권력을 갖고 있었습니까? 그리고 권력을 잃을까 봐 두려워했던 겁니까? 왜 그들은 상황을 뜯어고치지 않았습니까? 저는 아르헨티나 사회 전체에 관해 말하고 있습니다. 군부의 문을 두드리고 게릴라와 싸우려면 그들을 재판에 회부해야 한다고 말할 수 있었던 모든 사람들에 대해서 말입니다. 어떤 상황에서도 사람들을 '사라지게' 만들어서는 안 되었습니다. 그건 정말 끔찍한 일이니까요.

프란치스코: 피노체트(Augusto Pinochet) 군사정권이 집권한 동안, 칠레의 가톨릭교회는 교수께서 말씀하신 노선에 따라 행동하여 연대 교구(피노체트 독재 당시 칠레의 가톨릭교회에서 결성한 인권조직-옮긴이)를 조직했습니다. 앞에서 말한 것처럼 아르헨티나에서도 선언문이 발표되고 조용히 로비도 진행되었는데, 그래서 온갖 추측이 난무하기도 했지요. 저 역시도 《예수회 *El Jesuita*》라는 책에서 두 성직자의 사례와 관련해 저에게 가해진 비난에 대해 해명해야 했습니다.

26
일부 역사적 사실에 대하여
정복, 사회주의, 페론주의

프란치스코: 가톨릭교회가 스페인 정복에 참여한 일에 관해 이야기하려면, 아메리카 대륙은 원래 원주민들이 조화롭게 화합했던 곳이 아니라 가장 강한 제국이 약한 제국을 지배하던 곳이며 이미 전쟁 상태에 놓여 있던 곳이라는 점을 인식해야 합니다. 잉카 족의 예처럼, 가장 강하고 발전된 민족에게 정복당하는 민족이 있었던 것이 현실입니다. 역사적인 해석은 그 시대를 해석함으로써 이해해야 합니다. 추론된 해석학을 적용하면 역사는 왜곡되고 이해할 수 없게 됩니다. 문화적 맥락을 공부하지 않으면, 우리가 십자군 전쟁을 이야기할 때처럼 부적절하고 진부한 해석을 하게 되지요.

오늘날의 우리는 이해하지 못하지만, 아무튼 양측이 서로를 죽이던 때가 있었습니다. 투르크인들은 성지 예루살렘에서 쫓겨났습니다. 가톨릭교도들이 콘스탄티노플을 약탈하고 파괴한 것에 대해 어떤 신학적 설명을 할 수 있겠습니까? 이런 행위는 중대한 죄이지만, 그 시대의 문화에서는 사람들이 그런 짓을 저질렀습니다. 이는 우리 내면에 존재하는 잔인성을 보여주는 일이기도 합니다.

당시에는 신앙심을 부여한다는 개념이 있었는데, 이는 정복자들의 죄와 관련이 있습니다. 심지어 사람의 목을 베는 데에도 신앙심을 부여했습니다. 윤리적인 관점이나 순수주의자의 관점으로는 역사를 제대로 분석할 수 없습니다. 신앙이 있든 없든, 유감스럽게도 역사는 항상 그런 양상을 띠었습니다. 우리를 겸허하게 만드는 지점입니다. 그 시기에는 신앙과 칼이 밀접하게 연결되어 있었습니다. 역사적 분석은 그 시대의 해석과 함께 이루어져야 하며, 사건은 정당화하는 게 아니라 이해해야 하는 것입니다. 사건이 일어난 시기의 문화적 맥락에서 역사를 분석하는 것이 필수적입니다. 예를 들어 오늘날 우리의 생활방식을 기준으로 생각하면, 아브라함이 아들인 이삭을 제물로 바친 것은 이해하기 힘든 행동입니다. 그러므로 우리는 그 시대의 개념과 관습에 따라 역사를 공부해야 합니다.

또 다른 중요한 문제는 역사적 과정을 부분적으로 해석하는 데 그치지 말고 전체적으로 분석해야 한다는 점입니다. 그러한 부분들이 일반화되어 전체를 대신하고 하나의 전설이 되어버리기 때문입니다. 정복 기간 동안 (사업을 하고 금을 뺏기 위해 이 땅에 들어온) 스페인인들이 자행한 착취를 지적하지만, 반면에 정복자들에게 학대 당하는 원주민들을 보호한 바르톨로메(Bartolomé) 수사처럼 설교와 원주민들을 돕는 데에 전념한 사람들도 있었다는 것을 감안할 일입니다. 온화한 성격의 이들 대부분은 원주민들과 가까워졌고, 원주민들을 존중했습니다. 이들은 일부다처제, 인간 제물, 알코올 중독 같은 색다른 관습도 접해야 했습니다. 예수회는 선교활동을 하면서 원주민들이 술과 치차(chicha, 발효된 옥수수로 만드는 전통주-옮긴이) 중독에서 벗어날 수 있도록, 몸에 해롭지 않으면서도 에너지를 얻을 수 있는 대용품으로 마테 차를 고안하기도 했습니다.

착취를 일삼는 행정 기관과 얽히고 싶지 않았던 많은 가톨릭교도들은 원주민 옹호활동을 지지했습니다. 예수회의 성인 같은 인물이던 로케 곤잘레스(Roque González)를 예로 들 수 있습니다. 원주민을 노예화하는 데에 찬성하지 않았던 그는 아순시온(Asunción) 시의 장관쯤 되던 동생과 싸우기도 했습니다. 가톨릭교회는 원주민들을 보호했습니다. 예수회 선교사들은 그러한 인권활동단체의 한 예라고 할 수 있겠지요.

스코르카: 스페인의 정복 시절에 관련해서는 유대인이 크게 개입한 적이 없어서 언급할 게 별로 없네요. 유일하게 손꼽을 수 있는 사례로는, 유대인 몇 사람이 유대인이라는 사실을 숨긴 채 리오데라플라타(Rió de la Plata)에 도착한 일입니다. 1810년, 리마의 종교재판소가 유대인이라는 사실을 숨겨온 사람들을 고발하고, 그들을 인도해달라는 요구서를 보내왔다는 기록이 있음을 잊어서는 안 됩니다. 이런 일은 모두 볼레슬라오 레빈(Boleslao Levin)이 조사한 것입니다. 하지만 히르슈 남작(Barón Hirsch)의 도움으로 내륙의 농업 식민지(그중에서도 특히 모이즈빌과 마우리시오)가 건설되어 수많은 유대인 이민자들이 도착하기 시작한 1980년까지 유대인은 실제로 사회정치적 수준의 영향을 미치지 않았습니다. 농업식민지 건설은 후안 바우티스타 알베르티(Juan Bautista Alberti)의 꿈을 실현하는 데에 일조했습니다. 알베르티는 저서 《기초》에서 아르헨티나의 성장을 위한 열쇠 중 하나는 유럽 이민자를 끌어들이는 것이라고 쓴 적이 있습니다.

아르헨티나 문화에 유대인이 참여했음이 처음 드러난 분야는 알베르토 헤르추노프(Alberto Gerchunoff), 베르나르도 베르비츠키(Bernardo Verbitsky), 세자르 티엠포(César Tiempo)

뿐 아니라 영향력 있는 의사들로 대표되는 과학과 문학 분야입니다. 정치적 참여는 1910년대와 1920년대의 두 번째 이민 물결까지는 시도되지 않았습니다. 당시 터키와 동유럽 사람들이 아르헨티나에 도착하면서 사회주의 사상도 함께 들여왔습니다. 정치, 특히 노동운동, 사회당, 공산당 등에 유대인이 등장하게 된 것도 이 때문입니다. 경찰국장 라몬 팔콘(Ramón Falcón)을 암살한 시몬 라도위츠키(Simón Radowitzky) 같은 무정부주의자들도 있었습니다. 이후 유대 사회는 나치즘과의 싸움에 깊숙이 개입하게 됩니다.

저는 지금 유대인의 문화에 관해 말하고 있습니다. 아시다시피 유대교는 포괄적인 관점과 가치를 지니고 있지만, 모든 유대교 신봉자가 율법을 엄격하게 지키는 것은 아닙니다. 이민자들이 유럽에서 들여온 이상은 당시 유대인 문화의 동력이 되었습니다. 유럽에서 정치 집단을 형성하고 있던 이민자들이 그러한 이상을 들여온 것입니다. 또한 1920년대와 1930년대 당시에는 대주교의 국가에 사회주의 이념을 전파하기를 염원한 시오니즘의 중요한 흐름도 존재했습니다. 다른 한편에는 사회주의자들이면서도 유대 사회가 광범위한 사건에 참여해야 한다고 생각한 또 다른 집단도 있었고요. 어느 쪽이든 이런 상황은 왜 유대 사회가 아르헨티나 정치에 사회주의 이념으로 참여하게 되었는지를 설명해줍니다.

여기에 언급할 만하고 계속 철저히 조사해볼 필요가 있는 것으로는 페론에 대한 유대인들의 시각인데, 우리가 분명히 말할 수 있는 것은 페론이 나치의 과학자들과 암살범들이 나라에 들어오도록 놔두는 한편, 1949년 초에 이스라엘을 인정하고 유대 사회와 좋은 관계를 맺고 있었다는 점입니다. 파소 거리에 있는 대성당의 암람 블룸(Amram Blum)처럼 페론과 친밀한 관계를 유지하던 랍비도 있었습니다.

DAIA는 정부와 거리를 유지하고 싶어 했습니다. 페론주의에 동조한 '아르헨티나 이스라엘인 협회'를 결성한 데에서 알 수 있듯이, 이 시기는 유일하게 유대 사회가 둘로 나뉜 때입니다. 1930년대와 1940년대는 유대인에게 평화로운 시기가 아니었습니다. 교회에는 유대인 사회에 반대하고 나서서 매우 가혹한 선언을 한 집단들이 있었습니다. 매우 국수주의적이고 반유대주의적인 집단들이었습니다. 오늘날과는 전혀 달랐습니다.

프란치스코: 당시는 가톨릭교와 부당하게 융합된 국수주의가 절정을 이룬 시기였습니다. 심지어 오늘날에도 극우파들이 발간하는 잡지들이 있습니다. 이런 잡지들은 제가 다른 분야와 소통한다는 이유로 저를 이단에 빠졌다고 비난합니다. 하

지만 저는 유럽 출신 유대인들의 일화가 보여주는 사회적 차원의 의미를 강조하고 싶습니다.

하루는 노인이 한 분이 저를 만나러 왔습니다. 자신을 소개하면서 은퇴자들을 대표해 이야기를 하러 왔다고 하더군요. 돈 훌리오 리베르만이라는 분으로, 페론 집권기에 재단사 조합의 조합장이었다고 했습니다. 리베르만은 폴란드인 부모를 둔 아르헨티나 사람으로 공산주의자였습니다. 어릴 때 폴란드로 돌아갔지만 다시 아르헨티나로 돌아와 입대한 뒤 계속 이 나라에서 살았다고 했습니다. 이야기를 나누어보니, 매우 친화적인 성격에 전반적으로 태도가 훌륭한 사람이었습니다. 우리는 그 후로도 가끔 대화를 나누었습니다. 그런데 언젠가는 내게 정직해지고 싶다면서 자신은 신도가 아니라고 말하더군요. 리베르만은 교수께서 언급하신 사회주의 집단에 속해 있었던 겁니다. 아흔두 살인 지금까지도, 나이가 많아 조합을 떠났지만 은퇴자들을 대신해 계속 싸울 정도로 강인한 유대인입니다. 이렇듯 강인한 유럽의 유대인들을 끌어들인 사회적 투쟁은 효과가 있었고, 아르헨티나의 사회적 양심을 각성시켰습니다. 리베르만이 고백했던 것처럼, 그중 대다수도 신도가 아닐 듯싶습니다.

스코르카: 그렇습니다. 리베르만은 신도가 아니었습니다.

하지만 솔직히 말하자면, 신앙이 끝나고 이념이 시작되는 지점을 정확하게 정의하고 나누기란 지극히 어렵습니다. 어떤 사람들은 유대인은 미천한 가정 출신이어서 모두 사회주의자인 것이라고 말할지도 모릅니다. 빈곤과 사회적 불평등의 고통을 뼛속깊이 느끼는 사람들이라는 것입니다. 하지만 그러한 동일한 환경에서도 사회주의 이론가가 되지 않은 사람들 또한 존재합니다. 동시에 저는 궁금해집니다. 아모스, 예레미야, 이사야 같은 예언자들이 강력한 선언을 통해 전달한 성서의 사회주의적 이념들은 하느님과 싸우는 사람들에게 과연 어떤 영향을 미쳤던 것일까요. 그들 예언자들은 사회 정의를 지키기 위해 사람들의 양심을 요구하면서 하느님의 이름으로 분명한 메시지를 전했습니다. 이 점에서 또 다른 의문이 생기는데, 어쩌면 그들은 하느님과 싸우고 있던 것이 아닐지도 모르겠습니다. 아마도 그들은 종교 조직에 대항해 싸웠던 건 아니었을까요.

프란치스코: 가톨릭 전통에서 벗어나 사회적 대의를 위해 싸우는 사람들의 경우가 그러합니다. 대개 그들은 일부 신도들이 교량이 아니라 장벽 노릇을 하는 종교 조직이나 종교적인 생활방식 때문에 갈등을 겪습니다. 종교를 자신의 이익과 이념을 위해 혹은 단지 편의를 도모하는 데에 이용하는 식의 신

앙은 본인들에게 장애가 됩니다. 한 가지 결함의 예로, 권력을 가진 특정 부문들이 맺는 세속적인 합의를 들 수 있습니다. 또 다른 결함은 자선 행위에서 나타납니다. 인기 만화 《마팔다》 에서 수사니타는 이렇게 말합니다.* "폴렌타(옥수수 가루로 끓인 죽-옮긴이)와 국수, 그리고 가난한 사람들이 먹고 싶어 하는 싸구려 음식을 살 수 있도록, 저는 차랑 샌드위치, 쿠키, 그 외의 맛있는 것들을 팔아 기금을 모아요." 이와 같은 의미의 자선 행위는 그리스도교적이지도 않고, 사회적이지도 않습니다. 또한 믿음에서 나온 것도 아닙니다.

오늘날 어떤 사제가 아모스와 같은 설교를 하면서 이해를 돕기 위해 포르테노(Porteño)**로 번역해 전달한다면, 사람들을 그를 과격한 공산주의자라며 재판에 회부해 감옥에 집어넣으려 할 것입니다. 사회 정의와 관련된 하느님의 말씀은 우리 자신이 행동하거나 말할 수 있는 것, 혹은 우리 사회가 용인할 수 있는 것보다 훨씬 강력합니다.

- 수사니타(Susanita)는 아르헨티나에서 가장 인기 있는 만화 중 하나인 《마팔다》 에서 가장 매정하고 비판을 잘하는 인물이다. 찰리 브라운과 마찬가지로, 우울하지만 철학적인 주인공 마팔다 주위의 인물들 대부분이 어린이들이다.
- '포르테노'는 리오데라플라타의 항구 출신 사람들이 쓰는 속어를 지칭하며, 넓게는 강가에 위치한 부에노스아이레스 전체를 가리킨다.

1970년대에는 모든 것이 미약했지만 사회 참여만은 활발했습니다. 당시에 사제는 수사니타가 했던 것 같은 자선 행위에는 관여할 수 없었고, 빈곤한 사람들과 함께해야 했습니다. 그러다 보니 사제가 이념적 함정에 빠지는 경우가 나타났습니다. 사제들 가운데에는 이후 성직을 떠나 가톨릭교회의 건전한 발전과는 동떨어진 처지가 되어버린, 그리하여 기성 체제의 탄압으로 고초를 겪은 사제들도 있었습니다. 당시 종교적, 사회적 규율이 온통 뒤섞여 있던 로사리오(Rosario), 멘도사(Mendoza)의 사제들은 모반을 일으키기도 했습니다.

가톨릭교회에는 항상 사회적 책임이 있었습니다. 아르헨티나의 종교적 모임만 보더라도 고아원, 학교, 병원이 포함되어 있습니다. 사회적 문제에 헌신하는 남성과 여성들이 있었고, 1970년대부터는 소외 계층의 사람들과 함께 일하러 가는 사제의 모습을 보는 것이 진기한 일이 아니었습니다. 1970년대에 이미 68명의 수녀가 황열병 유행 당시 병자와 사망자를 도왔습니다. 이후 사회복지단체에 평신도들이 등장하여 사회복지 책임을 맡기 시작했습니다. 에바 페론 재단(Fundación Eva Perón)은 특별히 언급할 만합니다. 에비타가 노동부에서 시작해 나중에 자신의 재단에서 사회 참여의 길을 제시하자, 자선협회와 충돌이 일어났습니다. 에비타가 상황을 점차 진전시키고 사회적 통합을 강화했기 때문입니다.

초창기에 가톨릭교회는 페론과 대립하지 않았습니다. 페론은 특정 성직자들과 가까운 사이였습니다. 페론은 가톨릭교회의 사회적 교리의 기본 원리들을 활용하고 싶어 했고, 자신의 책과 계획안에 그중 많은 원리를 도입했습니다. 페론에게 이러한 원리들을 알려준 사람이 레시스텐시아(Resistencia)의 데 카를로(De Carlo) 주교였습니다. 페론 부부의 좋은 친구였던 주교는 부부가 사회와 관련된 저서를 쓰는 것을 도왔고 기타 다른 협력도 아끼지 않았습니다. 페론 정부가 레시스텐시아의 관문 근처 교차로에 주교를 위해 신학대학을 지어주었을 정도로 말입니다. 하지만 데 카를로 주교는 경멸 당했고, 새 정부에 너무 깊이 관여한다는 비난을 받았습니다. 그럼에도 주교는 훌륭한 사제였습니다. 자신은 양심과 타협하지 않았다는 그의 말은 진실이었다고 봅니다.

흥미로운 일화가 있는데요, 레시스텐시아를 방문했을 때 페론은 청중에게 한 가지 근거 없는 비방에 대해 해명하고 싶다고 말했습니다. 그러면서 이렇게 말했습니다.

"사람들은 데 카를로 주교가 페론 지지자라고 말합니다만, 이는 사실이 아닙니다. 페론이 데 카를로의 지지자입니다."

일부 가톨릭 신자들은 초기에 페론이 자신의 사회적 방침을 설명하도록 도왔습니다. 이제 그 부문은 반페론주의 흐름을 규합한 좀 더 진보적인 부문과 공존합니다. 진보주의자들은 급진당에 가입하고, 선거 때 보수당, 핵심 사회주의자들과 함께 민주연합을 결성했습니다. 처음에는 가톨릭교회가 페론 정권과 관계를 유지해 나가면서 종교교육 같은 정책을 얻어내기도 했지요. 그 정책이 좋은지 나쁜지는 별개의 문제입니다만, 에비타가 세상을 떠나자 거리가 생기기 시작했습니다. 아마도 지도층은 상황을 잘 처리할 수 있는 방법을 몰랐을 것입니다. 갈등은 1954년의 마지막 결전으로 끝이 났습니다. 어렸을 때 일간신문에서 '풍요로운 식탁의 신사와 성직자'라는 기사를 읽은 기억이 납니다. 그것이 첫 공격이었습니다. 그때부터 상호대립이 이어져 많은 사람들이 무고한 목숨을 잃었습니다. 군의 국수주의 집단은 5월 광장에 살고 있는 민간인은 신경 쓰지 않았고, '그리스도 정복'이라는 믿을 수 없는 문구가 쓰인 비행기를 띄웠습니다.

이 일은 제게 혐오감과 엄청난 분노를 불러일으켰습니다. 순전히 정치적인 행위에 그리스도의 이름을 사용했다는 것에 저는 격분했습니다. 종교, 정치, 순전한 국수주의가 뒤범벅이 된 사건이었습니다. 무고한 시민들이 무참하게 살해 당했고, 저는 그것이 나라를 지키기 위한 조치였다는 주장을 받아들일 수 없었습니다. 국민을 죽여서 국민을 지킬 수는 없는 법입니다. 가톨릭교회가 페론을 지지하기만 했다거나 반대하기만 했다고 말하는 것은 지나치게 단순한 생각입니다. 가톨릭교회와 페론의 관계는 훨씬 더 복잡하고 변수가 많은 관계였습니다. 처음에는 지지했다가, 이후에는 일부 지도자들이 결탁했고, 결국에는 대립하게 되었습니다. 페론주의와 마찬가지로 다소 복잡한 관계입니다.

또한 일반적으로 언론에서 '가톨릭교회'라고 말할 때는 주교, 사제, 성직자단을 가리키지만 가톨릭교회는 하느님의 백성 전체를 말한다는 것도 명확히 해두고 싶습니다. 그 시절 정부가 가톨릭교회를 불태워버리려 하는데도 불구하고, 나중에 '작은 검은머리방울새'라고 불리게 된 사람들은 계속 가톨릭 신도이자 열렬한 페론주의자로 남았습니다.

27
아랍-이스라엘 분쟁과
그 외의 갈등

스코르카: 아랍과 이스라엘의 분쟁에 관해 말할 때, 사람들은 대개 역사적 배경은 완전히 무시한 채 최근에 목격한 상황을 근거로 이야기합니다. 저는 폭력이 확대되는 것을 당장 멈추어야 한다고 생각합니다. 안와르 사다트(Anwar Sadat)*가 이스라엘을 방문했을 때, "우리는 수많은 눈물을 흘렸지만, 더 이상 전쟁은 없을 것입니다"라고 말한 것처럼 말입니다.

무기를 버려야 합니다. 평화롭게 사는 방법을 찾아야 하고,

• 안와르 사다트는 1970년부터 1981년까지 이집트의 대통령을 지냈다. 1978년에 사다트는 이스라엘과 '캠프데이비드협정'이라 불리는 평화협정을 체결했다.

그러기 위해 계속 노력해야 합니다. 이스라엘인들은 희생자들을 생각하며 눈물을 흘리고 있고, 많은 팔레스타인 사람들은 가자 지구에서 끔찍하고 비참한 상태로 살고 있습니다. 하지만 유감스럽게도 현 상황에서 이득을 보는 쪽이 있습니다. 분쟁에서 이익을 얻는 쪽 외에도, 석유를 인간의 목숨보다 더 중요하게 생각하고 냉정하게 계산하는 세계 시장도 있습니다. 원리주의자들 역시 분쟁이 유용하다고 생각합니다. 원리주의자들은 분쟁을 이용하고, 분쟁으로 지탱되기 때문입니다. 이란은 이런 분쟁을 이용해 헤즈볼라(레바논의 이슬람교 시아파 교전 단체이자 정당조직 - 옮긴이)를 이용해 시리아와 레바논까지, 그리고 하마스(팔레스타인의 반 이스라엘 무장 단체 - 옮긴이)를 이용해 가자 지구까지 영향력을 행사하려고 합니다. 이들은 '위대한 페르시아 제국'을 재건하여 시아파가 권력을 되찾고, 아야톨라의 신정정치를 반대하는 모든 사람을 지배하길 꿈꿉니다.

이스라엘에서 대규모의 평화운동이 확산된 적이 있었습니다. 히브리어로는 '샬롬 악샤브(Shalom Achshav)', 영어로는 '피스 나우(Peace Now)'라고 불리는 운동입니다. 유감스럽게도 상대편에는 이와 비슷한 조직이 없습니다. 저는 20만 명의 팔레스타인 사람들이 모여 "평화를 이룹시다!"라고 외치는 모습을 한 번도 본 적이 없습니다. 바락(Barak)•은 아라파트(Arafat)••와 만났을 때, 예루살렘의 일부분을 포함해 팔레스타인의 지도자가 원하는 것을 모두 주었습니다(이 일은 기록으로도 남아 있습니다). 그런 행동은 바락에게는 매우 위험한 것이었습니다. 일반적으로 이스라엘의 우파와 많은 유대인들은, 예루살렘은 영원하고 쪼개질 수 없다고 생각하기 때문입니다.

아랍인들은 메카 쪽을 향해 기도를 올리고, 우리는 예루살렘 쪽을 보고 기도를 합니다. 그런데 평화라는 명목으로 예루살렘의 일부를 팔레스타인 정부가 관리할 수 있게 되었습니다. 하지만 아라파트가 계속 더 많은 것을 요구하는 바람에 협상은 결렬되었습니다. 평화협정 체결에 실패한 바락은 이스라엘로 돌아와 사임해야 했고, 반면 귀국한 아라파트는 영웅 대접을 받았습니다. 물론 팔레스타인인의 나라가 있어야 합니다. 팔레스타인 민족이라고 간주되는 사람들이 있기 때문입니다. 이스라엘이 민주주의 국가기 되기를 하느님이 원하신다

- 에후드 바락(Ehud Barak)은 1999년에서 2001년까지 이스라엘의 10대 총리를 지냈다.
- •• 야세르 아라파트(Yasser Arafat)는 팔레스타인해방기구의 지도지로, 나중에 팔레스타인 자치정부의 대통령을 지냈다.

면, 이런 일이 일어날 때마다 이스라엘은 협상할 진정한 파트너를 찾을 것입니다.

유대인들의 가장 중요하고 본질적인 소망은 평화입니다. 이사야서 19장의 마지막 부분은 의미심장합니다. 이사야는 이집트, 이스라엘, 아시리아(아마도 시리아를 의미한다고 보아야 할 것입니다) 간에 합의가 이루어지는 시기에 대해 이야기하면서, 이 합의가 전 세계에 축복이 될 것이라고 말합니다. 우리는 논의의 조건을 바꿔야 합니다. 제가 '수치스러운 정치'라고 부르는 것을 '위대함에 대한 소망'이라고 바꿔 불러야 하는 것입니다.

종교적인 주제는 종종 왜곡된 형태와 아주 나쁜 방식으로 제기됩니다. 앞에서 언급한 것처럼, 이미 많은 사람이 목숨을 잃었고, 잔혹한 행위들이 하느님의 이름으로 자행되었습니다. 추기경께서 말씀하신 것처럼, 1955년에 마요 광장에서 그리스도의 이름으로 사람들이 죽임을 당했습니다. 요즘은 중동에서 하느님의 이름으로 끊임없이 서로를 죽이고 있습니다. 이런 상황은 양측 모두 자신을 극복하려는 의지가 있어야만 호전될 수 있습니다. 이웃에게서 상한 빵조각을 뺏으려 하지 않고, 더 잘산다는 이유로 이웃을 망가뜨리려 하지 않을 때에만 가능한 이야기입니다. 왜 가자 지구를 중동의 홍콩으로 바꾸지 못하겠습니까? 왜 가자 지구를 사람들이 정말로 행복하게 사는 곳으로 만들지 못하겠습니까?

중요한 것은 각 개인의 삶이고, 따라서 유대인에게는 팔레스타인인처럼 살 권리가 있습니다. 하지만 팔레스타인 역시 이해 받아야 합니다. 제가 말하는 대상은 거리의 시민들이 아니라 지도자들입니다. 사람들을 죽이면서 자신이 영원히 기억될 만한 훌륭한 행위를 하고 있다고 믿는 지도자들 말입니다. 모든 유형의 극단주의는 그릇됨이고, 자신들이 세계를 지배해야 한다고 생각하는 모든 집단은 해악입니다. 때때로 저는 왜 하느님께서 세상을 둥글게 만드셨는지를 생각해봅니다. 제가 찾은 답은 지구의 모든 지점이 동등하다는 것입니다. 다른 지점보다 더 중요한 지점은 없습니다. 모두가 똑같습니다.

프란치스코: 특정 정세에 관한 정치적 설명을 하시다가 인간관계에 관한 지혜로 가득 찬 담론으로 넘어가셨군요. 오래전에 한 노인과 나눈 대화가 생각납니다. 그 노인은 강렬한 영적 순간을 체험하고 나서 자신의 인생을 돌아보고 있었습니다. 노인은 제게 해결할 수 없었던 가족 문제가 있다고 말했습니다. "아마도 해결 방법을 찾지 못할 것이기 때문에 그 문제는 제 인생의 실패 중 하나가 될 것입니다." 그 말이 굉장히 인상적이었습니다.

때때로 인간관계의 문제는 방법을 찾도록 도와주는 사람이 있으면 해결될 수 있습니다. 문제를 안고 있는 사람으로서는 자기 앞에 놓인 산만 보이고, 그 외의 다른 것은 보이지 않기 때문입니다. 누군가가 "이쪽으로 가거나 저쪽을 시도해보면 더 나을 겁니다"라고 말해주어야 합니다. 제 경우에는 누군가와 문제가 있을 때, 그리스도교 초창기 이집트의 수도승들과 같은 태도를 취하면 도움이 됩니다. 이집트 수도승들은 자책을 해서 해결 방안을 찾았습니다. 자신을 피고석에 앉히고 자신의 내면에서 무엇이 잘못되고 있는지를 파악하는 것입니다. 저도 같은 방법으로 제 내면에서 잘못되고 있는 것을 관찰했습니다. 이런 태도는 상대의 잘못을 용서할 수 있는 자유를 가져다주었습니다. 저도 실수를 했고, 우리 둘 다 잘못을 했기 때문에 다른 사람의 실수를 강조할 필요가 없어졌습니다.

사람 사이의 조화는 방법을 찾음으로써 이루어집니다. 제가 보기엔 교수께서 강조하시는 것이 이런 태도라고 생각됩니다. 이것이 적대감을 해결하는 방법입니다.

스코르카: 우리는 문화적으로 대중 매체가 엄청난 영향력을 미치는 시대에 살고 있습니다. 저는 대중 매체들이 모든 주제에 대해 마치 축구경기라도 되는 것처럼 언쟁을 벌이는 것에 몹시 화가 납니다. 상황은 단지 검은색과 흰색으로 나뉘는 것

이 아니라 훨씬 더 복잡합니다. 그런데 그들은 광신적으로 잘못된 주장을 하고 피상적인 논쟁을 벌입니다. 그들은 오로지 최신 머리기사에 초점을 맞추고 센세이션을 불러일으키기만을 원합니다.

반면, 시사하는 바가 많은 정치 사회 서적들은 사람들이 이해하지 못하는 전문 용어나 철학적 용어로 쓰여 있습니다. 또 대단히 열정적으로 자기 입장을 입증하기 위해 민첩함을 활용하는 탁월한 사람들도 많습니다. 진실은 겸손을 통해서만 얻을 수 있는 법인데 그러나 그들에게는 꼭 필요한 자제력이 없습니다. 대중 매체는 이스라엘-팔레스타인 분쟁을 이런 식으로 제시하는 데 익숙해졌습니다.

프란치스코: 매체들이 상황을 흑 아니면 백으로 보는 것은 항상 화합보다 분쟁을 선호하는 사악한 성향 때문이라 할 수 있습니다. 겸손에 대해 말씀하셨는데, 겸손은 화합으로 가는 길을 고르게 닦아줍니다. 분쟁을 선호하는 성향은 그 길에 장애물을 놓을 뿐입니다. 그리고 그렇게 길을 고르게 하는 중에 성령이 임하십니다. 게오르그 헨델은 〈메시아〉 도입부에서 이사야서의 한 구절을 바리톤의 목소리로 아름답게 표현했습니다. 길이 평탄해지고 구원으로 가는 길이 준비되도록 "골짜기는 모두 메워지고 산과 언덕은 모두 낮아져라."(이사야서 40:4)

방법을 찾는다는 것은 화합을 예고합니다. 교수께서 대중 매체에 관해 하신 말씀을 저는 분쟁을 강조하는 모든 사람들, 흑과 백으로 이야기하는 사람들로 확장하고 싶습니다. 오늘날에는 진실의 일부분만 말해지고, 자신에게 유리한 것만 편리하게 받아들이기 때문에 잘못된 정보가 전달됩니다. 이런 방식은 분쟁을 촉진하여 많은 해를 끼칩니다. 다섯 개의 신문을 읽고 같은 소식을 다룬 기사들을 비교해보면, 해당 신문사의 성향에 따라 각자 가장 흥미로운 부분을 강조하고 있음을 알 수 있습니다.

스코르카: 저는 갈등이라는 문제에 대해 생각해왔습니다. 프로이트를 읽다가 '사람은 갈등을 해결해야 하고, 갈등을 해결하는 방식이 그의 실제 행동을 결정한다'라는 구절이 마음에 와 닿았습니다. 의사는 어느 정도의 공격성이 없으면 의사의 본업을 할 수 없습니다. 외과용 메스를 쥐는 것, 혹은 주사를 놓거나 혈액을 채취하는 간단한 행위는 본질적으로 다소 폭력적이기 때문입니다. 다만 의사는 그런 공격성을 긍정적인 무언가에 쏟는 것이지요. 각자가 지닌 공격적이고 파괴적인 성향을 바탕으로 어떤 일을 하고 있는지 연구할 필요가 있습니다. 이것은 프로이트가 생각해낸 것이 아니라 2천 년 전에 이미 랍비들의 교본에 등장한 생각입니다만, 저는 인간에게는

선한 성향과 악한 성향이 있는데, 문제는 어떤 식으로 악한 성향을 통제해서 긍정적인 무엇으로 바꿀 것인가에 달렸다고 믿습니다.

이런 의미에서, 갈등이 해결되지 않은 채 세상이 지금 같은 상황에 이른 것은 겸손이라는 측면이 부족하기 때문입니다. 모세가 가장 중요한 예언자가 된 데에는 다양한 이유가 있지만, 기본적으로 가장 겸손한 사람이었기 때문입니다.

프란치스코: 갈등은 성서의 시작 부분 몇 페이지에서부터 등장합니다. 에덴동산에서 쫓겨난 아담과 이브 사이에, 카인과 아벨 사이에 벌어진 사건이 있습니다. 그 뒤에는 바벨탑의 갈등이나 리브가와 에사오, 야곱의 갈등이 나옵니다. 주님이 이 땅에 계실 때 제자들은 항상 긴장을 불러일으켰습니다. 경건한 생활에서도 갈등이 벌어질 수 있다는 뜻입니다. 게다가 갈등을 진지하게 고찰하지 않으면, 성서와 계시를 이해할 수가 없습니다.

문제는 어떻게 신의 말씀에 따라 갈등을 해결할 수 있을까 하는 것입니다. 저는 전쟁이 해결 방법이 되어서는 안 된다고 믿습니다. 그 방법은 긴장을 일으킨 두 극 중 한쪽이 다른 쪽에 흡수되어버린다는 의미이기 때문입니다. 두 극단이 뒤섞여버리는 혼합도 문제를 해결하지 못합니다. 혼합체에는 장래가 없습니다. 두 극 사이에 벌어진 긴장은 멀리 내다보며 더 높은 차원에서 해결되어야 합니다. 혼합이 아니라 새로운 조화, 양측의 미덕을 유지하고 취하는 새로운 극을 이루어야 합니다. 그렇게 해야 발전을 이룰 수 있습니다. 흡수도, 뒤섞인 혼합도 아니고 새로운 조화를 이루어야 하는 것입니다.

유전암호를 보면 인류의 발전 방식을 알 수 있습니다. 갈등에 대한 진실된 철학은 사회적 갈등뿐 아니라 개인적 갈등까지 해결하기 위해 대담성과 용기를 지녀야 하며, 양측의 미덕을 재통합하는 조화를 추구해야 합니다. 독일의 루터교 신학자인 오스카 쿨만(Oscar Cullman)이 서로 다른 그리스도교 교파들을 화합하는 방법과 관련해 한 말이 있습니다. 그는 모든 사람이 처음부터 같은 것을 지지하도록 만들려고 해서는 안 되며, 다양성이 조화를 이룬 상태에서 함께 걸어가야 한다고 했습니다. 쿨만은 함께 걸어가고 함께 기도하는 방법으로 많은 그리스도교 교파들의 종교적 갈등을 해결합니다. 그는 서로에게 돌을 던지지 말고, 계속 함께 동행할 것을 청합니다. 이것은 다양한 전통을 무가치하게 만들거나 혼합주의에 빠지지 않고, 모두의 미덕을 유지한 채 갈등의 해결을 앞당길 수 있는 방법입니다. 각자가 정체성을 지키고 조화를 이루며 통일된 진실을 추구해야 합니다.

스코르카: 사람은 갈등 속에서 살아갑니다. 갈등으로 인간이 위대해질 수도 있고 몰락할 수도 있습니다. 탈무드는 인간에게는 천사와 동물의 특성이 모두 다 있다고 말합니다. 천사는 완전히 숭고한 존재이지만 단순히 신의 명령을 따르기 때문에 자유 의지가 없습니다. 반면, 인간에게는 자유 의지와 더불어 동물의 특성과 영적인 특성이 모두 존재합니다. 이런 특성들이 서로 끊임없이 갈등을 일으키는 것입니다.

28
종교 간의 대화에 대하여

스코르카: 한번은 마르델 플라타(Mar del Plata)에서 한 사제가 국가적 경축일에 참가하지 않는 종교들이 있는데, 그러는 것이 전통이긴 해도, 바뀔 수 있을 것이라고 말하더군요. 그 말이 아주 인상 깊었습니다.

프란치스코: 기억하실지 모르겠지만, 제가 추기경으로서 테 데움 찬송 미사를 집전하기 시작했을 때 대통령과 동행한 교황 대사를 만난 적이 있습니다. 우리는 대통령을 문까지 배웅했습니다. 다른 종교의 대표자들은 모두 전시회의 인형들처럼 자리에 앉아 있곤 했습니다. 저는 그러한 전통을 바꾸었습니다. 이제 대통령이 일어나서 종교 대표자들 모두에게 인사를

합니다. 이런 변화는 교수께서 말씀하신 방향으로 나아가는 한 걸음이었습니다. 2009년 살타(Salta)에서 열린 테데움 찬송 미사 이후, 식은 두 부분으로 나뉘었습니다. 전통적, 고전적으로 찬송을 하고 성체성사를 올리며 강론하고 가톨릭교 방식의 기도를 올리는데, 다른 신앙의 대표자들 역시 각자의 방식대로 기도를 합니다. 지금은 참여가 더 늘어났습니다.

스코르카: 저에게는 그런 움직임이 많은 의미를 지닙니다. 종교 간 대화의 중요성을 보여주는 한 방법이기 때문입니다.

프란치스코: 이 부분에서 교수님의 활동은 의미가 깊습니다. 교수께서 저에게 유대교 회당에서 기도를 올리고 이야기를 들려달라고 두 번 청했던 일과, 제가 교수께 신학교의 저희 학생들에게 가치에 관한 강연을 해달라고 부탁드렸던 일은 잊을 수 없습니다.

스코르카: 추기경님의 마음가짐도 매우 의미 있고 용감하다고 생각합니다. 제도 내에는 그렇게 생각하지 않는 사람들이 있게 마련이니까요.

프란치스코: 복음주의자들이 루나 파크(Luna Park)에서 열리는 회합에 저를 처음 초대했을 때, 경기장은 사람들로 가득 차 있었습니다. 그날 가톨릭교 사제와 복음주의 목사가 강연을 했지요. 각자 두 번의 강연을 했으며, 중간에 휴식 시간을 두

고 샌드위치를 먹었습니다. 그때 복음주의 목사가 모든 사람들에게 저와 제 성직을 위해 기도하자고 말했습니다. 그리고 제가 수락한다면 저를 위해 기도하겠노라고 청했습니다. 저는 당연히 수락한다고 대답했지요. 사람들이 기도를 시작하자 저는 매우 가톨릭다운 자세로 무릎을 꿇고 그 자리에 있던 7천 명의 기도와 축복을 받았습니다. 그리고 다음주 한 잡지에 '부에노스아이레스, 교황의 자리가 비어 있는 동안 추기경이 배교의 죄를 저지르다'라는 머리기사가 실렸습니다. 그들에게는 다른 사람과 함께 기도를 올리는 것이 종교를 배신하는 일이었던 것입니다. 우리는 의심 많은 불가지론자들과도 초월성을 발견하기 위해 함께 하늘을 올려다볼 수 있습니다. 각자의 전통에 따라 기도를 올리면서 말이죠. 도대체 무엇이 문제란 말입니까?

스코르카: 아주 친한 친구이자 특별한 랍비인 슈무엘 아비도르 하코헨(Shmuel Avidor HaCohen)이 쓴 책이 있습니다. 하코헨은 저보다 나이가 훨씬 더 많고, 이스라엘 평화주의자 운동인 피스 나우의 창립멤버 중 한 명입니다. 하코헨은 여러 가지 면에서 혁신적인 사람이며, 또 다른 전설적 랍비인 아브라함 이삭 하코헨 쿠크(Abraham Isaac Hacohen Kook)의 전기를 썼습니다. 20세기 전반기에 아브라함 이삭 하코헨 쿠크는 키부

츠를 설계하고 건설한 모든 사람은 전통에서 벗어나지만 종교적인 행위를 한 것이라고 말했습니다. 아직 이슬람교도들이 차지하고 있고 온통 늪지인 이스라엘 땅으로 되돌아갔기 때문입니다. 그에게는 땅을 경작하여 존엄성을 되찾는 것이 종교적인 행위였는데, 유럽의 유대인들은 이것을 부인해왔던 것이지요. 이런 생각은 추기경께서 복음주의 예배에서 무릎을 꿇은 일과 일맥상통합니다. 그는 물살을 거슬러 노를 저어간 사람이었습니다. 슈무엘이 자기 책에 《조류에 역행한 사람》이라는 제목을 붙인 것은 이 때문이었습니다.

그런 관점에서 저는 추기경께서 테데움 찬송 미사에 도입한 변화를 높이 평가합니다. 대통령이 모든 고위 성직자에게 인사를 하고 성직자들 중 일부가 강론도 하는 그런 변화 말입니다. 오래된 조직에서 그런 변화를 일으키기란 쉽지 않습니다. 오래된 악순환을 깨뜨리려고 노력하시는 추기경님이 자랑스럽습니다. 그것이 우리의 일이고, 과제입니다.

29
종교의 미래에 대하여

스코르카: 미래에도 종교는 늘 존재할 것입니다. 종교는 삶의 의미에 대한 심오한 탐구의 표현이고 성찰의 결과이자 신과의 조우이기 때문입니다. 삶이 불가사의하고, 누가 자연의 질서를 창조했는지 사람들이 궁금해하는 한, (저는 그런 물음이 영원할 것이라고 생각합니다) 종교라는 개념은 우리가 누구인지 이해하고 싶은 절박한 욕구의 표명으로 계속 남아 있을 것입니다. 우리가 그런 질문들에 대한 답을 찾지 못하는 한, 사람은 신에 더 가까이 가고 싶어 할 것입니다.

종교는 본질적으로 신비주의적입니다. 그런데 미래의 종교는 어떤 모습일지 하는 것과는 다른 문제입니다. 저는 인간이 종교적 감수성을 유지할 것이라는 점은 전혀 의심하지 않습니다. 우리가 알지 못하는 것은 그러한 종교적 감수성들이 어떻게 구성되고 어떤 형태를 이룰 것인가 하는 문제입니다. 중요한 문제는 현재 우리가 익숙해져 있는 종교 제도가 존속될 것인지, 전통적인 종교는 계속 발달할 것인지입니다. 여기에는 다른 변수들이 작용합니다.

프란치스코: 성 아우구스티누스(Saint Augustinus)가 교수님과 같은 방향의 말씀을 하신 적이 있습니다. "하느님께서 우리를 만드셨나니, 우리 마음은 하느님 안에서 안식을 얻을 때까지 쉬지 못하나이다." 이 기도에서 가장 중요한 부분은 '쉬지 못한다'입니다. 정직하게 말하자면, 우리는 초월적인 것, 우리를 자극하여 하느님과 만나게 하는 것을 찾는 동안 깊은 불안을 느낍니다. 신과 조우하는 삶을 살면 계속 또 다른 추구를 하게 되고, 그때마다 더 심오해집니다. 우리는 이러한 불안을 우리 내면에 깃든 신의 숨결, 신이 우리에게 남긴 흔적으로 묘사하고 싶어 하지요. 심지어 신의 말씀을 들어본 적이 없거나 반종교적인 입장인 사람들이, 혹은 경험은 모두 의식 내부에서 일어나는 것이라고 믿는 내재론자들이 갑자기 자신을 초월하는 어떤 것과 마주하는 경우도 많습니다. 종교라는 단어는 정확히 신을 추구하여 신과 결합하는 것을 의미하게 되었습니

다. 종교가 이러한 내용물이 없는 순수한 의식 절차에 불과한 것이라면 사라져버릴 것입니다. 의식 뒤에 공허한 마음이 남기 때문입니다.

종교는 계속 지속될 것이라는 교수님의 말씀에 동의합니다. 인간의 본성에는 불안이 내재하고 있고, 우리는 미래가 어떨지 알아야 하기 때문입니다. 어떻게 생각하시는지요?

스코르카: 역사가 어떻게 펼쳐질지 알기란 매우 어렵습니다. 성경 말씀에서 알 수 있듯이, 종교는 본질적으로 개인(아브라함, 모세, 예언자들)에게서 시작되었습니다. 이들은 하느님께 가까이 다가갔고, 하느님은 이들에게 사람들에게 돌아가라고 말씀하셨습니다. 하느님이 가까이 계시다는 것을 공동체에 알려야 했기 때문입니다. 개인적인 대화라는 그런 초기의 씨앗은 다른 개념과 동기 유발 요인들과 함께 일상생활이라는 직물을 짜기 시작했습니다. 그 결과는 굉장히 긍정적이었습니다. 일상생활의 일부로 표현될 수 없는 종교는 단순한 철학 놀이에 불과하게 되었으니 말입니다.

유대인들은 종교는 우리가 살아가는 방식이라고 믿습니다. "하느님이 보시는 앞에서 옳고 선한 일을 하라"라는 토라의 말씀처럼 말입니다. 그러나 일상생활에서 정신적 수련을 위해 노력하면 다른 동기 유발 요인들이 작용하여 우리의 종교적 경험과 엮이게 됩니다. 많은 경우, 그런 요인들은 신과의 순수하고 아름다운 만남을 압도하고 왜곡합니다. 종교의 미래에 대한 논의가 인류와 역사의 미래에 대한 논의를 의미하는 것은 이 때문입니다. 거의 정치적, 사회적 예측을 하는 것이나 마찬가지입니다.

저는 일부 그리스도교도들이 일종의 교구제로 복귀하는 문제에 관해 이야기하는 것을 들었습니다. 저는 그 생각에 찬성합니다. 계층적인 거대 조직을 이루는 대신, 각자의 영성을 키우는 소규모의 교구로 돌아가자는 생각인데, 그렇게 하면 더 독립적인 조직체들이 생길 것입니다. 추기경께서도 이런 생각에 대해 들어보셨는지 모르겠습니다. 대규모 집단으로 일하지 않고, 아주 적극적인 가족들로 이루어진 집단이 각자의 독립성을 유지하면서 같은 신앙의 다른 집단들과 협조하여, 예컨대 사회봉사 같은 큰 규모의 사업에서 일한다는 생각이 저는 마음에 듭니다. 제가 들은 또 다른 이야기로는, 유럽에는 페니키아 이전 시대로 돌아가 정체성을 찾기 시작한 사람들이 있다고 합니다. 진취적인 미래상이 아니라 자신들의 뿌리를 열심히 찾는다는 점이 매우 흥미로웠습니다. 이런 현상은 유럽인들의 종교적인 태도에 어떻게 영향을 미칠까요?

유대교 안의 우리가 보는 현재 라틴아메리카의 상황은 우익과 좌익 모두에서 극단이 활성화되고 있습니다. 중도는 사라졌습니다. 시간이 바뀌면서 현재의 상황은 어떻게 바뀔까요? 사실 저는 모르겠습니다. 저는 그리스도교 교회 안에서 우리 이웃들에게 무슨 일이 일어나는지를 보는 것이 늘 흥미롭습니다. 그 동향이 모든 종교에서 동시에 나타나는 경향이 있기 때문입니다. 저는 거리 저편의 상황을 보고는 아주 큰 위기가 발생하고 있다는 것을 알게 되었습니다.

자신들을 만족시키지 못하는 중앙 당국으로부터 분리되기를 기대하는 새로운 교회들이 등장하고 있습니다. 프랑스 혁명 이후 사회 분열이 국수주의라는 형태로 되돌아왔습니다. 그 이후 위대한 옛 제국을 재건하려는 다양한 시도가 있었지만 영토가 점점 더 분할되어버린 유고슬라비아처럼 이내 무너져 흩어졌습니다.

지금 제가 말하고 있는 교구제는 모든 사람이 자신의 뿌리로 되돌아간다는 의미라는 것을 알고 있습니다. 이런 새로운 상황이 평화를 이루게 해줄지, 혹은 적어도 전쟁이 아닌 상태가 되도록 만들지는 알 수 없습니다. 이기적인 동기나 지금은 숨겨져 있는 동기가 힘을 발휘할지 알 방법이 없습니다. 예언자들이 우리에게 말해준 것(그리고 제가 확신하는 것)은 옹졸한 이해관계보다 대화가 힘을 발휘하면 교구제의 정도와 관계없이 종교가 융성하리라는 것입니다.

프란치스코: 역사를 살펴보면, 가톨릭의 종교적 형태는 눈에 띄게 변화해왔습니다. 예를 들어, 속세의 권력이 영적인 권력과 합쳐진 교황령을 생각해봅시다. 교황령은 그리스도교의 한 변형으로, 예수님과 하느님께서 원하신 바에 부합하지 않습니다. 역사적으로 종교가 그렇게 많이 변해왔다면 미래에도 그 시대의 문화에 맞춰질 것이라는 생각이 왜 들지 않겠습니까?

바티칸 2차 공의회에서 제안한 것처럼, 문화와 종교 간의 대화가 반드시 필요합니다. 교회는 처음부터 지속적으로 변화를 요구해왔고(교회는 항상 개혁되어야 한다*Ecclesia semper reformanda*) 그러한 변모는 교리는 바뀌지 않은 채 여러 시대에 걸쳐 다양한 양상을 보였습니다. 오늘날의 교회가 제왕교권설, 법률주의, 절대주의의 시대에서 변화한 것처럼, 미래에는 새로운 시대에 맞게 다른 방식으로 변화할 것입니다. 교수께서는 교구제에 대해 암시하셨습니다만, 교구제는 종교적 소속 공간이 소규모 공동체 쪽으로 가는 경향의 핵심을 이룹니다. 교구제는 종교적 정체성뿐 아니라 문화적 정체성의 필요에도 대응합니다. 사람들은 이 동네, 이 클럽, 이 가족, 이 종교 출신이 되어 소속된 곳이 생기고, 자신의 정체성을 인식하게 되지요. 그리스도교의 기원은 '교구'였습니다. 성 루카의 사도행전을 읽어보면 그리스도교가 대규모로 확장되었다는 것을 알 수 있습니다. 베드로가 첫 설교를 할 때 2천 명에게 세례를 주었는데, 이들이 나중에 작은 공동체를 조직했습니다. 문제는 교구가 자체적으로 존속하지 못하고, 더 높은 수준의 조직체에 흡수되는 때입니다.

교구에 생명력을 부여하는 것은 소속감입니다. 언젠가 교수님의 공동체에서 이야기를 나누다가 교수께서 저를 유대교 회당에서 사회 복지 일을 하고 있는 여인들에게 데려갔던 일이 생각납니다. 여인들은 가난한 가정에 나눠줄 꾸러미와 봉지를 준비하고 있었지요. 유대교 회당이나 교구는 우리가 형제들을 돌보도록 이끌고 종교를 실천하게 합니다. 이 경우에는 복지와 관련된 행동에 가깝지만, 교육이나 홍보 등 다른 형태의 행동도 있습니다. 사람들은 이런 유형의 행동에 대해 이득도 안 될 일에 관여한다고 우리를 책망합니다. 예를 들어, 얼마 전에 저는 콘스티투시온(Constitución)에서 열린 인신매매 피해자들을 위한 미사에 참석했습니다. 피해자들은 환경이 열악한 작업장에서 노동력을 착취 당하며 넝마주이 노릇을 했습니다. 아이들은 마약 밀매에 이용 당하고, 소녀들은 매춘을 강요 당했습니다. 미사는 결국 대규모 시위로 바뀌었습니다. 시위에는 그리스도교 신자가 아닌 사람들도 모였는데, 이들은 신앙을 공유하지는 않았지만 형제애는 공유했던 것입니다. 저는 정치에 가담한 것이 아니라, 노예 상태와 같은 공장에서 고기를 가는 기계 앞에 붙들려 있는 내 형제들 안으로 들어간 것입니다. 어떤 사람들은 이 일까지도 정치에 이용하는 것이 사실입니다. 따라서 그런 상황에서 어떻게 행동할지를 파악하는 것이 중요합니다.

스코르카: 이사야께서 "네 혈육을 피해 숨지 마라"라고 하셨지요(이사야서 58:7).

프란치스코: 저는 그 말씀을 "네 혈육을 부끄러워하지 마라"라고 해석합니다. 종교적 관계에는 도피가 아니라 책임이 따릅니다. 가톨릭교회의 영성에 '세상으로부터 멀어지기 *fuga mundi*'(완전히 고립된 신비주의적 삶을 뜻하는 라틴어 – 옮긴이)가 존재했던 시기가 있었습니다. 지금은 개념이 완전히 달라졌습니다. 세상에 참여하는 것이 필요하지만, 항상 종교적 체험이 바탕이 되어야 합니다. 교수께서는 조금 전에 한 종교에 어떤 현상이 일어나면 다른 종교에도 그 현상이 일어나는 경향이 있다고 말씀하셨습니다. 정신적인 것이 이념적인 것으로 바뀌고, 종교적 체험이 힘을 잃고 공허함을 남겨 이를 채우기 위해 이념의 세계에 기대게 되면, 문제가 심각해집니다. 또 다른 위험 요소는 종교적 체험이 아니라, NGO 역할을 하며 자체적인

이익을 위해 자선활동을 하는 것입니다. 의식하지 못하는 사이에 NGO가 되는 위험을 감수하는 종교 집단들이 있습니다. 이웃을 돕기 위해 이런저런 일을 하는 것만이 문제가 아닙니다. 어떻게 기도할 것인가, 공동체가 하느님을 체험하도록 어떻게 도와야 하는가, 이런 문제들이 가장 중요합니다.

스코르카: 돌아보면, 교구제는 약 40년 전에 유대 사회에서 나타나기 시작했습니다. 1960년대 말까지 유대 문화를 전하는 학교들의 조직이 존재했고, 히브리어, 역사, 전통과 관련된 온갖 종류를 가르쳤던 시온주의자 청년 운동도 있었지만, 영성의 주요한 새로운 발전은 없었습니다. 아르헨티나에서 보수주의 운동이 확산되기 시작하고, 성당은 기도뿐 아니라 어린이들의 활동 장소가 될 수 있어야 한다는 생각이 커지기 시작한 것이 그 즈음이었습니다. 또한 성당은 우리가 가난한 이웃을 돕기 위한 대규모 캠페인을 마련할 수 있는 곳이었습니다.

제가 중요하게 생각하는 또 다른 점은, 미래에 더 심오한 종교적 체험을 하기 위해서는 종교 지도자들이 더 겸손한 모습을 보여야 한다는 것입니다. 모든 사람들은 자녀를 가르칠 때, 자신이 알고 있는 진리와 신앙에 관해 이야기하고 있다는 것을 분명히 설명하고, 자녀들이 그것을 더 강화하고 완성하기 바란다고 알려주어야 합니다. 다른 사람의 종교를 폄하하고 무시하면서 자신의 종교만 진리를 표현한다고 믿는 것은 전적으로 부당한 태도입니다. 정말로 겸손한 태도를 진전시킬 수 있으면, 우리는 세상을 변화시킬 수 있습니다. 예언자 미카는 신앙심이 깊은 사람이 되는 것의 의미를 정의하면서, '공정을 실천하고 신의를 사랑하며 겸손하게 네 하느님과 함께 걷는 것'이라고 말했습니다(미카서 6:8).

프란치스코: 저도 겸손이라는 개념에 전적으로 동의합니다. 또 온순함이라는 단어도 사용하고 싶습니다. 온순함은 나약함을 의미하는 것이 아닙니다. 종교 지도자는 매우 강하고 단호해도 되지만, 공격적인 성향을 행사해서는 안 됩니다. 주님은 다스리는 자는 종처럼 되어야 한다고 말씀하셨습니다. 저는 이 말이 모든 교파의 종교인에게 해당된다고 생각합니다. 종교적 지도력의 진정한 힘은 섬기는 데에서 나옵니다. 종교인이 섬기기를 그만두면, 단순한 관리자나 NGO 대리인이 되기 시작합니다. 종교 지도자는 형제들을 섬기고 함께하며 고통을 나눕니다.

스코르카: 그렇습니다. 저는 미래의 종교가 어떤 모습일지 모르지만, 오늘날 우리 개인들이 하는 바에 따라 결정될 것이라고 확신합니다. 발터 벤야민(Walter Benjamin)은 "나는 내가 쓰고 있는 책이 현재에 영향을 미칠지는 모른다. 하지만 아마

도 다가올 수백 년의 언젠가 영향을 미칠 것이다"라고 말한 적이 있습니다.

프란치스코: 종교가 지금보다 더 좋지 않은 상황이던 때가 있었지만 다시 부상했다는 것을 알고 있습니다. 아마 지금 우리는 독실한 신도들이 수적으로 부족하다고 지적할 수 있겠지만, 청렴함이 부족한 때도 있었지요. 교회가 부패했던 시절이었습니다. 예를 들어 장자상속제도가 있었을 당시, 일부 사제는 학문적 혜택을 누리고 부유한 가정의 아이들을 가르치며 살았습니다. 이들은 아무 일도 하지 않았고 세속적인 사람이 되었습니다. 아주 힘든 시절이 있었지만, 종교는 다시 일어났습니다. 갑자기 캘커타의 테레사 수녀 같은 인물들이 나타났고, 이들은 인간의 존엄성이라는 개념을 일깨워주었지요. 이들은 죽어가는 사람을 돕는 일에 매달렸습니다. 이런 행동은 신비감을 불러일으켰고 종교적 열정을 회복시켰습니다. 가톨릭교회의 역사에서 진정한 개혁가들은 성인들이었습니다. 이들은 영적인 경로를 변화시키고, 진전시키고, 부활시킨 진정한 개혁자들이었습니다.

또 다른 경우로 아시시의 성인 프란치스코(Francis of Assisi)를 들 수 있습니다. 성 프란치스코는 당시 교회와 민간의 권력자들의 부와 오만, 허영에도 불구하고 그리스도교에 빈곤의 개념을 알렸습니다. 그는 가난과 무소유를 실천했고 역사를 바꾸어놓았습니다. 유대교에서는 이런 사람들이 어떤 식으로 나타나는지요?

스코르카: 아르헨티나의 유대 사회에서 여러 가지 이유로 널리 비판을 받았지만, 등장하기 전과 후가 확실히 차이 났던 인물을 예로 들고 싶습니다. 바로 마셜 메이어입니다. 유대교에는 성인이라는 개념이 존재하지 않기 때문에 저는 메이어가 성인이었다고 말할 수는 없습니다. 메이어가 했던 모든 일이 완벽했다고도 하지 않을 것이고, 그의 모든 견해에 전적으로 동의하지도 않습니다. 하지만 1960년대에 유대 사회가 번성하기 시작했다는 점을 감안하면, 이는 메이어 덕분이라 하겠습니다. 메이어의 품성에는 종교가 중요한 역할을 했습니다. 어느 누구도 '메이어 전'과 '메이어 후'가 있었다는 점을 부인할 수 없습니다. 메이어가 인권투쟁 과정에서 제시한 것들 때문만이 아니라 우리 이웃을 대하는 새로운 방법을 보여주고, 아르헨티나 유대 사회의 영적인 토대를 흔들어놓았기 때문입니다. 메이어가 사망한 뒤, 그리고 좀 더 최근인 지난 20년 동안 새로운 변화가 일어났습니다. 바로 보다 정통적인 형태의 종교로의 복귀 움직임입니다. 저는 동의하지 않는 많은 측면들이 포함된, 보다 엄격한 실천 방법으로의 복귀라는 지금의

시나리오를 3, 40년 전에는 상상도 할 수 없었습니다.

'유동하는 근대성'이라는 용어를 창안한 유럽의 저명한 사회학자 지그문트 바우만(Zygmunt Bauman)은 우리가 살고 있는 시대를 정확하게 묘사했습니다. 그는 세계에 확실성과 책임이 부족하다고 말했습니다. 정통성은 이런 불확실성에서 생기는 틈을 메워줍니다. 사실 상황은 계속 극단과 극단을 오가고 있습니다. 종교의 미래와 관련해 저는 중도를 찾는 것이 필수적이라고 믿습니다. '살인하지 마라', '도둑질하지 마라' 같은 분명한 진리는 확립되어 있습니다. 그런 한편으로, 삶에는 변화와 자유가 있으므로 우리는 스스로 생각할 줄 알아야 하고 각자 옳은 것과 그릇된 것을 구분할 수 있어야 합니다. 우리가 선택해 걸어갈 길은 계명처럼 돌에 새겨져 있지 않기 때문입니다.

프란치스코: 모든 종교에는 규범을 강조하면서 사람을 도외시하는 부문들이 있습니다. 이들은 종교를 아침, 낮, 밤으로 신께 기도해야 하는 것, 그렇게 하지 않았을 경우 일어날 수 있는 일로 격하해버립니다. 신자들과 정신적인 약자들을 영적으로 괴롭혀 자유를 제한하기도 합니다. 이런 부문들의 또 다른 특징은 그 동기가 항상 권력의 추구에 있다는 점입니다.

부에노스아이레스는 이교도 도시라고 말할 수 있습니다. 경멸적인 뜻으로 하는 말이 아니라 실제가 그렇습니다. 많은 신을 숭배하고 있고, 이러한 이교화의 결과로 교수께서 언급하신 것 같은 현상이 일어나고 있습니다. 진짜를 찾고 싶지만 그것이 단지 지시적이고 규범을 지킨다는 의미일 때는 또 다른 극단, 종교적이 아닌 순수주의에 빠져버립니다. 쾌락주의적이고 소비중심적이며 자기도취적인 문화가 그리스도교에 침투했습니다. 이런 문화가 우리를 물들여, 어떤 식으로든 종교적인 삶을 경시하고 이교도적으로 행동하며 세속적으로 변해가도록 합니다. 그리하여 종교가 약화됩니다. 이것이 제가 가장 두려워하는 것입니다.

저는 주님께서 복음서에서 말씀하신 것처럼, 그리스도교도들은 작은 무리로 모여야 한다고 주장합니다. 그리스도교 사회가 거대해지기를 원하고 세속적인 권력을 지니고 싶어 하면, 종교적 본질을 잃어버릴 위험을 감수해야 하는 것이지요. 제가 두려워하는 것이 바로 이것입니다. 아마 누군가는 오늘날에는 신앙심이 깊은 사람이 줄어들었다고 말하겠지만, 한편으론 진지한 종교적 탐구가 이루어지고 있습니다. 또한 유행하는 방식으로 종교적 체험을 하는 대중적인 신앙 운동을 통해 신을 추구하기도 합니다. 청년들의 루한(Luján) 순례를 예로 들 수 있겠지요.* 많은 사람들이 그 순례를 하면서 처음 교회에 발을 들여놓았습니다. 그중 60퍼센트는 교구의 누군가가 데려가서가 아니라 혼자서 순례에 나섰습니다. 신앙심의 촉발이 사람들을 불러모은 것입니다. 이는 무시할 수 없는 종교적 현상입니다.

교회에 사람이 줄었을지는 모르지만 순수한 참여가 이루어지고 있습니다. 종교에 대한 추구는 약해지지 않고 강하게 이어지고 있습니다. 제도적 구조 밖으로 다소 벗어나긴 했지만 말입니다. 제 생각에는 종교 지도자들이 안고 있는 가장 큰 과제는 그러한 세력을 이끄는 방법을 이해하는 것입니다. 개종을 권유할 것이 아니라 복음을 전도하는 것이 필수적입니다. 오늘날에는 개종의 권유가 성직자의 사전에서 지워졌습니다(하느님, 감사합니다). 이와 관련해 교황 베네딕토 16세께서 매우 멋진 표현을 했습니다. "교회는 개종으로써가 아니라 매력으로써 사람들에게 가닿는 청혼입니다." 즉, 하느님의 가르침이 매력적으로 전달되는 곳이어야 한다는 것이지요.

- 성모 마리아상이 보존되어 있는 루한 성모마리아 바실리카성당은 부에노스아이레스에서 30마일 정도 떨어져 있는 작은 마을인 루한에 있으며, 아르헨티나에서 가장 인기 있는 성모마리아 성지다. 1974년에 부에노스아이레스의 대교구에서 이 유명한 성지로 가는 청년순례를 시작했고, 이후 매년 10월이면 70만 명이 넘는 젊은이들이 이곳으로 향한다.

스코르카: 유대교는 사람들을 개종시키려고 한 적이 없습니다. 하지만 요즘에는 제가 '내부적인 전도'라고 불리는 동향이 존재합니다. 비유대인을 유대인의 종교적 생활방식으로 바꾸려는 것이 아니라, 자신들의 제도를 다른 유대인에게 알리려고 노력하는 정통파 유대인 공동체들이 있습니다. 하지만 저는 이런 노력을 그만두고 추기경께서 말씀하신 것들로 돌아가길 원합니다. 종교 지도자들은 현재 나타나고 있는 모든 징후들을 다루고, 그렇게 자발적으로 나타난 종교적인 움직임을 이끌어갈 방법을 찾아야 하는 것입니다. 저는 이것이 미래의 종교 기능이 될 것이라고 봅니다. 종교 지도자들이 신도를 엄격하게 지배하면서 철권으로 통제해서는 안 되는 것이지요. 그것은 강력한 손과 쭉 뻗은 팔로 유대인들을 이집트에서 끌어내신 하느님만이 하실 수 있는 일입니다.

마셜 메이어의 예로 돌아가보겠습니다. 아직 우리와 함께였을 때, 그는 매우 카리스마 있는 지도자였습니다. 지금 보수주의 운동이 진통을 겪고 있는 것은 아마도 지도력의 집중화가 미친 깊은 영향 때문일 것입니다. 자신이 처한 상황 때문에 메이어는 자기 어깨에 놓인 모든 짐을 진 채 혼자 밀고 나가는 것 외에는 대안이 없었을 것입니다. 그러나 그런 점 때문에 그의 추종자들은 잠재력을 충분히 개발하지 못했습니다.

오늘날 아르헨티나의 상황은 다릅니다. 더욱 영리한 지도력이 필요합니다. 저는 과도하게 카리스마가 넘치는 지도자를 좋아하지 않습니다. 저에게 있어 종교 지도자란, 불의에 맞서기 위한 진지하고 명확한 대응이 필요할 때마다 격노하는 선생입니다. 개인의 종교적 느낌이 친밀한 경험으로 남기 위해서는, 선생은 광범위한 선언만 해서는 안 되고 각자에게 분명하고 정확한 말을 해주어야 합니다. 저는 정치 지도자든 종교 지도자든, 자기중심적이고 이기적인 자들은 좋아하지 않습니다. 대량 학살로 끝나버린 최근의 종교 운동들의 분명한 특성 중 하나가 대규모 교육이었습니다. 새로운 종교 운동에 관해 이야기할 때는 매우 신중해야 한다고 생각하는 것은 이 때문입니다.

누군가가 새로운 정신적 메시지를 전하면 우리는 그 메시지를 매우 존중해야 하지만, 또한 책임감 있는 조직이 그 메시지의 의미를 연구해야 합니다. 어떠한 종교 운동도 그것의 영적 요구사항이 누군가의 가족과 충돌해서는 안 되며, 개인을 사회적 혹은 정서적 네트워크에서 고립시키는 거미줄에 가두어서는 안 됩니다.

프란치스코: 저는 모든 새로운 영적 제안을 존중합니다만 그 제안들은 진실해야 할 것입니다. 제안의 진실성은 시간이 흐

름에 따라 판명됩니다. 그 메시지가 일시적인지 여러 세대 동안 유효할지는 시간이 알려줄 것입니다. 시간이 지나도 살아남을 것인지, 영적 순수성을 판단하는 중요한 근거는 그것입니다.

옮긴이_강신규

한국외국어대학교 스페인어과와 같은 대학의 대학원 스페인어문학과를 졸업했다. 현재 바르셀로나 주립대학교에서 스페인어문학과 박사과정 중에 있으며 스페인어를 한국어로 옮기는 일을 하고 있다.

천국과 지상

초판 1쇄 발행일 2013년 6월 10일

지은이 교황 프란치스코(호르헤 마리오 베르고글리오)
      아브라함 스코르카
옮긴이 강신규
펴낸이 김현관
펴낸곳 율리시즈

책임편집 김미성
디자인 프로듀싱 Song디자인
종이 세종페이퍼
인쇄 및 제본 천일문화사

주소 서울시 양천구 목4동 775-19 102호
전화 (02) 2655-0166/0167
팩스 (02) 2655-0168
E-mail ulyssesbook@naver.com
ISBN 978-89-98229-04-7 13200

등록 2010년 8월 23일 제2010-000046호

값 16,000원

ⓒ 2013 율리시즈 KOREA

이 도서의 국립중앙도서관 출판시도서목록(CIP)은 서지정보유통지원시스템 홈페이지(http://seoji.nl.go.kr)와 국가자료공동목록시스템(http://www.nl.go.kr/kolisnet)에서 이용하실 수 있습니다. (CIP제어번호: CIP2013006722)